# 李埏文集

## 第五卷·札记与杂文

李 埏 / 撰

云南大学出版社
YUNNAN UNIVERSITY PRESS

**图书在版编目（CIP）数据**

李埏文集. 第五卷, 札记与杂文 / 李埏撰. —— 昆明：
云南大学出版社，2018
ISBN 978-7-5482-3310-7

Ⅰ. ①李… Ⅱ. ①李… Ⅲ. ①社会科学—文集②随笔
—作品集—中国—当代③杂文集—中国—当代 Ⅳ.
①C53②I267.1

中国版本图书馆CIP数据核字（2018）第059522号

策划编辑：蔡红华
责任编辑：严永欢
装帧设计：刘　雨

# 李 埏 文 集

## 第五卷·札记与杂文

李　埏／撰

出版发行：云南大学出版社
印　　装：昆明市五华区理煜教育印务有限公司
开　　本：787mm×1092mm　1/16
印　　张：21.25
字　　数：326千
版　　次：2018年5月第1版
印　　次：2018年5月第1次印刷
书　　号：ISBN 978-7-5482-3310-7
定　　价：120.00元

社　　址：云南省昆明市一二一大街182号（云南大学东陆校区英华园内）
邮　　编：650091
电　　话：（0871）65033244　65031071
网　　址：http://www.ynup.com
E-mail：market@ynup.com

若发现本书有印装质量问题，请与印厂联系调换，联系电话：0871—64167045。

# 目　录

## 治史札记选录

## 师友忆念

## 序·跋

# 学习·杂说

## 附录一　传略·年谱

## 附录二　鳞爪集（赵毓兰　撰）

# 治史札记选录

# 质疑问难随笔

## ——关于《政治经济学辞典》①

"出版说明"谓：本书为"政治经济学的工具书"。但我看了部分词条之后认为，应可作为学习的读本。因为叙述简明扼要，而又确切晓畅，在我国有关马克思主义的政治经济学出版物中，堪称上乘。当然，涉猎既广，不能没有可以商榷之处。爰就阅览时，随笔将所疑所难写出，以备质问。

### 一、"货币是作为货币的货币"

这句话可谓不辞。怎样理解"作为货币的货币"？还有不作为货币的货币吗？依据上文，这句话似可改为"作为交换媒介的货币"。言下之意就是"不作为资本的货币"。请问，对不对？

在中译本《资本论》第三卷，即《马克思恩格斯全集》第 25 卷页 366 有这么一句译文："因此，资本作为资本，在这里首先是在流通过程中出现的。"（郭大力、王亚南译本也相似）对于"资本作为资本"一语，我觉得不好理解，乃检英译本对读，这才明白了。英译是这样的："Thus, Capital appears here first as capital in the process of circulation." 把这句话译为汉语，那么应该是这样："因此，在这里，资本是首先作为流通过程中的资本出现的。"无法找到德文原本相校，不知对不对。看来，英译意义较显豁，似可取。

---

① 许涤新主编：《政治经济学辞典》，人民出版社 1980 年版。

## 二、怎样"纠正"小生产者思想？

页58"自然经济"条末尾说："小生产者的习惯势力，以及轻视分工协作，轻视商品交换，有意无意地追求单位自给等思想，都是和实现国民经济社会主义现代化的要求不适应的，必须注意纠正。"

最后"必须注意纠正"一语可省。因为这种思想有很深的经济根据，有很长的历史存在，岂"注意纠正"就能解决。它对现代化的阻碍是很大的，它是十分顽固的，光"注意纠正"行吗？这样写，给人以轻松之感，不如不写。

## 三、简单商品生产"不是为了发家致富"吗？

页334"商品生产"条有云："……所以，简单商品生产的目的是为了满足需要，而不是为了发财致富。"这话有病，未免过于绝对了。只能说大部分小商品生产者的目的是为了满足需要，也有是为了发财致富的。古代的例证，看看《史记》和《汉书》的《货殖列传》就可以见到。现在的例证，看看报上几乎天天都在报道的、生产责任制下的农民为何劳动致富的事实。

## 四、封建占有制必须出现于奴隶制之后吗？

页205"前资本主义商业资本"条有云："例如，在原始社会末期，商业和商人资本的发展，只能促进奴隶制度的产生，而决不能出现封建占有制。"此说可商。"决不能"吗？日耳曼人、斯拉夫人、蒙古人……都经过奴隶制吗？这是一个尚有争议的问题。本书页182"亚细亚生产方式"条说："也有人认为亚洲没有经过奴隶制，而是由亚细亚生产方式过渡到封建社会。"可见这问题还不能说死。又，页210"封建社会"条下说："封建社会一般是在奴隶占有制生产方式瓦解的基础上逐步形成的，也有的地方是在村社或原始公社瓦解后形成的。"这就不只是介绍异说，而是肯定地认为有不经过奴隶制的事实了。

1982年12月3日幼舟写

# 我对封建土地国有制的主要观点

一、土地国有制存在于整个封建主义时期。在周代国有土地称为井田。秦汉以后的称为公田、屯田（军屯、民屯）、营田、均田、官田……这些田土，内容不尽相同，但所有权均属封建国家。它是中国封建社会时代的重要土地制度之一。在周代，它是全面的土地占有形态。秦汉以后，则与地主土地所有制和农民小土地所有制并存。

二、从周秦到明清，土地国有制发生了许多变化。原因是，它是自然经济的产物。随着生产和交换的发展，商品经济以及土地私有制逐渐扩大，于是土地国有制渐趋削弱。商品经济的发展并非直线上升，而是时有起伏的，从而土地国有制也时有盛衰、起伏。这是首要的原因。

三、但土地国有制的变化还有其他条件。如大土地占有制和大土地所有制对它的进攻，使它不断削弱；专制集权统治的需要，农民小块土地的要求，战争后的大量荒地和流民……又使它绝而复苏。

四、土地国有制本是自然经济的产物，是落后的制度，但它能把大量无地少地的农民提到自耕农的地位，使劳动者和劳动资料结合起来，这对社会生产的恢复、发展和封建国家的富强都是有利的。特别是自耕农的增多，为商品经济的发展创造了必要条件。可以说，历史的辩证法使得落后的土地国有制起到了进步的作用。

1990 年 12 月 26 日

# 龙的传人

## ——中华民族远古时代对大自然的斗争，
## 中华文化的序幕

《龙的传人》是一首歌曲。在海内外都非常流行。其所以流行，不仅是因为它旋律优美，更重要的是由于它表达了炎黄子孙的共同心声。这心声是什么？就是爱国主义！另一支极为流行的歌曲《我的中国心》也有这个特点。

我们讲的是历史课，那么为什么要讲这首歌曲呢？因为我想用它作为一个引言。

《龙的传人》共有三段，这里只讲第一、二段。

第一段歌词是：

遥远的东方有一条江，
它的名字就叫长江；
遥远的东方有一条河，
它的名字就叫黄河；
虽不曾看见长江美，
梦里常神游长江水；
虽不曾听过黄河壮，
澎湃汹涌在梦里。

第二段歌词是：

> 古老的东方有一条龙，
>
> 它的名字就叫中国；
>
> 古老的东方有一群人，
>
> 他们全都是龙的传人；
>
> 巨龙脚底下我成长，
>
> 成长以后是龙的传人；
>
> 黑眼睛，
>
> 黑头发，
>
> 黄皮肤，
>
> 永永远远是龙的传人。

第一段里面提到两条大水：一条是长江，一条是黄河。以这两条大水为代表，歌颂祖国的壮丽河山，歌颂抚育我们中华民族的祖国大地。

第二段讲的是龙和龙的传人。龙，就是中国；龙的传人，就是我国各民族，"黑眼睛，黑头发，黄皮肤，永永远远是龙的传人"。也就是说，我们国家各民族有悠久的历史和文化，我们是伟大的中华民族。

这首歌流布很广，说明大家有同感。为什么有同感？这值得深思一下。除了我们，世界上没有别的国家、别的民族自称是"龙的传人"，这又为什么呢？

世界上是不是曾经存在过龙呢？在动物化石中，找不到图画上、雕刻上的那种所谓"龙"的动物。考古发现，若干万年以前，地球上曾经有一种大型爬行动物，今人管它叫"恐龙"。云南禄丰就曾发现比较完整的恐龙化石，骨架很大，是一个庞然大物。这种动物，在若干万年以前，就因为地球上自然条件的变化而绝灭了，那时还没有人类，再过了多少万年人类才出现。因此，认为龙就是恐龙的说法是不对的。实际上，龙这种形象，在动物史上根本没有存在过。那么，为什么会出现这种形象呢？下面我就来说一说龙的形象，从龙的形成进而展开我国远古的历史。

世界各国各民族的祖先最早都经历过原始社会阶段，都曾经出现过一种叫做"图腾"的东西。"图腾"是英语 totem 的译音，意思是一种标志。现在每个国家都有自己的国旗。我们中华人民共和国的国旗是五星红旗；新中国成立前国民党统治时代是青天白日满地红旗；北洋军阀统治时代是五色旗；清朝是黄龙旗，旗子上画有一条龙。国旗代表国家。侮辱国旗就是侮辱国家。我们每天早上要举行升旗仪式，向国旗敬礼。尊敬国旗就是尊敬国家，是爱国主义的表现。世界各国无不如此。上溯国旗的渊源，就是从"图腾"演变而来的。原始社会时期，各族的图腾互不相同，有的是人们最敬畏的东西，有的是人们生产生活上最切要的东西。图腾的遗迹，在有的地方，现在我们还可以看到。

古代每一个氏族都有图腾。随着社会的发展，若干氏族结合成部落，同时把不同的图腾结合成新的图腾。我国是一个多民族的国家，根据近几十年来对中国古代史的研究，我国古代各民族都有自己的图腾。比如羌族的"羌"字上半截从"羊"，羊可能是羌族的图腾。又如殷、周时期的犬戎，其图腾可能是犬。又如传说的包牺氏、女娲氏，都是"蛇首人身"，神农氏是"人身牛首"，可能就是蛇图腾、牛图腾的意思。

古人认为中国是天下之中，而中原又是中国之中。所谓"中原"，最早指今河南省，古称豫州；后来把山东、山西、陕西即整个黄河中下游都包括进去，所以河南又称"中州"。中原地区是一片黄土大平原，是我们民族的摇篮，中华文化的发祥地。我们祖先中最早称作华夏族的，就生存于这个地区。华夏族不是一个单一的部落，而是许多部落结合而成的。它主要由两个强大的部落组成，一个是以牛为图腾的部落，一个是以蛇为图腾的部落。在远古时代，在中国，在外国，有很多民族把蛇作为图腾。以牛作为图腾的也不少。印度人至今还很尊敬牛，把牛看成很神圣的东西。

从事农业生产，最少必须具备三个基本条件：第一个条件是劳动力；第二个条件是土壤，在沙漠里面，在海洋里面，是无法种植庄稼的；第三个条件是水，有了水，庄稼才能生长。黄土高原，土质肥沃细腻，在古代生产力水平很低的情况下，耕垦疏松细腻的土壤比较容易。但年降雨量少，降雨又很集中，因此常发生水旱之灾。旱灾一来，赤地千里，哀鸿遍野；洪水泛滥，一片汪洋，难于逃生。还有许多菹茹沼泽。所以水在人们的心目中是一种既不可少，又很可怕的东西。在南方，即江淮以南地区，雨量充沛，土壤肥沃，自然条件很好，但沼泽太多，要把水排出去也不容易。由于生产力水平低下，人们无法战胜自然，就常常把自然力神化，产生对某些自然物的崇拜。世界上各民族都是这样。我国中原地区的古代人，把水和沼泽中常见的蛇联系起来，神化蛇为水神。现在的黄土高原，经过开发，是一望无际的耕地。可是在古代，情况完全不同。孟子说："当尧之时，天下犹未平，洪水横流，泛滥于天下。草木畅茂，禽兽繁殖，五谷不登，禽兽逼人。兽蹄鸟迹之道交于中国。"这里所说的中国，就是指中原地区。孟子又说："舜使益掌火，益烈山泽而焚之。"即放火烧荒，开垦耕地。耕垦最需要的是牛。它是最强大的动力，可用以耕种、运输，所以人们很重视它。直到汉、唐，法律还禁杀耕牛。古代某些氏族以牛为图腾是可以理解的。我认为，龙这种东西就是牛图腾和蛇图腾的结合，因此，它是蛇身牛首。（古书里，龙蛇并称的记述很多，如《孟子·滕文公》说："蛇龙居之，民无所定。""驱蛇龙而放之菹。"《左传》说："深山大泽，实生龙蛇。"《史记·外戚世家》说："蛇化为龙，不变其文。"《须弥藏经》上还说龙有五种，而"蛇龙，五龙之首"……）牛蛇两种图腾的结合，反映两个部落的融合。融合的结果就形成华夏族，而龙就是这个族的标志。后来，阶级和国家出现，原来的部落首领转化为国家元首，龙也转化为国家及其元首的象征。直到清朝，相沿不改。假若你到北京的故宫去看看，一进天安门，所见全是龙，简直是到了龙的世界。台阶上是龙，梁柱上是龙，皇袍上也是龙……鸦片战争后，清廷始制定国旗，旗上绘的是龙，叫作黄龙旗。仿效外国鼓铸银元铜元，正面图案是一条龙，叫作龙圆。旧社会的乡村中都供奉两种神：一种是土地神，一种是龙三神。即令是穷乡僻壤，也总有一个龙王庙和一个土地庙（山上则是山神庙）。用几块石头垒起来就算庙。为什么这两种神如此普遍呢？因为土地神是土壤的化身，农业生产没有土壤不行；龙王是水的化身，农业生产没有水也不行。龙，就是水。村村寨寨，逢年过节，迎神赛会，祈年祈福，都舞龙灯。从皇宫到乡村，从皇帝到农民，都是龙的崇拜者，都是"龙的传人"。现在，皇帝没有了，神的迷信也破除了，但龙的形象依然存在，人们对龙的感情并未消失。广大华侨皆自命为龙的传人，把龙作为民族的标记带到世界各地。在美国旧金山等城市的唐人街和华人聚居区，逢年过节同样要舞龙灯，借以表达他们对祖国的思念和自豪。"龙的传人"成了我们中华民族共同的心理状态。

龙是中原地区氏族公社时代形成的。中原地区所产生的经济、政治、文化、意识形态等等，后来普及全国，成为我们中华民族的主要传统。历代的封建王朝都以这个地区为政治经济文化中心。要占据这个地区，才算"正统"。五代十国时期封建割据林立，梁、唐、晋、汉、周因占有这个地区，为后来的赵宋所从出，所以算做正统，称为"五代"。这个地区是大平原，没有天然限隔，不容易长期分裂割据。而统一了这个地区，便可以进而统一全国，秦朝如此，曹魏如此，隋和赵宋也如此。中国两三千年来，以统一为常态，不能说中原地区不是一个重要因素。中原又是一个民族的大熔炉。许多边疆民族进到这个地区后，久之便与原住民族融合，成为古代华夏族，或后世汉族的一部分。中原民族也常常分散到边疆和国外，与当地民族融合。这样，龙的传人便遍及全国乃至全世界。

世界上有四大文明古国。除了我国，还有古埃及、古巴比伦和古印度。它们的历史都中断了。只有中国，历史没有中断过，一脉相传，绵延至今。由此可见，中原地区对我国的历史影响是很大的。我们讲中国的历史，应该从这里讲起，从这里展开。我们中国的文化，从这个地区发展起来，不仅影响到全国，而且影响到周围许多国家。在古代的东方，我们中国确实是一个中心。

学习历史要注意三点：一是人，二是时，三是地。没有人，就没有历史；而历史的发展进程要用时间来计算；历史的活动要有舞台，即空间。我国历史悠久，一脉相传。我们的中原地区，是龙形成的地方，是中华民族的发祥地，气魄很大。这是值得我们骄傲的。几千年来，我们中华民族经过了多少艰难险阻，走过了多少坎坷的道路，创造了悠久的历史和光辉灿烂的文化，对人类做出了巨大的贡献。我们的国家现在虽然在经济上还比较落后，但是我们十亿炎黄子孙、龙的传人，在中国共产党的领导下，一定能在不久的将来，实现社会主义四个现代化，走在先进国家的前列。

"龙"的家乡是伟大的，"龙的传人"是光荣的。东方的巨龙已经飞腾起来了！我们伟大的祖国应当受到世人的尊重。一部几千年的中国史话，就从这里拉开了序幕。让《龙的传人》这首豪迈的歌曲，更激发我们的爱国热情吧！

**编者题记：**1985 年夏至 1986 年春，李埏先生受云南老年大学之聘，为该校学员讲授"中国史话"课程。此文为该课程的第一讲讲稿。

（原载《云南老年大学》1986 年 1 月 24 日第 1 期）

# 日中为市

我国的农村集市始于何时？古文献中有关这个问题的最早记载要数《易·系辞下传》。它说：

> 包牺氏没，神农氏作。斫木为耜，揉木为耒。耒耨之利，以教天下，盖取诸《益》。日中为市，致天下之民，聚天下之货，交易而退，各得其所，盖取诸《噬嗑》。

这是传说。究竟包牺氏、神农氏是两个人，还是两个氏族？生存于什么年代？事迹怎样流传下来？都无法确知。但是，说有了农耕之后，农村中才有交换，出现集市，却是合乎社会发展规律的。《系辞传》中所描述的市场无疑就是农村集市。这种集市必须是在农业生产发展，生产者有剩余产品（即有了"耒耨之利"），并能够用以进行交换后才会出现。我国古代夏商周时期，施行"井田制"。井田中私田的收成归耕者享有，可以用剩余部分去交换。后来交换逐渐发展，群趋一定的地点，"以其所有，易其所无"，形成集市。

那么，为什么要规定"日中为市"呢？那是约定俗成，自然形成的。其所以要在"日中"，是小生产者的局限使然。小生产，不论是古代的还是近代的，其特点都是狭小细碎。我国公元前4世纪中叶有位学者，他设想的农民经济是：一个五口或八口的农家，有百亩之田，五亩之宅，宅周围种些桑树饲蚕；还养有五只母鸡，两头母猪。试想，这样一个小农家庭，可以有些什么剩余产品交换呢？无非是少量的粮食、布帛、鸡猪和肉蛋，而且只能零碎地拿到市上去"为买而卖"。买卖很细碎，只能就近交易，当天来回。去远了，不能当天返回，就得投宿旅店，买饭充饥，那售卖所得也许还不够宿食之费。而且在乡间，不会处处有宿店饭馆，不回家就只能露宿荒郊。因此，即使披星戴月，也非回家不可。这就限定了他们到集市去的最远行程只能是半日程。早去晚归：上半天，去到集市；交易而退，下半天回家。所以"日中"是市上交易最盛的时刻。过了这个时刻，市上便虚无人了。这种情况，不唯古代为然，就是近代现代也是同样。

假若我们以集市为圆心，以半日程的行进时间为半径，画一个圆。在这个圆以内的农民就是能到这个集市上来交易的人。在这个圆以外的农民，则只能去赶另一个集市了。这个半径可以名之曰"交换半径"。还有另一种交换半径，那就是以农民的居地为圆心，从这个圆心辐射出去的半日行程。以这个半径所作的圆，便是这户农民交换的范围。凡在这圆中的集市他都能去。这两种半径实际是一种，因为二者只是"日中为市"的两端，同在一条线上。

还要指出，半径的长度是以行进时间而不是以空间距离计，原因是道路有曲折、有险夷。人们去何集市，决定于行进的时间，而不是决定于空间的鸟道距离。因此，不能用里数画出一个圆，而只能用时间。"日中为市"就是以时计的。

这就是"日中为市"的意义。

（原载于《云南日报》1987年1月2日第3版）

# 中国最早的金属铸币

根据确凿可靠的文字记载，我国最早的货币是海贝。汉字中有关财物的文字如财、货、买、卖、费、贸、资、赁、质、贿、赂、赎、赃……均从贝，就是证明。这是一种商品货币，流行于商周时期。到春秋战国之时，由于交换发展，才开始有金属的铸造货币。首先出现的金属铸币是"布"和"刀"。布的形状类似后世的农具铲子，所以人们又称之为铲币。刀的形状略似后世的朴刀，原是农业林业的生产工具和战争用的兵器。从出土实物看来，最初称为货币的布和刀以及作为工具的布和刀，大小相若，没有多大差别。尔后，作为货币的布和刀越来越小。到战国时期，最小的布，一枚才重十多克；刀，三四十克。这样小的重量，当然完全失去了生产工具的作用，它专门充当交换媒介，只是尚未脱却"初服"而已。

战国分裂割据，没有统一币制。各地自行铸造，种类繁多。钱币学者依据形制图文的差别，区分为各种布和各种刀。又依据出土地点，把不同的布或刀分属不同的国别。当时布和刀的流通地域不出燕齐三晋（即今山东、山西、河南、河北）。在这个地域内，它们交错流通，没有严格界限。但大致是燕齐多用刀而三晋多用布。这个区域以外，秦楚较后起，不用刀布，而另有它们的钱币。秦统一六国，普及秦制，秦的圜钱流通全国，刀布便退出历史舞台了。

为什么最初出现的金属铸币采取刀、布式样呢？这是因为，刀、布是生产利器，为广大农夫所需要。作为商品，二者在农村都拥有很大市场，能普遍为人接受。于是从一般商品中分离出来，成为特殊商品———一般等价物。

久之，具备货币诸职能，便成了货币。在未有铁器之前，刀、布全用青铜制作，既是工具，也是货币。在有了铁器之后，青铜制的刀、布，属于"美金"，专用作货币；铁制的刀、布，属于"恶金"，则专充工具。同时为了适应小生产者交换的细碎和频繁，货币的刀、布逐渐变小。当然，铸造者减重以牟利，也是变小的原因，但主要的是前者，中国古代的货币，从刀、布、圜钱以至明清的制钱，都是小生产者的货币，因而不能不是细小的。《诗经》有"痔乃钱镈"的诗句，"镈"是大铲子，"钱"是小铲子（"戋"有小之意）。中原地区的生产以农耕为主，钱镈为最重要的工具，所以这地区的主要货币是布币。布币形制变小了与钱（小铲）无异，于是获得"钱"的称谓，而且成为此后货币的共名。到了唐代，主要流通的铜质铸币"开元通宝"，十文钱共重一两，于是"钱"又转为重量单位，即十分之一两的名称。今天，钱的初义（小铲）已经没有人使用了，但两个后起之义（货币和重量）却还在流行着。传统的演变和因袭是颇为曲折的。

（原载《云南日报》1985 年 1 月 25 日第 3 版）

# 我国历史上的第一位女企业家

在《史记》这部伟大的历史著作中，司马迁特辟一卷为工商巨富立传，叫作《货殖列传》。传中有一个突出的女人名清。因她是巴蜀的寡妇，所以司马迁称之为"巴蜀寡妇清"。其文如下：

> 巴蜀寡妇清：其先得丹穴，而擅其利数世，家亦不訾。清，寡妇也。能守其业，用财自卫，不见侵犯。秦皇帝以为贞妇而客之，为筑女怀清台。……清，穷乡寡妇，礼抗万乘，名显天下，岂非以富邪！

寡妇清是今四川涪陵县（在重庆东）人，她是一个幸运的女子。在其有生之年，竟然遇到"事不师古"、蔑视传统的始皇帝，给她筑台表彰；既殁之后，又有为著《史记》，甘愿"万被戮"而不悔的良史司马迁把她载入史册。两千多年来，她的事迹读史者无不知道，现在且已几乎成了常识。但事迹的重大历史意义，却还须进一步加以申论。我认为，从社会经济史的角度看去，至少有以下三点值得注意：

第一，她是一个女子，竟能礼抗万乘，名垂史册，是封建社会史上空前绝后的。在她以前很久，女子的社会地位已经降得很低了。武王说，他有治乱之臣十人。孔子说："有妇人焉，九人而已。"女子是不能算数的。孟子说："惟女子与小人为难养也。"把女子和小人看作同样低下的人。在这种社会风气下，寡妇清却受到秦皇帝的如此尊重，是绝无仅有的。

第二，她是一个平民。先秦时期，贵族才有姓，许多平民只有名而没有姓，如介之推，是介那个地方名推的人；烛之武，是烛那个地方名武的人。因此，寡妇清其姓为何，不知道。《史记·货殖列传》里，写在寡妇清前面的"乌氏倮"是乌氏那个地方名倮的人。这人和寡妇清同样，姓什么，不知道。以平民身份而皇帝"客之"，"令比封君"，这也是等级森严的古代社会中少见的。

第三，其所以能如此，是什么原因呢？司马迁一语道破——"岂非富邪！"在我国古代，富是从属于贵的。那时只有因贵而富，不可能像资本主义社会那样因富而贵。皇帝"贵为天子，富有四海"。为天子是前提，有四海是结果，不能颠倒过来。但寡妇清以一个平民身份的女子，居然能因富而贵，这说明什么呢？这说明：战国秦汉时期是我国历史上商品经济最高潮、最活跃的时期。秦及汉初是这一时期的最高峰。商人资本这时已形成一股强大的社会力量。因为这样，我以为《史记·货殖列传》的写成，不单是出于司马迁的独具只眼的天才，也是社会存在所决定所反映的结果。这时期的商品经济发展状况及其影响是中国经济史上一大课题，我们应该对它作深入的研究。

（原载《云南日报》1986年2月7日第3版）

# "耕作半径"浅说

假若展开一幅较详的地图，或在飞机上凭舷窗俯瞰，那么你一定会看到，在我们祖国的大地上，千村万落，星罗棋布。又假若你实地去乡间走一走，那么你所到的村落，有的人烟稠密，有的户口稀少；有的彼此相距很近，有的隔得较远；……为什么会呈现这样的现象？这是经济史上一个值得探究的问题。

村落并不是自古就有的。依据恩格斯的研究，它在蒙昧时代的高级阶段才萌芽；到野蛮时代的低级阶段才形成，但那只是部落的居住地，而不是后世的农村。到中级阶段，出现了园圃种植业，继之有了谷物栽培，农业成为"古代世界的决定性的生产部门"，于是，作为农业生产基地的村落——农村，才最终形成。我国古代至迟到商周时期，农村公社已普遍出现。春秋战国之际，农村公社解体，以后两千多年的农村，本质上没有多大变化，始终是从事农业生产的村落。

从事农业生产必须具备若干条件。毛泽东总结前人经验而提出的"农业八字宪法"：土、肥、水、种、密、保、工、管，就是八个极为重要的条件。在刀耕火种、广种薄收的时期，这些条件当然不能全备，但到集约农业之时，就一个不可缺少了。农民们都知道，为了丰收，每个条件必须尽力搞好，这就得终岁勤劳，天天奔走于陇亩之间，农忙时甚至结庐田中，连家也不回。颜师古注《汉书·食货志》，解释"庐"字说："庐，田中屋也。春夏居之，秋冬则去。"就是说的农忙景象。晁错描述汉文帝时农夫的情况说："春不得避风尘，夏不得避暑热，秋不得避阴雨，冬不得避寒冻，四时之间，无日休息。"其中虽然也包括"伐薪樵，治官府，给徭役"的劳动，但主要是田间操作。汉代以后，随着精耕细作的进步，农民到田间去的时间就更多了，尤其是南方，一年二熟三熟，不断的中耕、锄草、追肥……更是"无日休息"。这就使得农家不可能到离家很远的地方去耕作。假若离所居村落过远，便会顾此失彼，不能高效率地进行生产。

那么，离村多远为适宜呢？这要看路径状况、运载能力等条件而定。根据经验，按一般行进速度，从村庄到田间往返大约一个时辰的路程为最大限度。过此以往，便觉得往返费时太多，运载费力太大，管理不便，不移居接近耕地，便太不合算了。这一个时辰的行进时间可叫作"耕作半径"。用这个半径，以村落为圆心画一个圆，圆周便是这个村落中农民所能耕作的最大范围。假若这个范围里的可耕地广而肥沃，能养活较多人口，那么，村落的规模就较大；反之，能养活的人口少，规模就小。比之耕地多出的人口就得迁居，首先迁出的自然是那些贫无立锥之地的贫苦农民。还应看到，由于从村里辐射出去的路径，有的曲折，有的崎岖，所以用行进时间为半径画出来的圆，落实到地面上不会是正圆。村落因地形之故也会常常偏离圆心；不过不能偏离过大，过大，就是另一个圆了。相邻两村的距离，在大平原地区，基本上是毗连的两个半径之和；在水乡或山区，还得加上两圆之间的不可耕地带。总之，一个村庄坐落在哪里，有多大规模，是由耕作半径决定的。

以上所说，是历史的现象，也是当今的现实。假若我们留心观察一下自己家乡的村落分布状况，就可以得到证明。照理，耕作半径应该随着社会生产力的发展而变化，但村落和半径一旦固定之后，由于土地所有权和习惯势力等因素的作用，改变并不是容易的。特别是在可耕地已全部开发的平原、坝子地区，就更困难。不过，随着农业生产的进步，产量的增加，尽管耕作半径不变，村落的人口和规模还是会有所发展的。

（原载于《云南日报》1986年8月15日第3版）

# "千年田换八百主"

"千年田换八百主"（或作"千年田地八百主"）这句话，新中国成立前常常听到，可以说，已经成了那时的一句谚语。但是，追溯来源，它却不是出自市井中一般求田问舍者之口，而是来自南宋杰出诗人辛稼轩的笔下。辛稼轩，即辛弃疾，宋光宗绍熙年间（公元12世纪90年代）宦游福建，想辞官归家。他的儿子为了多置田产而加以劝阻。于是他写了一首词斥责儿子。原词见今本《稼轩集》卷三，牌名"最高楼"，有小序云："吾拟乞归，犬子以田产未置止我，赋此骂之。"全词是这样的：

> 吾衰矣，须富贵何时？富贵是危机。暂忘设醴抽身去，未曾得米弃官归。穆先生，陶县令，是吾师。
>
> 待葺个园儿名"佚老"，更作个亭儿名"亦好"，闲饮酒，醉吟诗。千年田换八百主，一人口插几张匙？便休休，更说甚，是和非！

应当着重指出，这一名句的提出和它的广泛流传，在我国古代经济史上，具有特殊的重要意义。它说明：土地所有权的运动空前加快了。我们知道，我国的古代和别国的古代一样，随着生产和交换的发展，土地所有权由公有的逐渐转变为私有的，由不运动的逐渐转变为运动的，由运动很慢的逐渐转变为运动很快的。西周时期，"普天之下，莫非王土"，私人只有土地的使用权和占有权，所以那时"田里不鬻"，根本不存在土地所有权的运动。

春秋战国时期，商品生产和商品交换日益发展；货币经济不断猛烈冲击古老的土地制度；私人的土地所有权不知不觉地得到社会认可，并且运动起来了。商鞅变法，秦国率先改变田制，"废井田，民得卖买"，公然承认土地所有权的运动为合法。但是，由于商品经济还处于发轫阶段，经不起各种政治势力的打击摧残。从汉武帝起，它的发展的势头被阻遏了；自然经济相对地强化了。于是土地所有权的运动转而迟滞减弱。汉魏以后，土地一旦落入门阀世族或佛道寺观之手，大多便长期冻结。均田制、屯田制、庄园制都是保证土地所有权凝固不动的土地制度。直到唐代中叶，商品经济再度高涨，货币经济以更加猛烈的力量破坏各种旧制，土地所有权才剧烈运动起来。著名的"两税法"宣告："户无主客，以现居为薄；人无丁中，以贫富为差。"这大大放任了土地买卖，土地所有权获得了前所未有的运动自由。在这种状况下，不仅一般地主商人，就是达官贵胄也多有"地癖"。但他们也和庶民地主一样，并不能世代不替，永远保有已经占有的土地。因此，土地所有权在农民、地主、商人、贵族、官僚……之间不停地转换。到宋代，转换更加速了。单土地买卖税契一项，便是官府不小的收入。而买卖土地的居间"牙人"也成了一种遍及各地的职业。生活于南宋前期的辛弃疾，目击此情此景，自然能写出"千年田换八百主"那样的名句。社会存在决定社会意识，若没有土地所有权的加速运动，怎么能产生反映土地所有权加速的诗歌呢？从"田里不粥"到"千年田换八百主"，历时两千多年。这当中的经济发展是多么巨大啊！

（原载于《云南日报》1985 年 5 月 17 日第 3 版）

# 译名质疑两则

## 一　"普天之下，莫非王土"

汉译《政治经济学教科书》（人民出版社 1955 年版）第 3 章页 41，以我国《诗经·小雅·北山》的"普天之下，莫非王土"，译原书页 40 的一句"中世纪的谚语"——"Нет земли без сеньёра"。这一移译，是不够确切的。

按，原书在上录"谚语"之后，紧接着即以括号注释道："（то есть без Госпоцина – Феоцала）"汉译作"（即没有无封建主的土地）"。可见 Сеньёр 一字，即 Госпопин – Феоцал 之意，亦即"封建主"之意，这是正确的。汉译《联共（布）党史简明教程》也以"封建主"译 Феоцал，其他的书则有译作"领主"或"封建领主"的（如柯斯明斯基著，郭守田译的《世界中世纪史》和莫斯科外国文书籍出版局 1955 年出版的《苏联通史》），可是自来没有译作"王"的。

又按，Ъ. Я. Влалнмирцов 在其所著《蒙古社会制度史》第二章第六节中，会引及这一谚语，并指出这是中世纪法兰西的谚语。他引录的法文是：

"nulle terre sans seigneur"

《政治经济学教科书》页 50 的引语与之小异，法译本作：

"Pas de terre sans seigneur"

由于这一谚语原是法兰西的，所以括号中的注释在法译本中便略去了。

由此可见俄文的 Сеньёр Феоцал 即是法文的 Saigneur。[法译本《联共（布）党史简明教程》也是以 Seigneur 译 Феоцал 的。]

再按，Сеньёр 俄文或作 Сеньор，或作 Сенор；据 Ц. Н. Умаков：《Толковый Словарь Русского Языка》，此字源出于拉丁语的"Senior"，意思也是"封建主"或"领主"。我们知道，Se－nior 又是法文 Seigneur 之所从出，意思完全一样。恩格斯在其所著《法兰克时代》中，论到自由佃农的政治地位变化时说："地主成为长老（Senior）领主（Seigneur），佃农成为他的臣仆（Homines）了。"（见《史学译丛》1956 年第 3 期，页 17）以 Senior 和 Seigneur 并列，足证二者意义之一致。

还可再用英语来印证。《联共（布）党史简明教程》和《苏联通史》二书的英译本都以"Lord"译 Феоцал。而 В. Ф. 谢缅诺夫在其《中世纪史》（叶文雄译，三联书店 1956 年版）页 61 上说："盎格鲁·撒克逊的领主'Lord'这个字相当于法语的'Seigneur'。"由此可见，Сеньёр，Феоцал，Senior，Seigneur，Lord 都是一个意思，就是封建主或领主，并无"王"的含义。不惟没有"莫非王土"的"王"的含义，而且也没有 Колорь 的"王"的含义。为了这个缘故，所以《政治经济学教科书》才在上引谚语和括号注释之后，接着立即又写上一句："最高的土地所有者是国王。"假若依照汉译，那么，前一句已经说过"莫非王土"了，这一句岂不是多余了呢？

若再从我国"普天之下，莫非王土"的原来意义加以考究，那就显得更为不确切了。据一般史学家们的意见，《北山》这篇诗是西周时代的作品，是没有问题的。但是西周是一种什么性质的社会呢？这就不止一说了。有主张西周是奴隶制社会的，有主张西周是封建制社会的……。于是这两句话便被引用了去说明自己所要说明的问题。例如：

（1）郭沫若先生引了说明"殷周两代没有私有财产"（见《奴隶制时代》）。

（2）范文澜先生引了说明西周"天子有权直接或间接向庶民取得贡赋"（见《中国通史简编》修订本第一编）。

（3） B. И. 阿甫基耶夫引了说明西周的土地国有制。他说：西周"政权所依靠的就是集中在国家手里的土地。在《诗经》里就说，所有的土地都是属于国王的：'普天之下，莫非王土。'"（王以铸译《古代东方史》，页710）

（4） B. H. 狄雅可夫和 H. M. 尼科尔斯基引了说明"从原始公社残留的生产形态——土地公有制与公社经济"，他们说："在中国，也像在埃及，土地财产是国家的，《诗经》上说：'普天之下，莫非王土'。"（日知译《古代世界史》，高教部教材处 1954 年版，页 219）

由以上所录可见，对这两句诗的看法，存在着多么大的分歧，我们怎么能肯定它是"中世纪的谚语"呢？

不仅这样，即使我们不问西周的社会性质，只就这个"王"的原意而论，也还是有问题的。我们知道，"莫非王土"的王乃是指的西周的"天王"，即"春王正月"的王。它是当时天下的共主，独一无二的。《礼记·曾子问》载，孔子说："天无二日，土无二王。"可以说，这是代表当时和后世的一般观念。这样的王，正是马克思所说的"东方专制帝王"。它不仅和西欧中世纪的封建主或领主极不相同，而且也和西欧的 Король 不一样，当然和我国封建主义时期的所谓"亲王""郡王"……更不一样。

由此看来，这一译法是值得考虑的。依照今译，可能引起读者们的一种错觉：以为西欧的中世纪大概就和我国的西周时代一样。为此，所以我们特意提出来加以商榷。

## 二 "劳动地租"

人民出版社 1953 年出版的由郭大力、王亚南合译的《资本论》第三卷第 6 篇第 47 章"资本主义地租的发生"，把"die Arbeitsrente"译作"劳动地租"。页 1032 说："地租的最简单的形态，是劳动地租。"按，列宁在《俄国资本主义的发展》一书中对这一术语的旧俄译曾加订正。《列宁全集》

俄文第 4 版，第 3 卷页 142，列宁原注云：

"В русском перевоце（етр，651，и сл.）зтот термин перецан выракеныем《 труповаярента 》．Мы считаем наш перевод более правильньпм，так как на русском языке есть специальное выракение《 отработкн 》，означающее именно работу зависимого землседелъда на землевладельда"[1]

因此，列宁另译作"Ограбогчная рента"。

《政治经济学教科书》俄文第 1 版页 43，论到封建制度下的地租形式时，也一律使用"Ограбогчная рента"这一译名。《苏联大百科全书》"зсм льная рента"条和俄译《资本论》1949 年版同卷同章，也是如此。当然这些都是依据了列宁的这一订正的。

现在，我们试进而商榷一下汉译的问题。

俄文"Труд"一字，汉译为"劳动"，不惟见之于一般辞书，而且见之于许多译文，可以说已成固定。那么由此字演绎而来的"труловая рента"，当然只能译作"劳动地租"，而不能译作旁的。可是郭大力、王亚南合译的《资本论》中，仍然使用"劳动地租"的译名，不知是对列宁的上述订正未曾措意呢，抑或是另自有说？

也许有人说，列宁是根据俄文特点而订正旧俄译的，汉译本系直接译自德文，因此可以不必依照列宁的订正改译。这样说也未必恰当。我们从列宁的著作中可以知道，列宁对 Отработка 这一制度是做过精深的研究的。特别是在《俄国资本主义的发展》一书中，更详细地加以论列。根据列宁之所论列以及我国有些史家对我国历史的研究，可以说，这种制度在我国封建主义时期的历史上也是长期存在过的。那么，我们依据列宁所订正的译名来译，不是也很恰当吗？不是更为具体和更能显示这种地租的特征，因而也就更能符合译者所主张的"望文生义"的翻译原则吗？[2]何况德文"Arbeit"一字，本来就有我国"劳役""力役"等词的含义（见《德华大字典》），即使从德文直接翻译，Albeitsreute 也不是非译为"劳动地租"不可的。

那么，"Отработочная рента"的汉译应是什么呢？《政治经济学教科书》汉译本译作"劳役地租"[3]；《俄国资本主义的发展》曹葆华译本译作"工役地租"[4]。单从这两个译名而论，很难有所轩轾于其间；不过应该指出，曹译之所以译作"工役地租"，是因为他已经用"劳役"译Ъарщина[5]，自然便不好再用它来译 отработка 了。而《政治经济学教科书》汉译本则以"徭役"译Ъарщина[6]，故可以"劳役"译 отраьотка；其实，俄文并无歧义，只是汉译有不同而已。这种不同，在无原书可查的情况下，很容易引起误会，给读者添一些不必有的麻烦。最好能够统一起来，至少在经典著作中能够统一起来，一定嘉惠读者不浅。

**注释：**

[1] 这一原注的译文见曹葆华译《俄国资本主义的发展》（人民出版社1957年版）页130，译文是这样的："在俄译本（第651以及以下各页）中，这个术语译成了'劳动地租'。我们认为译成'工役地租'更正确些，因为俄文中有'工役'这个专门名词，正是意味着附属农作者为土地占有者所做的工作。"

[2] 译者语，见《资本论》（读书生活出版社1938年版）之《译者跋》。

[3] 见曹葆华译《俄国资本主义的发展》，人民出版社1957年版，页44。

[4] 见注［1］同版同页；附带指出，辞书中多有同此译法，如五十年代出版社1953年出版的《俄华大辞典》也译为"工役地租"；时代出版社1956年出版的《俄汉新辞典》也把 отраьотка 译为"工役""工役制"。

[5] 见注［1］同版页144，又页150的原注。

[6] 见注［3］同版页65行23"徭役"即系译原书第1版页52行20的Ъәрщина。

（原载《云南大学学报（人文科学杂志）》1958年第1期）

# "良丁"和"丁牛"

涉及均田制度的许多历史著作都常常引用到《魏书·食货志》中的一段话。这段话是：

诸男夫十五以上受露田四十亩妇人二十亩奴婢依良丁牛一头受田三十亩限四牛

在这段话中存在着一个如何断句的问题，就是"良""丁"二字，是合为一词而属上句读呢？还是断开而分属上下两句呢？这两种断句法，自来都有人使用。姑举二例：邓之诚先生即断如前一种，见所著《中华二千年史》卷二；吕思勉先生则断如后一种，见其遗著《两晋南北朝史》下册。这两种断句法，好像是可以见仁见智、任意点断似的，自来也没有成为讨论的问题。可是，认真考虑一下，前一种断法（即"奴婢依良丁"的断法）实在是错误的。正确的应当是这样：

诸男夫十五以上，受露田四十亩；妇人，二十亩；奴婢依良；丁牛一头，受田三十亩，限四牛。

为什么这样断是正确的呢？理由如下：

（1）《魏书·食货志》在上引的这段话之后，还叙述到"桑田"的还受，说：

> 诸初受田者：男夫一人给二十亩，课莳余，种桑五十树、枣五株、榆三根；非桑之土，夫给一亩，依法课莳榆枣；奴各依良；限三年种毕。

接着又叙述"麻田"的还受，说：

> 诸麻布之土：男夫及课，别给麻田十亩；妇人五亩；奴婢依良；皆从还受之法。

这两种田的还受都规定奴或奴婢"依良"，而都不加"丁"字，为什么同在一道均田令中的露田还受，独要加上一个"丁"字呢？于例不合。而且露田还受的令文中只说"男夫"和"妇人"，并未言"丁"，何以突然来一个"奴婢依良丁"呢？又如何"依"呢？于义不可通，显然，这个"丁"字是应该冠于"牛"字之上，属下句读的。

（2）其所以言"夫"、言"妇"不言"丁"，还不只是令文上行文一致的问题，也是当时授田制度的标准的规定。按，当时授田是以"男夫"和"妇人"为主体，为标准单位，其余的人则比照他们有程度不同的减少。除上引诸例之外，如同书又载："年十一已上及癃者，各授以半夫田"；太和四年三月诏："一夫治田四十亩，中男二十亩"；都是例证。这种制度，大家知道，乃是沿袭户调制而来，因此，与受田制相应，调的规定是这样：

> 其民调：一夫一妇帛一匹、粟二石；民年十五以上未娶者，四人出一夫一妇之调；奴任耕、婢任绩者，八口当未娶者四。

可见调也是以"夫""妇"为标准。

周齐和魏的制度基本相同。《隋书·食货志》叙北周的调法说：

> 凡人自十八以至六十有四与轻癃者，皆赋之……有室者，岁不
> 过绢一匹、绵八两、粟五斛；丁者半之。其非桑土，有室者，布一
> 匹、麻十斤；丁者又半之。

《魏书》说"中男""民年十五以上未娶者"，这里说"丁"。二者所指相同，都和已娶的"男夫""有室者"有别。由此可见，"奴婢依良"或"奴婢依良丁"，虽仅一字之差，所依照的标准却不一样。"依良丁"所受的田亩数只能和"妇人"的相等，而和"男夫"的相差一倍。问题倒不在于相差多少（这对于田制本身当然是重要的），而在于：为什么在整道均田令中，独露田一项奴婢受田要比照"良丁"标准？这当然是不可通的。

（3）尤其重要的是"良""丁"和"奴婢"等词，在年龄和性别上各有所指。大家知道"良"是"良人"的省称，男女老小和丁中都包括在内。"丁"，一般是指一定年龄的男子，有时也兼指一定年龄的女子，用以和老小等相区别。"奴婢"意同贱人，奴指贱男，婢指贱女，没有年龄的限制。根据这样了解，我们试来解释一下"奴婢依良丁"之不可通。

假如说"良丁"是专指良人中一定年龄的男子而言，那么，首先就会碰到这样一个问题：婢怎么也可以"依良丁"呢？良人中的"妇人"还只能得男夫之半，为什么婢却得的更多？上引书"桑田"还受一条，只说"奴各依良"，而不提到婢。其所以言奴不言婢，很明显，是因为桑田只授给男夫，不授给妇人，所以婢也相应地没有分。由此看来，奴婢受田也是有性别的不同，怎么可以奴婢一样"依良丁"呢？其次，不论奴也好，婢也好，总有各种年龄的差异，怎么可以不问年龄一律"依良丁"呢？上引同书关于征调一条说："奴任耕、婢任绩者"才纳调，可见不是不问年龄的。何以受田反而不加以分别了？而且又据上引《隋志》关于北周调法一条，把"丁"和"有室者"并列，可知当时的"丁"还有"无室者"的含义，也即是《魏书》里所说的"未娶者""中男"，只能受"半夫田"。这样说来，良人的丁，受田还和有室的男夫不一样，何以奴婢却不问已娶未娶、已嫁未嫁而

一律"依良丁"呢？或者有人说，这所谓"良丁"，兼指女丁；"奴婢依良丁"是奴依良人的男丁、婢依良人的女丁。这样曲解，仍然不可通。且不说魏令中没有"丁"的规定，即使如此解释，同样不能说明上面提出的关于年龄、娶嫁等问题。由此看来，"奴婢依良丁"的断句方法，不论怎样解释，都是不可通的。

反之，若断作"奴婢依良"，一切不可通的问题就都可通了。道理很明白，"良"既然包括良人中的男夫、妇人及其他，那么，奴婢中的男夫、妇人等自然可以相应地依照着受田，而不必在令文中重复加以说明。这就是令文里只说"奴婢依良""奴各依良"的缘故。

（4）根据以上所述，"奴婢依良"应成一句，那么，"丁"字是衍文呢？还是可以和"牛"字连起来共成一词呢？有没有"丁牛"成为一词的例子呢？有的，见于《隋书·食货志》。原文如下：

> 其［京城］方百里外及州，人一夫受露田八十亩；妇，四十亩；奴婢依良，人限数与在京百官同；丁牛一头，受田六十亩，限止四年。……

这是北齐河清三年均田令中的一段话。其中"奴婢依良"一句，也有人断为"奴婢依良人"的，也可以通，因为上面说过，"良"就是"良人"的省称，意思完全一样。"限上四年"，有的本子作"限止四牛"，这里引的是百衲本。"丁牛"在这里与"依良"离得很远，除自成一词外，没有任何其他的断法，不应再有什么误会。特别值得注意的是，把前引《魏书》的那段令文和这段对读，谁都知道，后者是沿袭前者，正如马端临所指出的"北齐给授田令，仍依魏朝"（见《通考·田赋考》），两道田令基本上是相同的。由此说来，其所指的"良"和"牛"，二者并无二致，后者完全可用以证明前者。前者之应读作"奴婢依良；丁牛一头……"是毫无疑义的了。

根据以上四点理由，我们可以肯定地说："奴婢依良丁"的断法是错误的。

应该指出：辨明这一错误不是没有意义的。它涉及奴婢受田数量的问题，从而涉及奴婢身份转变的问题。为了研究奴婢这一种被压迫的劳动者在当时生产关系中的地位以及当时的阶级关系和社会性质等等，这问题怎么可以忽视呢？然而过去（甚至现在）的某些史学家，对这一点却不加措意，因而产生不必要的错误。举最近一例看看吧。吴枫的《隋唐五代史》（人民出版社 1958 年 3 月第 1 版）页 21 说：

> 隋初为了解决土地分配问题，仍继续实行北魏以来的'均田令'：规定一个成年男子或奴婢受口分田六十亩，永业田二十亩，妇女止受口分田四十亩，一头牛亦受四十亩。……

这段话的表述是不确切而且有错误的。该书同页脚注谓："参阅《隋书》，卷 24，《食货志》。"据此可知，作者根据的就是我们上引《隋书》所录北齐河清三年的那一段田令。作者显然就是以对《魏书·食货志》的错误读法来解释《隋书·食货志》，因此，虽然《隋书·食货志》明明作"奴婢依良"，而作者却把它作"奴婢依良丁"来看，于是产生婢比"妇女"多受田二十亩的错误。至于把"露田"说成是"口分田"，把"一夫"说成是"一个成年男子"，把丁牛受田的限制略而不提，等等，也都是不正确的，但已非本文范围内所当及，这里就不谈了。由此可见，这一错误的断句法一直影响到现在，是亟应加以辨正的。

（原载《史学月刊》1959 年第 9 期）

# 梅花、元宝和马

## ——读《武则天》札记三则

## 一　一朵梅花

郭沫若先生所著《武则天》第二幕第二场中[1]，有这么一回事：上官婉儿因受崇明俨遇刺案的株连，骞味道等"拟处以流刑，发配岭南充军"。武后以她年幼才高，格外原情，改处黥刑。剧中武后说：

> 我看她的罪行更为严重。她知恶不举，而且还别有用心，应该处以绞刑。（息了一息）不过，她才十五六岁，再受些教养，她是可以改变的。流刑也太重了，该处以黥刑。在她的额上刺上一朵梅花，把朱砂涂进去！……

过了一会儿，处分已毕，裴炎、骞味道又带着婉儿登场。"婉儿额上，近眉间处已受黥刑，呈出一朵红梅"。

这一插曲很妙。试想，上官婉儿这一人物，在剧中何等重要。她就好似一面秋毫毕现的明镜，把武则天的形象，最细致地、最完美地折射出来。可以毫不夸张地说：假若对婉儿刻画得差一点，那全剧便是要黯然失色的。而作者正是在这个人物身上，表现了卓越的才华。他加意地把她塑造得这么玲珑，这么美！

可是对于这个美人儿，旧史里偏偏这样记载着："则天时，婉儿忤旨当诛，则天惜其才不杀，但黥其面而已。"[2]假若作者把这一史实生硬地搬上舞台，使婉儿一下子成了一个墨面囚徒，那就会大煞风景，令人有焚琴煮鹤之感。或假若对这一史实弃而不顾，那又不符合历史剧的创作原则。作者于此，匠心独运地创造出这朵"红梅雪上花"[3]。突然把观众送入一个完全出乎意表的境界，不惟使剧情富趣味而多新鲜，而且反映了武则天的性格与传说中的狰狞可怖迥然不侔。

这朵花，真可谓"妙笔生花"！作者构思之精与用笔之细，令人看到这里，不禁拍案叫绝，叹为观止矣。

然而有人颇不谓然，以为不近情理。他们怀疑：当时会不会这样用刑？武则天是不是那么慈蔼？我认为，假若这是一件大理寺即可径行处分，不须上复或上请的案子，那就不甚符合历史的真实，因为那里是只能按照律令办事的。至于武则天亲鞫则不然。不要忘记，她是"天后陛下"，是一个专制主义的统治者。她可以，而且事实上也常常是，"法外用刑"。既然如此，那当然可轻可重，可此可彼。旧史只说"黥其面"，未说如何黥，这就给人留下驰骋想象的余地。郭老于此虚构出一朵红梅，谁曰不宜？

倒是武则天是不是那么慈蔼，值得讨论。我以为从唐代的记载上看，武则天的严酷确不如后世所传之甚。相反，她是一个很有风趣而又很讲情理的人。这方面的记载不少，这里姑举一事以为证。《通鉴》卷205载：

（如意元年）五月丙寅，禁天下屠杀及捕鱼虾。……左拾遗张德生男，三日，私杀羊会同僚。补阙杜肃怀一餤，上表告之。明日，太后对仗谓德曰："闻卿生男甚喜。"德拜谢。太后曰："何从得肉？"德叩头服罪。太后曰："朕禁屠宰，吉凶不预。然卿自今召客，亦须择人！"出肃表示之。肃大惭。举朝欲唾其面。

这个故事很有趣，很能表现武则天的性格。这里，武则天哪有丝毫狰狞可怖之态：适得其反，乃是通情达理，平易近人的。

这当然不是为武则天杀人不少的事实讳。但她杀人之多也自有故。武则天是一个具有铁腕的政治人物，对政敌是毫不留情的，就是儿子也不例外。周兴、来俊臣之类，"欺君子以其方"，借此大事罗织，严刑迫人"承反"定罪。武则天为所蔽，遂致枉滥杀戮。对此，她当然也不能无责，但和"嗜杀成性"，则有间矣。例子是，狄仁杰曾一度下狱，被迫"承反"。后来秘密通知儿子。儿子告变，乃得出狱召见。《旧唐书》卷89，《仁杰本传》说：

> 则天召仁杰谓曰："承反何也？"对曰："向若不承反，已死于鞭笞矣。""何为作谢死表？"曰："臣无此表。"示之，乃知代署也。故得免死，贬彭泽令。武承嗣屡奏请诛之。则天曰："朕好生恶杀，志在恤刑。涣汗已行，不可更返。"

可见枉滥之责，不应尽归诸武则天。同上书卷96，《姚崇传》说得更明白：

> 圣历初，则天谓侍臣曰："往者周兴、来俊臣等推勘诏狱，朝臣递相牵引，咸承反逆。国家有法，朕岂能违。中间疑有枉滥，更使近臣就狱亲问，皆得手状，承引不虚。朕不为疑，即可其奏。近日周兴、来俊臣死后，更无闻有反逆者，然则以前就戮者，不有冤滥耶？"元崇对曰："自垂拱已后，被告身死破家者，皆是枉酷自诬而死，告者特以为功。天下号为罗织，甚于汉之党锢。陛下令近臣问者，近臣亦不自保，何敢辄有动摇。被问者若翻，又惧遭其毒手。将军张虔勖、李安静等皆是也。赖上天降灵，圣情发寤，诛锄凶竖，朝廷乂安。……"则天大悦曰："以前宰相，皆顺成其事，陷朕为淫刑之主。闻卿所说，甚合朕心。"……

由此可见，武则天并不是嗜杀成性的人。上官婉儿之能避死免流，黥以梅花，并非不近情理，而是合乎她的风趣的。

## 二　两锭元宝

但是，正如一个善于作书之人，不能每字每笔都一模一样，剧中也偶有可商的地方。剧本第三幕第一场中有这么一回事：当郑十三娘决计揭发裴炎等人的阴谋，让道生和尚去长安告密的时候，她向道生说：

> ……告密的人，沿途虽然要受五品官的招待，但你最好不要受这个招待，怕人家会暗算你。裴炎那个魔鬼，是诡计多端的。你去的路费我给你，你等我一会。（折入内室）。
>
> 过了一会，
>
> （自内室走出，手中拿着两锭元宝，进前授予道生）把这作为你的路费，你沿途买马坐吧。你赶到长安就没有危险了。……你尽快的赶吧，……

这里有两个问题：一是元宝；二是马。现在先谈前者。

那两锭元宝，正如某一剧团演出时所用的，是银元宝。它当然不会是金的，因为我国货币史上没有流通过金元宝。也不可能是铜的，虽然唐朝有所谓"开通元宝"，但那是"开元通宝"的异读[4]；是以"文"计的铜钱，而不是以"锭"计的元宝。那么，唐朝有没有铸造成锭的银元宝呢？没有。有所谓"铤"，但不是后世所谓的元宝。那时中原地区的市场上，根本还不流通白银。这一点，顾炎武已指出过。《日知录》卷11《银》说：

> 唐宋以前，上下通行之货，一皆以钱而已，未尝用银。……《旧唐书》，宪宗元和三年六月诏曰："天下有银之山，必有铜矿。铜者可资于鼓铸；银者无益于生人。其天下自五岭以北见采银坑，

并宜禁断！"然考之《通典》，谓"梁初，唯京师及三吴荆郢江湘梁益用钱，其余州郡则杂以谷帛交易。交广之域，则全以金银为货"。而韩愈奏状言："五岭买卖一以银。"元稹奏状言："自岭已南，以金银为货币；……"

顾氏在自注中又指出：《通典》所载唐度支岁计中，"未尝有银"；"唐人以银为贡，而不以为赋"。顾氏此说，基本上是正确的，但不够确切。所谓岭南用银，实际只是商道所经的少数城市，而在那少数城市中，银也尚未成为惟一流通的货币。证据是，《通典》在顾氏上引一条下接着说：陈时，"岭南诸州多以盐米交易，俱不用钱"（《隋书·食货志》同）。梁陈是同一时代，而所记不同如此，可见不是一律用银。其次，细绎韩愈奏状全文（见《昌黎先生集》卷37），那句话乃是一个建议，而不是当时已有的现实。和韩愈、元稹同时的户部尚书杨于陵说："大历以前……岭南杂以金银丹砂象齿〔为货〕，今一用泉货〔铜钱〕……"足证金银尚未取得一般等价物的独占权。岭南之外，河西一带在北周时曾经一度流通过金银货币。但那是西域商胡带来的东罗马金币和波斯萨珊朝银币[5]，并非当地社会自发的产物，所以后来商业衰退，金银币也就无闻。至于中原地区，则自南北朝迄隋唐，都不曾看到有贵金属货币流通的记载。《唐律疏议》卷26，《杂律》说："诸私铸钱者，流三千里。……私铸金银等钱，不通时用者不坐。"加上唐宪宗敕文中说的"银者无益于生人〔民〕"之语，足见唐代"未尝用银"之说，确系事实。当然，也有不少记载提到银，但那都是把银当作珍贵的"一般商品"，而不是"特殊商品"。惟《酉阳杂俎》卷12中有魏贞以"白银数挺"充周皓行装之事，但也未能说明银可用以直接进行交换。顾炎武又说："〔金〕哀宗正大间〔公元1224—1231年〕，民间但以银交易。此今日上下用钱之始。"（见《日知录》同条）。"至金章宗始铸银，名曰'承安宝货'。"（见《亭林文集》卷1，《钱粮论上》）此时上距唐文明元年（公元684年，即剧中告密事发的那一年），为时尚五百余载。所以那两锭元宝是不应在剧中出现的。

那么，应该怎么样设置剧情呢？我以为应该把那两锭元宝改作五匹绢。因为唐代，特别是它的前期，是"钱帛兼行"的。而从当时文献看来，不论公私，用绢帛又多于用铜钱。这种现象，前人已多指出，这里不必赘述（顾炎武的"上下一皆用钱"之说是不全面的）。至于绢数之所以假定为五，那是依这样的先例，据《唐摭言》卷15《杂文》，武德五年（公元622年）十二月试士，"其下第人，各赐绢五匹充归粮"。洛阳距长安不算遥远，五匹绢作路费，想来也足敷应用了。

# 三　马

还有那匹马的问题，也可商榷一下。

剧中说的"沿途买马坐"，当然是沿途雇马之意。假如是购买，那就得照花木兰那样："东市买骏马，西市买鞍鞯，南市买辔头，北市买长鞭。"这显然不是瞬间所能办，和剧情的"其间不能容发"的紧急状态是不协调的。那么，能不能雇到马呢？看来不可能。唐朝由于北方边防对马匹的大量需要，马政一直是个大问题。尽管贞观麟德间，在西北曾繁殖了大批"国马"，但对私马仍然采取统制政策。到武则天执政之时，国马已大量损失，马政问题已开始严重。《新唐书》卷50《兵志》说：

> 自〔张〕万岁失职，马政颇废。永隆中，夏州牧马之死失者，
> 十八万四千九百九十。

永隆元年即公元680年。在其前两年（仪凤三年，公元678年），太学生魏元忠上封事言御吐蕃之策，并及马政问题。《通鉴》卷202载其语，说：

> ……出师之要，全资马力。臣请开畜马之禁，使百姓皆得畜

马。若官军大举，委州县长吏以官钱增价市之，则皆为官有。彼胡虏恃马力以为强，若听人问市而畜之，乃是损彼之强，为中国之利也。

《通鉴》接着写道："先是禁百姓畜马，故元忠言之。"据此，当时民间没有马或者很少有马，是可以断言的。因之，凡不能享受品官待遇、不给驿马的人，只能骑驴。《通典》卷 7 载及长安洛阳这条路上的交通说：

> 东至宋汴，西至岐州，夹路列店肆待客，酒馔丰溢。每店皆有驴赁客乘，倏忽数十里，谓之驿驴。

魏元忠上封事距道生和尚去长安告密，为时仅五载。即使唐廷因魏元忠之言而开马禁，马也不可能一下子繁殖起来。事实上，就是到唐代后期，私马还是不多的（因为藩镇都竞括战马）。一个没有官职的人，骑马仍非易事。所以白居易作了拾遗，得乘官马，在《初授拾遗献书》中[5]，很感激地说："臣本乡里竖儒，府县走吏。……岂意圣慈，擢居近职！每宴饮无不先及，每庆赐无不先霑；中厩之马代其劳，内厨之膳给其食。朝惹夕惕，已逾半年！"把马和其他优遇并列，可见骑马之荣。李白诗："五花马，千金裘，呼儿将出换美酒，与尔同销万古愁。"马与千斤裘对举，亦可见马之珍贵。诸如此类，均说明在唐代马的不易得。由此说来，剧中的郑十三娘，既嘱道生和尚不要受五品官的招待，那么道生就只有沿途赶驴驿，买小毛驴坐了。

　　以上所谈，就剧本而言，不过是一二细节；但就唐代史事而论，那就是值得商榷的问题了。读书有疑，不自知所见当否，因札记之以就正于同志们。

**注释：**

［1］ 见《人民文学》1960 年第 5 期。

［2］ 见《旧唐书》卷 51《上官婉儿传》。

［3］ 语见剧本第四幕第二场。

［4］《通鉴》卷 189，武德四年秋七月丁卯条："……至是初行开元通宝钱，……命给事中欧阳询撰文，回环可读。"

［5］ 此夏鼐先生之说，见《考古学报》1959 年第 3 期《咸阳底张湾隋墓出土的东罗马金币》一文。

［6］ 见《白氏长庆集》卷 58。

（原文刊载于《学术研究》1962 年第 5 期）

# 欧史徐注纠谬

欧公《新五代史》，书法义例极谨严。其门人徐无党为之注，虽云"妙得良史笔意"（《宋元学案·庐陵学案·无党传》语），然亦有穿凿附会，转违欧公本意者。如"柴荣封晋王"条即是也。欧史卷12《周本纪》云：

> 广顺三年……三月，拜荣开封尹，封晋王。……显德元年壬辰，太祖崩，秘不发丧。……丙申，发丧，皇帝即位于枢前。……

其下，徐氏注之曰：

> 于书，封晋王正其非子矣。其余假窃嗣君之礼，不待贬讥而可知，故皆无异辞。

按：徐氏此说未安。封王而后即帝位乃历来及当时之政治惯例，匪独柴荣为然也。观同书卷10《汉本纪》述隐帝继立之经过即可知之。《汉本纪》云：

> 隐皇帝，高祖第二子承祐也。……高祖不豫，悲哀疾剧，乃以承祐属诸将相。宰相苏逢吉曰："皇子承祐未封王，请亟封之！"未及封而高祖崩，秘不发丧。……乾祐元年二月辛巳，封承祐周王。是日，皇帝即位于枢前。……

若如徐氏之说，则承祐不得为知远之子矣，然欧公固明言其为知远第二子也。承祐即位之日，且亟先封王，是封王而后即位为当时政治不得然之惯例明矣。然则柴荣之封晋王，于书不特不能正其非子，且可证明郭威之以其为子，无假窃之非矣。据此可知欧公本意，但直书其事而已，初无贬讥之意。且柴荣之非郭威亲子，同书本纪固已明白言之，又焉用正？是盖徐氏运思太过，而致有此失耳。

（原载《民意日报》1948 年 4 月 13 日，发表时署名"幼舟"）

# 元昊和宋

当女真崛起之前，最为宋患之异族有二，一曰契丹，一曰西夏，三国鼎立于当时之东亚。以国力较，则契丹为最强，而宋夏皆次之。宋自"澶渊之盟"，岁输币于契丹，以求取两国间之和平。西夏当宋真仁之际，虽极桀骜，然始终服事于契丹，鲜有违叛。是故契丹之于宋夏，亦类突厥之于周齐，左提右挈，影响甚大，今欲求宋夏二国间之关系，而不参以契丹之史，则扞格难通者必多矣。试举一例以证之。

西夏当宋仁宗之世，最为强盛。史称元昊"性雄毅，多大略"。宋之名臣如韩如范，亦仅能御之而已，《宋史》所载韩、范声威，多夸大之辞，未可尽信。如庆历元年（公元 1041 年）韩琦好水川之败，丧师甚众，大将死之，仁宗至"为之旰食"，宋庠且"请修潼关以备冲突"（并见《宋史》卷485《夏国传》），其势之危，几御之亦不能也。然和议即起于是役之后，且似不自元昊，《宋史·夏国传》述其故云："元昊虽数胜，然死亡创痍者相半，人困于点集，财力不给，国中为'十不如'之谣以怨之，元昊乃归。"又云：知延州庞籍言，夏境鼠食稼，且旱，元昊思纳款。观此，则和议之所以起，似由于夏人力绌，有不得已者。其实不然。翌年，元昊复入寇，宋又大败于定川，其势实未尝稍衰也。《宋史》云：（庆历）二年，复大入，战于定川，宋师大败，葛怀敏死之，直抵渭州，大焚掠而去。诏（庞）籍招纳，和议又起。《宋史》云：元昊使其臣三人书议和，然屈强不肯削僭号。且云：如日方中，止可顺天西行，安可逆天东下，籍以其言未服，乃令自请，而诏籍复书，许之。元昊言虽侮慢，然明年终更名削僭号，又明年岁纳地称臣上誓表，竟成和焉。而其间未闻有战争。知非屈于兵力也，未闻有饥馑，亦非困于天灾也，然则其所以屈服者何耶？观其再战再胜及如日方中之语，其非心服可知。此求之《宋史》而不可解者也。及检《辽史》，方知此次和议之成，契丹实左右之。《辽史》卷19兴宗纪云：（重熙）十二年（即庆历二年）春正月辛未，遣同知析津府事耶律敌烈、枢密院都承旨王惟吉，谕夏国与宋和。二月甲寅，耶律敌烈等使夏国还，奏元昊罢兵，即遣使报宋。此定川大战之后，元昊使臣议和之前之事也。以此与前引各条比观，则元昊之因受契丹压力，而与宋议和，至为明显。盖此时既系受压力而非力屈，故元昊犹有未服之言。次年，辽夏失和，辽伐夏，故元昊迳上誓表焉。

抑契丹之所以使夏与宋和者，又有其故。其前一年（即庆历元年）宋遣富弼、张茂宝使辽，颇增岁币，两国益亲和。意者，为富弼争献纳，议增币之际，曾以是为请乎？观《辽史》"即遣使报宋"语意，此或为甚近事实之推论也。

（原载《民意日报》1948年3月30日，发表时署名"幼舟"）

# 补《廿二史札记·西夏番盐》条

　　赵瓯北《廿二史札记》卷 26 "西夏番盐"条，谓北宋孙甫、梁鼎辈欲困西夏，"皆以禁断番盐为边界要策"，其所征引之史料甚备：有《郑文惊传》《孙甫传》《梁鼎传》《夏国传》等。惟余读《宋史》，见尚有一条，瓯北遗而未采，兹录于后。卷 257《李继和传》云："咸平中……命继和兼泾、原、仪、渭钤辖。时继迁未殄，命张齐贤、梁颢经略，因访继和边事。继和上言：'……朝廷比禁青盐，甚为允惬。或闻议者，欲开其禁。且盐之不入中土，困贼之良策也。今若谓粮食自蕃界来，虽盐禁（《长编》作禁盐）不能困贼，此鬻盐行贿者之妄谈也。蕃粟不入贼境而入于边廪，其利甚明。况汉地不食青盐，熟户亦不入蕃界博易，所禁者非徒粮食也。'"（按继和之言，李焘《续资治通鉴长编》亦载之见，卷十"咸平四年十二月乙卯"，文亦略同）其说较瓯北所录梁鼎之言尤明晰。梁鼎但谓"今若令解盐与内地同价，则民必冒禁复市青盐，乃资盗粮也"。"资盗粮"三字，殊不如继和所言之详明，而明指非为困夏要策之所在。缘西夏当今宁夏一带，属草原地区，不适于耕稼，粮食常感不足，而地多卤水湖。产盐则颇丰，故以盐易粮，为西夏重要经济政策之一。宋廷针对西夏此一弱点，禁其盐入口以困之，此实为禁青盐之主要原因，不可忽者也。复次生熟户介居宋夏之间，隔绝之使不与西夏交通亦为宋制御西夏之一重要政策。欲使此政策成功，自非断绝其经济之关系不可。而熟户与西夏之最重要经济关系厥为盐，盖熟户居地不产盐，素仰给于西夏。若宋能禁之而代以解盐，始可使熟户与西夏之关系彻底隔绝。此亦为禁青盐之一重要意义，亦不可忽者也。以上两端，皆非观继和不能明，而瓯北未之采。故录出以补之。

　　（原载《民意日报》1948 年 6 月 15 日，发表时署名"幼舟"）

# 高平学案

　　《宋元学案》一书，盖无人不读，然于"高平学案"之所以称"高平"，则鲜有人知之者。尝试思之，谢山必有所据。及览范集，乃知此系出于希文之自署。如《四部丛刊》本范集卷九《与欧静书》云："七月十二日，高平范某谨复书于伯起足下。"《与唐处士书》云："十二月日高平范某谨再拜。"别集卷四《十六罗汉因果识见颂序》及《赋林衡鉴序》皆自署曰"高平范仲淹序"是也。然希文乃苏州范氏，此人所熟知。苏州自古又无高平之称，而乃以高平自署何也？后读《宋史》至希文本传（卷314），见其中有云："唐宰相履冰之后，其先邠州人也，后徙江南，遂为苏州吴县人。"乃知希文之先原为北人，其自署高平，盖以此也。因检两《唐书》范履冰传，旧书谓其为"河内人"，新书谓其为"怀州河内人"。河内有地名高平，宋曰泽州高平郡，即周世宗大败北汉处也。两《唐书》所记与希文自署者，正在一地。至是始知希文自署"高平"之来历及谢山之所本。且知《宋史》"其先邠州人"之误，因邠州在今陕西，河内在今山西，相距甚远，二而非一。应易"邠州"为"怀州"（或"泽州"），始与两《唐书》履冰传及希文自称相符合耳。

　　（原载《民意日报》1948年12月21日，发表时署名"幼舟"）

# 重视云南经济史的研究

经济史是一门不可缺少的科学。它是经济的，又是历史的。它研究的是历史上一个国家、一个民族、一个区域的生产、交换、分配等详细经济状况及其运动规律，可以说，它是各历史时代的经济学。不言而喻，不进行这种研究，就不可能了解历史上各时代的生产方式和历史规律，就不可能了解现代经济的历史前提和既有条件。这对革命和建设都是不利的。恩格斯说："我们自己创造着我们的历史，但是第一，我们是在十分确定的前提和条件下进行创造的。其中经济的前提和条件归根到底是决定性的。"[1]马克思、恩格斯一生非常重视经济史的研究，谆谆教人要积极从事这方面的工作。举一个例，1890年，恩格斯在给一个德国青年康·施米特的信[2]中指出，许多年轻的德国人"只是用历史唯物主义的套语（一切都可能变成套语）来把自己相当贫乏的历史知识（经济史还处在襁褓中呢!）尽速构成体系，于是就自以为非常了不得了"。"很少有人下一番工夫去钻研经济学、经济史、商业史、工业史、农业史和社会形态生长史的。"对此，他尖锐地批评道："唯物史观现在也有许多朋友，而这些朋友是把它看成不研究历史的借口的。正像马克思关于70年代末的法国'马克思主义者'所曾经说过的：'我只知道我自己不是马克思主义者'。"他教导施米特说："必须重新研究全部历史，必须详细研究各种社会形态存在的条件，然后设法从这些条件中找出相应的政治、私法、美学、哲学、宗教的观点。……在这方面，我们需要很大的帮助，这个范畴无限辽阔，谁肯认真工作，谁就能做出许多成绩，就能超群出众。"由此可见，古稀高龄的恩格斯，多么殷切希望德国青年们致力于经济史的研究！

在我们中国，1941 年，正当抗日战争紧张之际，毛泽东同志便号召全党认真研究现状，研究历史，学习马列主义。关于历史，他反复地尖锐地批评了那种忽视历史知识和历史研究的现象，要求大家既要懂得外国历史，也要懂得中国历史，"不但要懂中国的今天，还要懂得中国的昨天和前天"。并具体提出："对于近百年的中国史，应聚集人才，分工合作地去做，克服无组织的状态。应先作经济史、政治史、军事史、文化史几个部门的研究，然后才有大概作综合的研究。"[3] 他把经济史置于首位，可见对这门科学的重视。当然，在那战争的年代里，戎马倥偬，不可能有许多人去实践这一号召和要求。但是，全国解放至今，三十年过去了，我们仍然没有一部以马克思的经济学说为指导的、完整的中国经济史。这不能说不是一件憾事。当然，这不是由于经济学界和历史学界玩愒岁月，不肯努力所致，而是林彪、陈伯达、"四人帮"摧残学术、毁灭文化的罪恶结果。

现在，以华国锋同志为首的党中央领导全国，取得了揭批林彪、"四人帮"的重大胜利，进入了新的历史时期。从今年起，开始了伟大的历史性转变，经济建设的任务提到了首要地位。在这样的大好形势下，必将日益迫切地要求经济学、经济史等学科提供成果，为经济工作服务。但是，从经济史这门学科的现状来看，是很难适应当前需要的。以我省而论，幅员如此辽阔，民族如此众多，经济状况如此复杂多样。且不说那辽远的古代，即便近百年的近代，亟待研究的课题也不胜枚举。不妨举几个例。如"滇越铁路"，它对我省的关系，谁都知道，是很大的。但大到什么程度？谁给我们提供了深入而全面的答案呢？没有。就我所见所闻，自这条铁路修建之时起，外国资本主义势力便急遽侵入我省，使我省迅速地半殖民地化。它像一条蜈蚣，蜿蜒地爬到昆明，把它那成对的脚伸向两侧。我省各县半殖民地化的深度正好与其距离铁路的长度成反比，而与岁月的增加成正比。20 世纪初叶，沿线封建性的地主和商人，不少扔掉了瓜皮小帽，换上"洋毡帽"，挤进买办阶级的行列；同时，不少贫雇农也转变为雇佣工人，从封建压迫的泥淖落入资本奴役的火坑。铁路两侧，洋油灯排挤了菜油灯，洋布压倒了土布，"法纸"凌驾于"龙圆"，……但这一切，离铁路越远就越少看到。因此，倘若认真研究这条铁路的历史，对认识我省乃至全国怎样一步一步地沦为半殖民地的过程都是绝好的说明。过去有关滇越铁路史的论述，仅局限于修建的经过，不能满足我们的要求，我们应该重新研究。当然，这不是个人之力所能办的，必须聚集人才，组织力量，分工合作，进行广泛的调查才有可能做出期望的成果。1956年，我曾在《云南日报》上写过一篇短文，呼吁进行这一研究，可惜没有引起注意。现在，再不开始研究，就要为时太晚了。云南的商人资本，到近代有很大发展。清末的"同庆丰"是其显著代表，值得为它写一册专著，讲述它的历史，但是至今也无人给予注意。又如马铃薯，这是一种非常重要的作物。恩格斯说，铁"是在历史上起过革命作用的各种原料中最后的和最重要的一种。所谓最后的，是指直到马铃薯的出现为止"[4]。可见马铃薯的重要不亚于铁。对这句话，在我省应该有很亲切的体会。我省地多山区，高寒之处不适于水稻等作物的栽培。马铃薯耐寒耐旱，可以种植而且高产。这就使得我们的生活空间扩大到古人难以居住的地方。其作用之大是难以估计的。可是，这种作物什么时候引进我省？怎样普及？发展的过程怎样？……却没有人研究。根据外国文献，它的老家是秘鲁，引进欧洲才不过四百年。到亚洲应当更晚。研究我省种植马铃薯的历史，对经济史和农业史、对过去和现在，都有同样重要的意义。又如烤烟，20世纪30年代才引进我省，不久便成为出口大宗产品。这对我省的经济很有影响，也应当进行历史的观察。再如茶叶，作为一种重要的传统商品，多少年来不惟行销省内，而且远及外地，特别是藏族地区。它是傣族等兄弟民族的巨大贡献，也是我国西南边疆经济联系的一条重要纽带。那么，它的历史怎样呢？近百年的状况怎样？也应该详加研究。还有，我省是多民族省份，各族的社会发展阶段不齐。很明显，云南的近现代史，时限虽然是近百年，内容却兼有人类社会的各种形态。这就有必要从历史上说明：什么样的经济条件使得如此？各族彼此之间的经济联系状况怎样，相互的影响怎样？能不能找出各族和全省经济运动的规律？恩格斯说："一切政府，甚至最专制的政府，归根到底都只不过是本国状况所产生的经济必然性的执行者。"[5]那么，像土司制度的创立与消灭，有什么经济必然性呢？毫无疑义，弄清楚诸如此类的问题，写出系统的、完整的云南经济史，为当前和今后的云南经济建设提供历史依据，并不是没有重大意义的。

以上所举，不过是一些常识。但已由此可见，云南经济史的内容十分丰富，研究任务十分艰巨。加之，云南是祖国不可分割的一部分，它的经济从来都不是孤立发展的。因此，我们在研究云南经济史的同时，还得兼及全国的经济史。这样，任务就更加艰巨，决非少数人各自为战所能胜任。它要求有关方面给予高度的重视和大力的支持。我省现在还没有一个机构负责这方面的工作，专门从事这方面研究的人员也很少。这种状况和今后经济建设的需要是极不相称的。有鉴于此，我建议：在有条件的高等学校里（比如云南大学）创建经济史研究室，首先集中校内人才，从无到有，从小到大，早日开始研究工作并培植后进。同时，在新近成立的云南省经济研究所内，罗致省内外的经济史研究工作者，逐步建立科目较多的研究室。此外，某些部门和单位还可以筹建与自己业务相关的专门的经济史研究室。千里之行，始于足下。我们有党的领导，有优越的社会主义制度，各单位可以分工合作，相得益彰。我相信，只要大家重视，干起来，我省经济史的研究一定会得到蓬勃的发展。

**注释：**

[1]《马克思恩格斯选集》第 4 卷，第 477 页。

[2]《马克思恩格斯选集》第 4 卷，第 474～476 页。

[3]《改造我们的学习》。

[4]《马克思恩格斯选集》第 4 卷，第 159 页。

[5]《马克思恩格斯选集》第 4 卷，第 495 页。

编者题记：此文系李埏先生在 1979 年 5 月 4 日召开的全省经济科学规划会议上的发言稿。后刊于《云南日报》。

（原载《云南日报》1979 年 7 月 27 日第 3 版）

# 建议与呼吁

我们的古籍整理工作已取得可观的成绩，但比之亟待整理的古籍，还只是开端而已。我们应当依据已有的经验，改进办法，把工作推进一步。为此，我贡献一点刍荛之见，以供采择。

我们应该运用云南省高等院校古籍整理研究工作委员会（下文称"古委会"）这个组织，把整理古籍的工作强有力地领导起来；尽量组织高校教师，充分地发挥集体的以及个体的力量，最大限度地展开整理工作。具体做法是：

一、有的同志提出要拿出"拳头产品"。这意见很好，但是必须古委会出面组织和领导。建议古委会在集思广益的基础上，提出一个或几个较大的项目，聚集人才，筹集经费，有计划地、锲而不舍地进行下去。比如说，续编云南丛书、全滇文、全滇诗、云南经济史料汇编、云南民族史料汇编……这些项目，非个人之力所能办，舍古委会莫属。

二、古委会约请文献学专家共同拟出一批整理项目公布，号召高校教师个人或数人申请承当。承当者和古委会议订计划和合同，古委会提供资助，承当者负责完成。这可称为"指头产品"，它和"拳头产品"是相得益彰的。有指头才能握成拳头，并行不悖。

三、提倡老青结合从事整理。老年人学识经验丰富，但精力不足；青年人精力充沛，但须前辈指导培养。借此机会，带出若干具有文献学知识、文史知识的青年，一举两得。

四、凡参加古籍整理工作的教师，所在学校应承认并支持鼓励。具体地说，要计入工作量，作为评职称、晋工资的依据；纠正把这项工作看作个人业余活动的错误观点。这以前，参加者不多的原因主要是搞与不搞一个样。

五、对承当整理工作者，在工作进行过程中，古委会应给予必要的资助；工作完成后，古委会应视其工作的数量和质量给予一定报酬，力求从优，以资鼓舞。现在，毫无报酬，既失按劳分配的原则，又不能鼓舞教师们的积极性，当然不能蓬勃发展。

六、设法让已整理好的古籍出版问世。出版不惟满足读者的要求，也给整理者以慰藉，从而带动更多的教师为这项工作尽力。整理古籍乃为人之学，而非为己之学。若整理了既无报酬，又不出版，岂非徒劳，失倡导之旨。

以上刍荛之见，是否有当，请执事者考虑！

（原载《古籍整理研究》1990 年第 1 期）

# 滇越铁路半世纪

中法战争以后，法帝国主义者的魔爪直接伸入了云南。在它向清廷讹诈得修建滇越铁路的同意后，随即强行勘测路线，并于光绪二十七年（公元 1901 年）兴工，至宣统二年（公元 1910 年）完成，同年 4 月全线通车。这条铁路通车以来，就直接间接地、或隐或显地向两侧放出吮管，吸取云南人民的脂膏，使云南迅速地堕入半殖民地的深渊。现在约略谈谈这条路通车后，对云南经济、政治、文化各方面所发生的重大影响。

以经济变化为例，随着铁路的敷设，外国商品与外国货币便涌了进来。这些商品主要是供消费用的如洋布、呢绒、家庭用具、装饰品、玩具等，全由外国商人直接运输和开店销售，于是"洋行"的招牌陆续出现于昆明街头，如广聚街的若利玛洋行、徐璧雅洋行，三市街的郭米纳洋行……都是同时，外币在云南也非法流通起来。最初是所谓"扳椿"银元，接着是"法纸"。因为许多人都以之为储藏手段和折价标准，所以"东方汇理银行"不久便操纵了云南的金融。这些外国商品和外国货币沿铁路进入云南，向两侧农村渗透，并以昆明为中心，向四周发展，逐渐分解着那里手工业与农业牢固结合的自然经济。古老的纺车和织布机越来越多地停止了转动；"东京米"也源源而来。这些形成一种巨大的冲击力量。越靠近铁路的受到震动越大，渐远则渐轻。这种震动具体表现为沿线庄园的破坏和殖民地商业城市的兴起。这是由于"田主"（庄园主）们，一来受外国商品的刺激，消费量日益增大；二来受利润的引诱，多想兼营运输、山场……所以他们急切需要货币，而庄园剥削受"永佃权"的限制，不能任意加租，满足其欲壑。于是两利相权取其重，就肯把庄园卖了。原来依附于庄园的农民，这时也起了分化。其中少数富农、中农，企图取得土地所有权，从而获得独立的经济地位，于是成了庄园的买主。这样庄园便一一被破坏了。其破坏的程度，则与铁路的距离成反比。昆明、呈贡、宜良、路南、开远等县最剧，后来它们的半殖民性质也就最重。思茅、普洱和昭通、会泽一带受破坏较轻，后来它们的封建性质也最浓。破坏得剧烈的地方，为数不少的人口投入商业城市，其中不仅有弃农就商的地主，也有失去土地的农民。昆明、宜良、开远、碧色寨、河口等地，就这样日益"繁荣"起来了。例如，路南县的禄丰村，原是一个僻处深山，外人罕至的村庄，通车后不久，当地财主们便纷纷召集穷人开"山场"，办木料、烧炭，运销甘蔗、米粮等农产品。其中有一家财主，专经营"黄果"园，沿铁路运销，后来成了巨富。

此外，土产原料的输出，个旧大锡和国外市场的直接联系；买办官僚资本的形成和发展，都与这条铁路有直接关系。

不仅经济如此，在政治、文化等其他方面，这条铁路的影响也是不小的。例如，外国军火的输入，领事、传教士的活动……都直接间接和这条铁路有关。

因此，要研究云南近代的经济发展和政治、文化等方面的变化，应该很好地研究这条铁路的历史。通过对这条铁路的研究，也可能看出帝国主义侵略者的一般步骤和一个落后地区殖民地化的过程。

（原载《云南日报》1957 年 4 月 12 日第 3 版）

# 石林掌故二则

《路南文史资料选辑》第一辑载有许萼、李昌华两君的《石林的题诗与题刻》一文（以下简称"许文"）。文章全面地叙述了石林作为一个旅游风景点的开发史和石刻的艺术。这对于激发乡人的爱乡之心和开拓我省我国的旅游事业，无疑都起到良好的作用。我很爱石林，幼时常去攀登观赏，爰就所知，补充掌故二则如下：

## 一 徐霞客与石林

大家知道，徐霞客（弘祖）是我国历史上著名的大旅行家。他生活于明季，曾不远万里，深入云南旅游。在他留下的伟大著作《徐霞客游记》中，滇游部分竟占全书五分之二以上的篇幅，几及一半。可以说，云南之游是他旅游生涯中最突出的部分。云南大学教师朱惠荣、周庚鑫两同志对徐霞客的旅游活动都做过深入的研究；尤其对霞客的云南之游，做了颇为详尽的考述。他们依据可靠的资料认为：霞客是到过石林的。

朱同志在近年刊布的一篇文章[1]中指出，石林风景区最早叫做"石门"，在元代已著名而被载入文献了。元《混一方舆胜览》说："石门，在陆凉西平壤中。石笋森密，周匝十余里。大者高百丈，参差不齐，望之如林。俯仰侧直，千态万状。东西行者皆穿其中，故曰石门。"明代顾炎武的《肇域志》和顾祖禹的《读史方舆纪要》都在"陆凉州"下述及石门，文与《混一方舆胜览》同，盖皆转引自此一书。当时，陆凉州西南境与路南州东北境壤地相接，石门在陆凉州境内，故列于"陆凉州"下。霞客于明崇祯十一年（公元1638年）五月入滇，九月抵曲靖，旋自曲靖到陆凉，再从陆凉趋杨林而达昆明。从陆凉到杨林一段，经过哪些地方，由于书缺有间，后人说法不一。朱惠荣同志独出心裁，紧紧抓住霞客一心一意要探寻盘江源流、不辞劳苦而"随流考察"这一要点，从而断定霞客这段旅游路线取的是陆凉、宜良间的古代交通官道，经太平哨、新哨、阿油铺、发峨哨、回子哨、天生关、石桥哨、高石哨，到和摩站，游了附近石门，更往西游大梦卜所近旁的芝云洞，然后折而北向，以至杨林。我认为朱同志的这一研究最合情理，最得其实。石门、芝云洞等风景胜地，元朝人早已知道，博雅如霞客者自不会不留意及之。这些风景虽非正当官道之上，但距官道甚近，好奇喜胜的霞客是不会失之交臂的。清人潘次耕说，霞客在旅游途中，"但有名胜，辄迂回屈曲以寻之；先审视山脉如何去来，水脉如何分合，既得大势，然后一丘一壑，支搜节讨"。霞客的天性确是如此。石门之奇，他自然是要驻足一观的。

## 二　关于李映乙的摩崖

李映乙，字莲舟，晚号鹿阜山民，是我的先父。他生平喜爱书法，至老作字不辍；每有人索书，无不欣然命笔以应。1932年春节期间，他手书"峭壁"二大字，落款"莲舟"，下印图章二枚，请石工刻于他所选的石上（那个"壁"字，因系行草，远观之似"望"字，故许文误作"峭望"）。现在，款识已泯，但"峭壁"二字犹存。他还在另一石上写了"磊落万古"四字，落款是"龚自知题"。那是1934年夏天，当时的云南省教育厅长龚自知视察教育至路南，游览了石林。离县前夕写了一封短札，托路南县长转致先父，请代他写"磊落万古"四字，交路南县长镌刻。先父如命写了。那时我正在家度暑假，看到写字情景。因为字太大，所以先父把纸铺在地上，用自制的大笔写成。这年秋刻竣，至今犹存，但款识亦已泯灭（许文误作杨含光题，应更正）。

还有"大气磅礴"四字也是先父的手笔，落款是"李埔题"。李埔为先父的兄子。这四字是他请先父代撰代书的。书刻的时间是四十年代初。

以上三者外，先父就没有其他摩崖之作了。许文认为"拔地擎天"四字是先父题书的，实误；那是别人所题，应再加考订。

附带说一点，先父是前清拔贡，不是举人。1924～1926年间，他被唐（继尧）政府任命为腾冲县长；1925年，代理腾越道尹，没有当过"行政使"。当时的"道"，相当于后来的专区。其长官叫做"道尹"，无"行政使"之称。道尹是文职，另外有和它平行的武职叫做"镇守使"，统辖管区内的驻军。这些官制，到龙云主持滇政后便废除了。

我毕生从事教学工作，对乡土掌故未遑记录。最近获睹《路南文史资料选辑》第一、二两辑，引起我极大的兴趣。我愿在以后的桑榆晚景中，竭力探索，细细回忆，把所知贡献给《选辑》，聊表爱乡的一点微忱。

**注释：**

[1] 朱惠荣：《徐霞客游踪补》，载云南大学历史系编《史学论丛》第一辑，云南人民出版社1986年第1版。

（原载《史与志》1989年第3期）

# 至公堂怀古

## 一

云南大学校内的至公堂是一幢很有历史意义的古建筑。由于年久失修，行将倾圮，使关心文物者深以为忧。他们多方呼吁，终引起当轴者的注意。1983 年 7 月，五华区人民政府公布至公堂为"五华区重点文物保护单位"。1987 年 12 月，云南省人民政府公布至公堂是"云南省重点文物保护单位"。接着，云南省教育厅、文化厅、财政厅及云南大学筹款按原貌落架重修，于1988 年 7 月完成。焕然一新，巍巍庄严。人们低徊堂下，当不免发思古之幽情，不胜今昔之感。

现今上点年纪的人都知道：这里原来是贡院，即举行乡试的地方。据志书记载，从明朝孝宗弘治十二年（公元 1499 年）起，一直到清朝季年，贡院都在这里。其间，明末农民起义军的大西军四将军之一的艾能奇曾以之作为定北府。永历帝退到云南也以之为行宫。康熙三年（公元 1664 年），吴三桂命卞三元等重修。卞氏所撰《重修贡院碑记》说：

> ……陟其级，入其门，见其岿然特耸者，明远楼成也……。轩然匹后先者，至公、衡鉴两堂并成也……。再进而见其翼然各得其位置者，监临、提调、监试诸堂悉成也……。回履匝视而见其栉然麟次不紊者，内外帘及号舍又皆成也……

此碑现在还嵌于至公堂东壁。这样布局，直到清末依然未改。1923 年东陆大学成立，拆明远楼建会泽院，才稍有更张，但大致仍旧。民国 12 年（1923 年）印行的袁嘉谷《滇绎》卷四"贡院"条说：

> 东陆大学就省会旧贡院而设。大学之始即贡院之终也。以地理言，左金马，右碧鸡，枕陆山，面翠海，《滇系》所谓"他有所无"。以历史言，则数百年科举人才皆出其中。明季，沙定洲拘大学士王锡衮于贡院中，逼其奏保定洲以继沐藩，锡衮不食死。中有风节亭，锡衮赋诗处，见《诗略》。永历入滇，以贡院为行宫。门联云："文运天开，风虎云龙际会；贤关地启，碧鸡金马光辉。"人竞诵之。光绪中，添号舍至五千，亦钜观，建筑之工，以衡鉴堂至公堂远楼为最。仍存之，加以修饰，灿烂可观。

把《滇绎》此条与卞三元碑记合观，可见 250 年间，贡院楼堂馆舍无甚变化。中国建筑之耐久与夫社会发展之迟滞都是惊人的。

## 二

1943 年秋，我初到云南大学任教。那时，至公堂作礼堂；衡鉴堂作教职员食堂；监临、提调、监试诸堂在东侧者做学校总务处，在西侧者做职员住宅；原来的考棚号舍作学生宿舍（即东宿舍）；东陆大学成立时新建的会泽院则作为教室及行政办公室；……会泽院东头数十米处有亭翼然，俯瞰翠湖，即《滇绎》所说的风节亭。20 世纪 40 年代末，亭倾圮，遂未重修。时人借以讥讽世风说："风节扫地了！"

写到这里，我想起熊迪之（庆来）先生的两件事。一件是，在会泽院顶上建了一排平房作会议室，额其楣曰"明远厅"，用以纪念已拆除的明远楼。又一件是，抗战胜利后，省财政厅愿出巨资，拆除至公堂，在原址上另建一座规模与会泽院相若的大楼，取名"志公堂"，以纪念龙志舟。这个名称与旧名同音，仅易"至"为"志"。熊先生坚持不同意更改这个字，事遂中止。当时许多人认为，熊先生以一字之差而失去一幢大楼，未免迂阔。我不苟同这种议论。我认为熊先生的这一坚持是难得的，可敬的，表现了中国知识分子的优良传统。

新中国成立以后，学校大发展，旧貌换新颜。清代的旧建筑而今只有至公堂和东宿舍尚存。60年代初，拆除衡鉴堂，就地建一大楼作图书馆。现在图书馆迁入新馆，这座大楼不能再叫图书馆了。那么叫什么呢？尚无定名。我建议即名之为"衡鉴楼"。这样，既可表示它和衡鉴堂的渊源，又可表示新旧的区别，无乃不可乎？前辈说，当年乡试之时，衡鉴堂是阅卷的地方，至公堂是决定去取、写榜发榜的地方。至公堂内悬有清高宗的一副楹联："立政待英才慎乃攸司知人则哲；与贤共大位勖哉多士观国之光"。另一联，即上录《滇绎》"贡院"条中的："文运天开风虎云龙际会；贤关地启碧鸡金马光辉"。实为乾隆甲寅年恩科解元那文凤所撰。两联现在都已复制悬于堂前，但不是旧时墨迹了。

前辈还讲过一个故事，很值得一述，那是关于孙髯翁应乡试的传说。据说，按规定，诸生进场之日要自带炊具、粮菜及卧具，齐集贡院腾蛟门外等候。门外北侧设几案，学台执朱笔坐于案后，旁立执事者依府州县顺序唱名。诸生闻呼己名即趋案前肃立致敬。学台以朱笔在花名册内本人名上点一点后（因此叫做点名），此人便可自腾蛟门进场。门内两侧各置一大铁锅，锅中燃着熊熊柴火。一群差役站在锅前，每一考生方跨入门槛，他们便上前将他抓住，对他搜身，连鞋袜、裤带、头发辫子以及所携的炊具、卧具都要搜遍。搜到片纸，不论有字无字，一律扔进锅中烧掉。搜毕，差役从背后一推，考生便拾起自己的行箧，跟跄地走向号舍。这简直是对待囚犯，哪里是"待英才""为国求贤"啊！孙髯翁看在眼里，心中百感交集。停了一会儿，当唱名行将唱到他时，他猛地弯下腰，拾起扁担，挑起行李，逆着大家奔竞而来的方向，走出人群，长叹一声，说："我不考了，回家去做一辈子农夫算了！"就这样，他没有堕入觳中，而以布衣诸生终其身。《滇系》说：他"名重一时，顾不肯应试。广宁张东阁为制帅，示意示徐南冈太守，孙潜村山长，连促之，皆辞"。

这个故事是动人的，看来也是真实的，因为它和"万树梅花一布衣"（髯翁别号）的为人和生平是一致的。试想，假若没有髯翁的嶙峋风骨，而是心怀魏阙，志在功名利禄者，怎么能有大观楼长联那样高的境界，写出那样不朽的绝唱呢，何况那时正是清朝的雍乾盛世啊！

## 三

当然，正如《儒林外史》里的王冕一样，孙髯翁是绝无仅有的。在当时的读书人心目中，贡院仍是读书人向往的地方，是终南捷径的所在。久而久之，这一带便成了以贡院为中心的省会文化区。现在的云大正门那时是一堵大照壁。东西两侧各有一道辕门。东辕门向着现在的青云街。门楣上有一块匾额，对外一面镌"为国求贤"四字，背面镌"腾蛟"二字。西辕门向着现在的玉龙堆，门楣上也有一块匾额，对外一面镌"明经取士"，背面镌"起凤"二字，都是红底金字。平常都只开东辕门（即腾蛟门）。现在从圆通街通翠湖的那个坡，当时叫"学院坡"，因为学台衙门即在坡顶上路南。从学院坡脚到东辕门这一段街道，现在叫青云街，当时叫"龙门桥"，盖取"一登龙门，身价十倍"之意。西辕门外那个坡，当时叫"贡院坡"。龙门桥及附近街巷有许多"鸡茅店"，专为生员们进场前吃住而设。这条街上还有卖时文、经义以及其他供应习举子业者需要的商品。当时，交通不便，人们到昆明来一次很是艰难。景况好的也要到三迤大道上，乘骑马帮的马。一般寒士就只得负笈担囊，徒步而行了。因此，他们来一趟，除应考外，还要采购自己的和亲友们请托的一些商品。这样，贡院周遭无形中成了一个定期集市。同时，生员们散居各府州县，交通闭塞，信息不通。有此机会，会集于省会，听到一些情况，看到一些人物，见见世面，无疑有颇大影响。若能考中，上京会试，那就更好。乾隆帝的联语说："勖哉多士，观国之光。"倒也不无道理。从这一意义而言，这里又无形中成了三迤的文化中心。

贡院的历史是值得治滇史者研究的。

（原载《史与志》1990 年第 2 期）

# 师友忆念

# 张荫麟先生传略

## 一　生平述略

20 世纪三四十年代间，一颗光芒四射的彗星，从中国史坛上倏焉升起，又倏焉消逝。这在当时曾使许多人感到震惊和哀痛，在以后很久，也还有不少人为之叹息和思念。这颗彗星是谁？他就是现代著名史学家张荫麟先生。

张荫麟先生是广东东莞石龙镇人，清光绪三十一年（公元 1905 年）十一月生于镇上一户书香人家。他还幼小时，母亲便去世了；父亲把他抚育长大。他的父亲既是一位慈父，又是一位严师。从他开蒙受书，便给他以严格的旧学训练，要他把五经、四书、三传、史汉、通鉴、诸子书、古文辞……一一熟读成诵。他天赋很高，有异乎常人的记性和悟性，对读书又特别爱好。因此，课业虽重，不惟不以为苦，且常常愉快地超过了规定的课程。到十六七岁他辞家赴北京时，他的旧学根底已经很坚实，知识颇为广博了。

然而，这还不是他少年时所学的全部。另一方面的学习，也许对他是尤为重要的，那就是对新学新知的追求。石龙镇这个地方，濒东江下游南岸，当广州惠州中权；广九铁路建成后，又为广州香港间一大站[1]。从这里西往广州，南下港九，舟车都很方便，因此常得风气之先，不似内地的闭塞。荫麟先生之生，上距戊戌变法七载，下距辛亥革命六年。变法的首倡者为南海康有为和新会梁启超；革命党的领导人为香山孙文。南海、新会、香山和广州、东莞……都属珠江三角洲，相距咫尺。以乡里壤地相接之故，这些地方的知识界多稔知康、梁、孙诸人的活动、言论、学术……受其影响也特深。童年的荫麟先生，用心理学的术语说，是个"超常儿童"。他和许多成年人一样，争着传诵进步书刊，比许多年长的朋辈常有更好的理解。新思潮的洗礼使他很早就能出入旧学，不受传统局限。他特别喜好那"笔锋常带情感"的辟蹊径开风气的饮冰室主人的学术著作，每得一篇，都视作"馈贫之粮"，细加玩索，可以说，早在清华亲炙之前很久，他已经私淑任公先生了。

1923年秋，荫麟先生年十七，负笈北上，考入清华学堂中等科三年级。那时梁任公正在清华主讲"中国文化史"课，所以他一入学便得亲受业为弟子。他素不喜交游，在校中惟与贺麟、陈铨相友善。贺麟先生回[2]忆说："他是一个天天进图书馆的学生。……他给我的第一个印象是，一个清瘦而如饥似渴地在图书馆里钻研的青年。"贺先生还讲了一个故事，大意是：一天晚上，梁任公讲课，"从衣袋里取出一封信来，问张荫麟是哪一位。荫麟立即起立致敬。原来他写信去质问梁任公前次讲演中的某一点，梁任公在讲台上当众答复他"。贺先生又说："他那时已在《学衡》杂志上登过一篇文章，批评梁任公对于老子的考证。那时他还是年仅十七、初进清华的新生。《学衡》的编者便以为他是清华的国学教员。哪知这位在学生时代质问梁任公、批评梁任公的荫麟，后来会成为承继梁任公学术志业的传人。"就我所知，荫麟先生确乎是"最向往追踪"梁任公的，但在学术研究上他真是"吾爱吾师，吾尤爱真理"，做到了"当仁不让于师"。而梁任公呢，不惟不因此有慊于心，反而对他更加器重、奖掖。他们之间的师弟高谊，真是现代学术史上的一篇佳话啊。

荫麟先生在清华求学历时七年（1923～1929年）。这是他学术生涯中最重要的时期。北京，毕竟是中国的文化名城。当时，尽管军阀混战不休，但清华、北大等学术重镇仍能屹立不坠。在清华园里，有许多第一流学者和一批优秀青年，学术空气和各种思潮是很活泼的。荫麟先生生活其中，学业大为精进。他先后在《学衡》《东方杂志》《清华学报》《燕京学报》《大公报·文学副刊》等刊物上发表论著四十余篇，甚得学术界的称誉。他苦攻英语，入清华才三年，已能纯熟地阅览英人典籍，翻译英文英诗。他的英语译文之典雅，曾受当代名家吴雨僧先生的嘉许。而此时的他，才是一个年方弱冠的青年呢。

以一个青年学生而著述如此之富，主要当然是由于他学力深厚，才思敏捷；但也有别的原因，那就是他太贫寒了。据说，他幼时，家道已经中落。他到北京的川资，他的父亲几经筹措才勉强足数。入清华后，因为家庭供给微薄，常常是靠烧饼度日。为了解除经济上的困难，他不得不为文求售。1926 年夏，他的父亲去世了。他是长男，所以此后还得兼负教养诸弟之责。这样，卖文不足，只好到城里兼课，给一些广东学生补习英语。学生中有知名学者东莞伦明的女儿伦慧珠。后来，他们间发生了爱情，结为伉俪。

1929 年，荫麟先生在清华毕业。这年初秋，以公费出国留学，东渡太平洋，赴美，入斯坦佛大学，攻哲学和社会学。他之所以选择这所大学，原因是这所大学僻处美国西部，费用较低，可以节省出一部分公费供给弟弟们上学。至于他之所以选习哲学和社会学，则是为了将来能更好地研究祖国历史。这是他研究史学的一种战略计划。1933 年，他在给友人的一封信中说："国史为弟志业。年来治哲学、治社会学，无非为此种工作之预备。从哲学冀得超放之博观与方法之自觉；从社会学冀明人事之理法。"可见他的研究规模是非常宏远的。在美四年，他按照自己的计划修完了课程。于是不待五年期满，取得博士学位，便束装归国。归程横贯美国，游览了东部地区，然后渡大西洋，游历英伦欧陆，经地中海、印度洋，于 1933 年冬抵香港；旋即北上，年底到北平。去程与归程合计，恰好绕地球一周。贺麟先生认为，荫麟先生之所以提前归国，原因有三：一是"九一八"事变后忧国情殷；二是希望回来专心致志于国史研究；三是与伦女士完婚。但婚礼因伦女士患肺病，直延至 1935 年 4 月初乃举行于北平。

荫麟先生一回到北平，即应清华之聘回母校任历史和哲学两系专任讲师，同时兼北京大学"历史哲学"课。1935 年暑期后，应当时教育部之聘，编撰高中历史教科书（后来改为专著，即《中国史纲》），于是向清华告假，专事著述。1937年"七七事变"爆发，他南下浙江，在天目山小住，为浙江大学作短期讲学。冬间，一度到清华、北大、南开合成的长沙临时大学。因学校又将西迁，遂回东莞故乡住了些时。到1938年夏初，西南联大已迁昆明，乃自粤入滇，向清华销假，仍任历史和哲学两系教授。初到昆明，正值暑假，暂住安宁温泉小憩。学期开始，回城中住吴晗先生家。每周为历史系讲宋史，为哲学系讲逻辑各一次。寒假间（1939年初），忽然接到重庆军委政治部陈诚部长的一个电报，请他立即命驾飞渝。他去了。原以为此去或能对抗战大业有所贡献，哪知去到以后不过备顾问、资清谈而已。他觉得事无可为，乃不辞而别，仍回联大授课。回校不久，伦夫人奉母携幼至自东莞。不幸，来未一载，琴瑟失调，伦夫人一行又回粤东。恰当此时，荫麟先生不容于学校某当轴，遭受不公正待遇，不得已离开联大，到遵义浙江大学任教。那时的遵义还是一个古老的、闭塞的山城，医药条件甚差。荫麟先生由于积劳和连遭拂逆之故，到遵义不过一年，便染上肾脏炎症；延至1942年10月24日，竟与世长辞，终年才三十七岁。

## 二 历史哲学

1923年9月，《学衡》杂志第21期刊出荫麟先生的第一篇论文《老子生后孔子百余年之说质疑》。从那时起，到1942年10月先生逝世止，为时共十九年，发表论著近两百篇，百余万言（详见同门徐规先生所编的《张荫麟先生著作系年目录》及增补）。这些论著，什九为史学的或与史学有关的。涉及的范围很广，从先秦到近世，从社会经济到科技文艺、学术思想、风俗习惯……都有所考究。当时的学术界多惊叹于这位青年学者的渊博，但不甚明了他为什么要考究那些问题。对他有所了解的朋友和门人都知道，他不是一个以记览为工、喜和人夸多斗靡的学者，也不是一个全凭兴会、信手拈来、卖弄雕虫小技的文人。他所志者甚大，早在留美期间，已郑重声言：国史是他的志业。从后来他对《中国史纲》之高度重视，可知他所说的"国史"就是《中国史纲》那样的著作。为了专心致志撰写这书，他宁可向清华告假，而且以他才思之敏捷，还花上五年工夫才成其"上古篇"，其严肃认真可以想见。在浙大和他时相过从的谢幼伟教授说："在遵义，作者曾看他写《中国史纲》上关于宋史部分的几章。他的原稿涂改之处甚多。他每对作者说：'写这种文章是很费苦心的。'"[3] 为什么这样费苦心呢？因为这是时代的要求，祖国的需要。他在青年书店版的《中国史纲》[4]里，冠有一篇"自序"，一开头便说：

> 现在发表一部新的中国通史，无论就中国史本身的发展上看，或就中国史学的发展上看，都可说是恰当其时。就中国史本身的发展上看，我们正处于中国有史以来最大的转变关头，正处于朱子所谓"一齐打烂，重新造起"的局面；旧的一切瑕垢腐秽正遭受彻底的涤荡剃割，旧的一切光晶健实正遭受天捶海淬的锻炼，以臻于极度的精纯；第一次全民族一心一体地在血泊和瓦砾场中奋扎以创造一个赫然在望的新时代。若把读史比于登山，我们正达到分水岭的顶峰，无论回顾与前瞻，都可以得到最广阔的眼界。在这时候，把全部的民族史和它所指向的道路，作一鸟瞰，最能给人以开拓心胸的历史的壮观。……写出一部新的中国通史，以供一个民族在空前大转变时期的自知之助，岂不是史家应有之事吗？

这篇"自序"是 1940 年 2 月在昆明写的。那时正是汪伪政权即将在南京成立、国民党已经掀起第一次反共高潮、抗战处于极端危急的时候。可是，荫麟先生不惟对祖国的前途依然充满信心，而且深刻地预见到这是"中国有史以来最大的转变关头"，是"一个赫然在望的新时代"。后来的历史发展证明正是这样。

在这篇"自序"里，他说：写一部通史，"显然不能把全部中国史的事实，细大不捐，应有尽有的写进去"；也不能"凭个人涉览所及，记忆所容，和兴趣所之，以为去取"。要有一个判别史事重要程度的"笔削"标准。他列举过去通史家们部分地、不加批判地或不自觉地采用过的标准有五：

一是"新异性的标准"。所谓新异性就是史事"内容的特殊性"，也就是每一史事具有的"若干品质，或所具若干品质的程度，为其他任何事情所无者"。关于这个标准，他特别着重指出："历史不是一盘散沙，众史事不是分立无连的；我们不仅要注意单件的史事，并且要注意众史事所构成的全体；我们写一个民族的历史的时候，不仅要注意社会局部的新异，并且要注意社会之全部的新异；我们不仅要注意新异程度的高下，并且要注意新异范围的大小。"

二是"实效的标准"。所谓实效即是"史事所直接牵涉和间接影响于人群的苦乐者"。

三是"文化价值的标准"。"所谓文化价值即是真与美的价值。"

四是"训诲功用的标准"。"所谓训诲功用有两种意义：一是完善的模范，二是成败得失的鉴戒。"

五是"现状渊源的标准"，即"众史事和现状之'发生学的关系'"。

他认为：以上的五种标准，除了第四种外，皆是今后写通史的人所当自觉地、严格地，合并采用的。他说："我们的理想是要显出全社会的变化所经诸阶段和每一阶段之新异的面貌和新异的精神。"那些"对文化价值无深刻的认识的人不宜写通史"，"知古而不知今的人不能写通史"。当然，应用这些标准去权衡史事的轻重是不容易的，因为要使"权衡臻于至当，必须熟习整个历史范围里的事实"。

接着，他进一步指出，除标准外"还有一个同样根本的问题"，就是，"我们能否用一个或一些范畴把'动的历史的繁杂'统贯？"他认为可以用四个范畴去统贯：

第一个是因果的范畴。这个范畴指的是"因果关系"，而不牵涉因果律，因为历史事实是不能复现的。

第二个是发展的范畴。所谓发展"是一个组织体基于内部的推动力而非由外铄的变化"。这个范畴又包括三个小范畴：

一是定向的发展，即循一定方向分阶段而变化的历程。

二是演化的发展，即进化的或退化的渐变的历程。

三是矛盾的发展。这"肇于一不稳定组织体，其内部包涵矛盾的两个元素，随着组织体的生长，它们间的矛盾日深日显，最后这组织体被内部的冲突绽破而转成一新的组织体，旧时的矛盾的元素经改变而消纳于新的组织中"。

这四个范畴，他认为"应当兼用无遗"。但即使如此，也不能统贯全部重要的史实。其不能统贯的就属偶然了。每个历史家应当尽量减少那种本非偶然，只因知识不足，而觉其为偶然者。

以上所述是"自序"的提要。这篇"自序"，对了解荫麟先生的史学，是极为重要的。在"自序"的末了，他有这样两句话："到此，作者已把他的通史方法论和历史哲学的纲领表白。更详细的解说不是这里篇幅所容许。"事实上，"自序"所讲的，不仅是他写作《中国史纲》时所遵循的纲领，也是他治史的总则。他写那么多论文，若问为何那样选题，那样论述，读了这篇"自序"就大致可以理解了。回想四十年代之初，当"自序"初问世时，史学界所受的影响是很大的。尤其是一般有志于史的青年，为"自序"的新颖理论和进步思想所吸引，争相传诵。他们敬佩这位追求真理、前进不已的学者和老师[5]。

历史哲学是荫麟先生治史的一个重要方面。早在 1932 年留美时，他已撰成《传统历史哲学之总结算》一文（翌年一月刊于《国风》二卷一期），列举以往的各种史观，一一加以评价。他认为生产工具和经济制度的变迁"对文化其他方面恒发生重大的影响"，但不必尽然。这篇文章可以代表他留美时期的历史观点。他回国后，不止一次开出"历史哲学"课。最后一次开于西南联大，所讲内容已与此文颇不相同，特别是对唯物史观的评价。假若我们以此文和前述"自序"对读一下，就可看见他前后观点变化之大了。到遵义后，他曾着手写一篇《马克思历史观的晚年定论》，可惜未竟而卒。他殁后半年，《思想与时代》又把他的《传统历史哲学之总结算》一文重新登出，但这不是他的遗愿，他已不能修改了。

# 三 《中国史纲》

自西学东渐，中国的史学家们采用章节体裁撰写通史以来，要在旧史学林中找一部既深邃而又通俗、既严谨而又富趣味的，像英人韦尔斯（H·G·Wells）的《世界史纲》那样的著作，是从未曾有的；若有之，那就是荫麟先生的《中国史纲》（下简称《史纲》）了。遗憾的是，这部优秀作品的命运，并不比它的著者好一些。它是一部未完之作，到东汉便中止了。新中国成立以前，它始终没有一个好的版本，也没有在全国流传过。直到1955年，始由三联书店出版一个较佳的本子，印行万余册，流布于国内外。

国内和国外的读者对这本著作都给予高度的重视。它赢得了许多赞誉，当然也受到一些批评。据我所见，一位苏联历史学者鲁宾的书评是颇为全面而中肯綮的。书评作者在文末如此概括地写道：

> ……这位历史学家的全部论述给人以这样独特的印象——可以说，从本书的字里行间也会感觉到他不但是位历史学家，而且是一个人。

接下去继续写道：

> 处理史料时感情丰富，能激发读者对于以自己劳动创造伟大中国文化的普通人命运的热烈关怀，这是此书最吸引人的特点之一。
> 把科学的解释和通俗性成功地结合起来也是《中国史纲》的一个突出的优点。在张荫麟的笔下，中国古代的历史是鲜明生动的、容易了解的，对现代的读者是亲切的。同时书中没有一点庸俗化的

地方，也没有因简述一些问题而使论述降低到非专家水平，更没有否认别人的成果。如果估计到中国古代史料的复杂性以及几千年形成的儒家的历史编纂学的影响——有时甚至于那些努力运用马克思主义的观点来阐明中国古代史的历史学家们也还不容易从它们的影响之下出来——那么就应该大为赞扬著者的才能已达到了高度科学水平，同时又能生动地、引人入胜地、简洁地讲述古代中国历史的变迁[6]。

我很敬佩这位异邦的学者，他能透过我们艰难的汉文，深刻地理解这本书，热情地赞赏这本书，并对辞世已久的著者给予如此崇高的评价。不过，他对本书特点的概括，虽说允当扼要，但仍有未尽。因此，下面再就本书着重的方面略说几点。

一是特出的写作方法。

《史纲》青年本"自序"写于"上古篇"定稿之后，其中所表白的笔削标准和统贯范畴，不仅是荫麟先生写作时遵循的理论和所悬的鹄的，而且也是他的实践和实际成就的经验总结。依据这篇"自序"去读《史纲》，大致可以理解他笔削取舍的命意所在。但是，《史纲》所包括的年代，自殷商至东汉，上下两千年。这期间，按标准可以选取的史实还很多，而《史纲》不过十一章，共十六万言。以这样少的篇幅去写那么长时间的"社会组织的变迁，思想和文物的创辟，以及伟大人物的性格和活动"，照理就得十分精简、高度概括。但这样写，往往又会流于空洞抽象，与通史的要求——具体生动、有血有肉，成为一种不易统一的矛盾。这矛盾在荫麟先生的笔下，很巧妙地统一起来了。怎样统一呢？用他自己的话说就是，"选择少数的节目为主题，给每一所选的节目以相当透彻的叙述，这些节目以外的大事，只概略地涉及以为背景"[7]。不用说，这种选择是极费苦心而又难得妥适的。但他的选择和叙述使许多人都叹赏不已。

二是对重大人物的处理。

举一个例，全书共十一章，春秋时代占两章：一章为"霸国与霸业"；另一章为"孔子及其时世"。在前一章中又以一节专属郑子产。这样，对整个春秋时代他只写了争霸一大事和子产、孔子两个人物。争霸是这时代的第一大事，那是任何通史都不能不写的，虽然论断各有不同；至于人物，这时代堪称伟大的人何止十数，而以专节专章叙述的惟有这两人，那就是《史纲》独具的特色了。乍看起来，《史纲》似乎太突出这两人了；待细读之后就会觉得，这样笔削是匠心独运的。请看"郑子产"这一节。子产这个人确实是一个了不起的大人物。他道德高尚，态度开明，有善于处理内政外交的才干和开创革新的精神。虽然他的功业不如管、晏那样大，但他处境的艰难却非管、晏所能比。假若要在这时代的政治家中找一个人格最完美的，恐无人能出其右。因此，荫麟先生把他选出来给以专节叙述，是妥适的。但是还不只此，节目在"子产"之上加一"郑"字，而且把这一节作为"霸国与霸业"一章之殿，也是有深意的。我们知道，郑是一个小国而位于大国争霸的焦点，其处境的艰危为诸小国之最，具有典型性。把它写了进去，读者不仅可以看到大国争霸的活动，也可以看到小国求存的挣扎，对局势有一个全面的了解。而写郑国又以子产为主题，这就能够更具体地、集中地揭示郑国所面临的种种问题。因此，这一节是这一章的重要组成部分，是著者精心安排的。

孔子一章对孔子的一生作了较详的叙述，给以崇高的评价，占去颇大的篇幅。有人因此以为荫麟先生是"尊孔派"，对孔子有特殊的情感。其实这是误解。若论情感，他爱好墨子恐更甚于爱好孔子。"墨子"一节中，他把孔墨作了对比。他说："春秋时代最伟大的思想家是孔丘，战国时代最伟大的思想家是墨翟。孔丘给春秋时代以光彩的结束，墨翟给战国时代以光彩的开端。"又说："在政治主张上，孔子却是逆着时代走的。""孔子是传统制度的拥护者，而墨子则是一种新社会秩序的追求者。"还把墨子推到世界史的范围里去评价，说："在世界史上，墨子首先拿理智的明灯向人世作彻底的探照；首先替人类的共同生活作合理的新规划。"从上面所引可知，虽然荫麟先生认为孔墨都是"最伟大的思想家",都给各自的时代以光彩,但他的思想感情无疑更多地倾注于墨子。那么,为何他在《史纲》中给孔子以一大章,而墨子才占两节呢?原因是,墨子的历史作用不如孔子,按照他的笔削标准,不能不有所轻重。他指出:墨学在汉以后无嗣音;而孔子,在我国教育史上,是好几方面的开创者。"这些方面,任取其一也足以使他受后世的'馨香尸祝'。"若再论到奉他为宗师的儒家,那么,他对后世的影响就更非古代任何思想家所可企及。这样的重大人物,不以足够的篇幅给予相当透彻的叙述,不仅不能把他们很好地呈现于读者面前,也很不利于阐述尔后历史发展的某些特征。汉代的司马迁心好道家之言,但在他的《史记》里却以孔子入"世家",以老庄入"列传",这种不以情感定褒贬的客观态度和优良作风,荫麟先生是继承了的。

三是对于社会变迁的论述。

社会的变迁是《史纲》的重要内容之一。它贯串于全书之中,随处可见。但第二章"周代的封建社会"为全书最大的一章,是集中讲述西周社会的。为什么特详于西周的社会?原因是,著者认为物有本末,事有终始,古代社会是后世社会所从出;知道了古代,然后才能追循递嬗之迹,明白后世社会的由来。但是,文献不足征,商以前已无法详考。只有到了西周,历史资料才可能提供一个较全面的社会概况。《史纲》说:西周"这个时期是我国社会史中第一个有详情可考的时期。周代的社会组织可以说是中国社会史的基础"。事实确乎如此。

这章内容一来便从土地占有状况出发,对周代社会加以等级和阶级的分析。在第一节之始,它就昭告我们:"严格地说封建的社会的要素是这样:在一个王室的属下,有宝塔式的几级封君;每一个封君,虽然对于上级称臣,事实上是一个区域的世袭的统治者而兼地主;在这社会里,凡统治者皆是地主,凡地主皆是统治者,同时各级统治者属下的一切农民非农奴即佃客,他们不能私有或转卖所耕的土地。照这样说,周代的社会无疑地是封建社会。"接着,第二节便讲"奴隶";第三节便讲"庶民"。在"庶民"一节中，首先叙述土地占有状况，进而叙述庶人（农夫）的地位、负担和反抗斗争。土地占有分两种：一种是侯伯大夫占有由农夫或奴隶代耕的公田；另一种是农夫占有并自行耕种的私田。农夫的负担很沉重，不堪痛苦乃起而暴动叛变。这些论述在当时是很新颖的，和今天的西周封建论者的说法几乎没有什么不同。特别应当指出的是，荫麟先生对土地问题非常重视。当他正写《史纲》的同时，撰写了另一篇论文[8]。其中说："在一个'农业经济'的社会里，土地分配几乎可以说是'生产关系'的全部。所以拿经济因素做出发点去研究中国社会史的人，首先要注意各时代土地分配的情形。"他在《史纲》中正是这样做的。

西周以后的社会变迁，《史纲》特别着重战国、秦汉时期商品经济的发展。它几乎把现存的有关当时商品经济的记载，如《史记·货殖列传》等，都笔而不削，全写进去了。但它不是照录原书，而是用自己的语言，天衣无缝地纳入于自己的创见，重新加以表述。它指出："自从春秋以来，交通日渐进步，商业日渐发达，贸迁的范围日渐扩张，资本的聚集日渐雄厚，'素封之家'（素封者，谓无封君之名，而有封君之富）日渐增多，商人阶级在社会上日占势力。"这些现象的出现确实是社会的重大变迁。特别是"商人阶级"作为一个"新兴的阶级"，此时登上历史舞台，应是我国古代史上的头等大事。在我国史学史上，荫麟先生是指出这件大事的第一人；而且直到今天，几乎是惟一的人。（这件大事的重大意义，凡读过恩格斯的《家庭、私有制和国家的起源》一书的人，应该是更为理解的。可是很奇怪，我们今天的通史著作中却只见商人，而不见"商人阶级"。是商人在我国历史上始终未能形成阶级呢，还是已形成而没有被见及？恐怕原因不是前者而是后者。）《史纲》还说，战国时代有"用奴隶和佣力支持的大企业"和"大企业家"，如白圭、猗顿等人。为什么这时候的工商业有这么大的发展呢？《史纲》指出有许多"因缘"。综合起来，一是"自战国晚期至西汉上半期是牛耕逐渐推行的时代，农村中给牛替代了剩余人口，总有一部分向都市宣泄"。二是"秦汉之际的大乱，对于资本家，与其说是摧残，毋宁说是解放"。三是汉初实行放任的政策，"一方面废除旧日关口和桥梁的通过税，一方面开放山泽，听人民垦殖；这给工商业以一个空前的发展机会"。这些"因缘"当然都是重要的，但似有未备，《史纲》没有展开申论。此时的工商业的发展水平是很高的，《史纲》估计"为此后直至'海通'以前我国工商业在质的方面大致没有超出过的"。

在商品经济如此高度发展起来后的社会是什么社会呢？《史纲》没有明言，但不以为仍是封建社会。它说："在中国史里只有周代的社会可以说是封建社会。"显然，这论点现今是不可能被我国史学界所接受了。但是，当年的史学界，除少数马克思主义者而外，一般都不要求对每段历史的社会性质定性。即在马克思主义史学者之间，对中国历史各阶段的社会性质也看法不一。直到现在，我们对西周社会性质、对两汉社会性质还莫衷一是。荫麟先生当年没有给秦汉的社会定性，虽属缺陷，但不失"多闻阙疑"之旨。

四是科学内容的文学表述。

《史纲》是一部科学著作。科学著作的要求是准确明晰，而不必具备文学的优美。但《史纲》兼而有之。它的文字之美是读者所公认的一大特点。荫麟先生本有很好的文学修养，并且主张历史应为科学与艺术的结合，加之受梁任公先生的熏陶，"笔锋常带情感"，所以他的著作，即使是很枯燥的考据文章，也能令人读之忘倦。《史纲》是他的精心之作，他更是字斟句酌，力求给读者以艺术的享受。但他不让情感超越理智，不以辞害意，他的文学乃是为他的史学服务的。可以说，他是文以载史、文为史役的，这里，让我们举两个例子。

一个是他写"楚的兴起"一节，首先讲江汉一带的地理特征，及其嘉惠于楚人的政治上和经济上的安全感。接着指出这两种得天独厚的安全感对楚人的深刻影响。早在周时已在文学上反映出楚人和北人的显著差异了。他这样写道：

这两种的安全使得楚人的生活充满了优游闲适的空气，和北人的严肃紧张的态度成为对照。这种差异从他们的神话可以看出。楚国王族的始祖不是胼手胝足的农神，而是飞扬缥缈的火神；楚人想象中的河神不是治水平土的工程师，而是含睇宜笑的美女。楚人神话里，没有人面虎爪、遍身白毛、手执斧钺的蓐收（上帝的刑神），而有披着荷衣、系着蕙带、张着孔雀盖和翡翠旍的司命（主持命运的神）。适宜于楚国的神祇的不是牛羊犬豕的膻腥，而是蕙肴兰藉和桂酒椒浆的芳烈；不是苍髯皓首的祝史，而是身衣姣服的巫女。再从文学上看，后来战国时楚人所作的《楚辞》也以委婉的音节、缠绵的情绪，缤纷的辞藻而别于朴素、质直、单调的《诗》三百篇。

这读起来，简直是一篇无韵的史诗。然而它没有诗人的虚构与夸张，而是无一句无来历的史家之作；当然也不是排比寻章摘句得来的史料，而是"作者玩索所得"的自然表述。

再举一例。

《史纲》第七章"秦始皇与秦帝国"是很有生气的一章。假若我们在阅读这一章之前，先掩卷想一想，秦始皇这样的大人物，秦帝国这样的大事件，应该从何写起？不用说，这是一个不易处理好的问题；若要使它能和所写的人物和事件的气势相应，那就更难了。荫麟先生巧妙地引李白的一首《古风》[9]作为楔子，接着写道："这首壮丽的诗是一个掀天揭地的巨灵的最好速写。"然后从子楚在赵说起，回溯"这巨灵的来历"，逐步展开这段波澜壮阔的历史。这样的开端是前无古人的。它一下子把一幅壮丽的图景注入读者心中，同时把他们的注意力和兴趣吸引到书里，使他们欲罢不能地读下去。

《史纲》是一部史学著作，也是一部文学著作。它的艺术魅力使很多读者以未能读到后续部分为憾。为了普及历史知识，增强爱国主义精神，这种兼具文学特色的通史著作是最可贵的。

《史纲》的特点不止这些。这里，不过是在鲁宾所已经指出的以外，再增益几点而已。

# 四　考据与论评

## （一）考　据

荫麟先生的史学著作，用心最多的是《史纲》，而分量最大的却是考据论文。他所考究的问题极为广泛，要一一介绍那些论文不是这篇传略所能办到的。这里只概括地指出几点。

首先要指出的是，考据不是荫麟先生治史的目的，而只是他的手段。他的主要目的，前面已经说过，是撰写"国史"，即《中国史纲》那样的著作。而那样的著作涉及面广，只靠史学界已有的研究成果是不够的，若干问题还得自己去探索。他的大部分考据论文即为此而作。当然，那些论文也有其独立的价值，不只是备通史之采择而已。

展开著作目录，首先跃入读者眼帘的是那些发前人所未发的论文。第一是中国科技史的考索。他虽无意专治中国科学技术史，但他很早已著文考索中国古代科技的成就。1923 年他开始发表论文，第二篇就是关于科技史的[10]。自此以后直至赴美留学之前的六七年间，每年都要发表这方面的论文一篇或两三篇[11]。归国以后，又续有著译，先后发表了有关沈括、燕肃、古铜镜的论文数篇[12]。我国史学传统，一方面有许多优秀遗产，另一方面也有不少该批判的积习。对科技史的忽视就属于后一方面。荫麟先生在其著名的论文《中国历史上之"奇器"及其作者》中，曾慨然指出："自秦汉以降，新异之发明，不绝于史。其间亦有少数伟大之'创物'者，至少亦足与西方亚奇默德、法兰克林之流比肩，而于世界发明史上占重要位置焉。"可是旧日的中国，"艺成而下，儒士所轻；奇技淫巧，圣王所禁"；奇器的作者、源流、纪录、内部构造……都难以详考。近世西方科学输入，一些浅学迂儒又穿凿附会，说是我们的先民早已前知，以致为通人所厌听。在这种情况下，我们的科技史实是一片空白。然而要写一部完善的通史又不能任其阙如，那怎么办呢？只有负起史家的责任，以科学的态度，去进行考察。他这样做了，取得许多创获。可惜《史纲》未能继续写下去，来不及收入。但是，那些论文因有其独立价值，仍产生了很好的影响。事隔多年后，还得到刘仙洲、袁翰青、胡道静等科技史专家的赞扬。在国外，执中国科技史研究牛耳的李约瑟博士，其研究后于荫麟先生十余年，也参考了荫麟先生的论文。荫麟先生确是我国现当代科技史早期研究的先驱[13]。

荫麟先生自美归国后，学术思想有了颇大变化，注意力渐集中于两宋史事。从1936年起直到逝世，写了不少考订宋代历史问题的文章。那些文章多是发覆拓荒之作，产生了很深远的影响。如宋初四川王小波、李顺的武装起义，荫麟先生认为，那是"在中国民众暴动史中，创一新旗帜，辟一新道路"，"有裨于阶级斗争说之史实"，可是，"当世无道及者，今故表而出之"，乃撰为《宋初四川王小波李顺之乱》一文[14]。此文一出，王小波、李顺的英雄业绩才为世人所知，史学界才加以注意。新中国成立以后，农民战争史受到空前重视；王小波、李顺的斗争被公认为划时代大事，中国历史教科书和各种中国通史都大书特书（这是完全应该的），现在，连初中的少年学生都熟知了。在这篇论文之前，荫麟先生还发表了《南宋初年的均富思想》；之后，又发表了《北宋的土地分配与社会骚动》《宋代南北社会之差异》等论文。这些论文所考究的问题多是首次提出来的。其中的许多创见，给宋史研究增添了宝贵的财富。

除以上外，还有考索其他朝代史实的许多论文。从著作目录可见，从老子生年到甲午海战，从社会经济到哲学思想……他都有所探究。但是，范围既如此之广，难免有失误的地方。如徐规先生指出并补正的李顺广州就逮之说即与实际相违。又如科技史的某些论文，"因发表时间较早，以今天的学术水平来看，似尚不够详备深入"[15]。这就有待于后起者的补充和修正了。可是从史学发展上看，前修已做出的贡献，特别是那种筚路蓝缕的开创之功，仍然是极可贵的。

### （二）论　评

荫麟先生的史学著作，还有很大部分是属于论评的。这类文章多是因当时史学研究中的某些问题有感而发，对当时的史学研究起到了补偏救弊的作用。下面略举其要。

（1）论史学的学风。

在二十年代前后，支配中国史学界的风气是所谓的"新汉学"。它崇尚考据，重视资料，标榜"以科学方法整理国故"。对"言之无文，行而不远"的传统，不加措意。荫麟先生认为这是偏向，特著文给以批评。他在1928年发表的《论历史学之过去与未来》一文中，一开头便说：

> 史学应为科学欤？抑艺术欤？曰，兼之。斯言也，多数绩学之专门史家闻之，必且嗤笑，然专门家之嗤笑，不尽足慑也。世人恒以文笔优雅，为述史之要技。专门家则否之。……然仅有资料，虽极精确，亦不成史。即更经科学的综合，亦不成史。……

当然他并非以为资料可以忽视。相反，他认为"资料必有待于科学的搜集与整理"。这篇文章主要就是谈论这个问题的。他对当时的资料整理工作亦深致不满，在《洪亮吉及其人口论》一文的"引言"中曾慨乎言之。他说：

> 迩来"整理"旧说之作，副刊杂志中几乎触目皆是。然其整理也，大悉割袭古人之文，刺取片词单句，颠倒综错之，如作诗之集句；然后加以标题，附会以西方新名词或术语，诩诩然号于众曰："吾以科学方法董理故籍者也。"而不知每流于无中生有，厚诬古人。此种习气，实今后学术界所宜痛戒。……

（2）对重要史实的发现和评价。

这里举两篇为代表。一篇是《洪亮吉及其人口论》（1926 年刊于《东方杂志》）。"引言"说："清乾嘉间之汉学大师，其能于汉学以外，有卓然不朽之贡献者，惟得二人：在哲学上则戴东原震，在社会科学上则洪稚存亮吉。"戴氏之学，当时已大显于世；洪氏之学则犹湮没不彰。荫麟先生深为之不平，特为文介绍洪亮吉其人及其人口论。他指出洪氏的人口论与英人马尔萨斯之说不谋而同；二人完成学说的时间又都在 18 世纪 90 年代。可是马尔萨斯之说在西方产生了至深且巨的影响；"洪氏之论则长埋于故纸堆中，百余年来，举世莫知莫闻"。他深有感慨地说："不龟手之药一也，或以伯，或不免于洴澼絖，岂不然哉。"到现在，因人口问题受到空前重视，洪氏的人口论已多为人知。上距荫麟先生揭橥阐扬其说已六十年了。

另一篇是《跋水窗春呓》[16]。《水窗春呓》这部书，不著撰人，前此盖无人知。荫麟先生偶然看到，知其为记咸同史事的重要史料，特嘱学友李鼎芳考出作者为欧阳兆熊。此人与曾国藩有故，深知曾的为人。跋说：书中"所记曾事，虽寥寥数则，实为曾传之最佳而最重要资料"。跋文专就这几则曾事，加以论说，所以特加附题："（记曾国藩之真相）。"这真相是什么？是一副凶残、阴险、善弄权术的狰狞面孔。"跋"说："自曾氏之殁，为之谱传者不一，而皆出其门生故吏手，推崇拜之心，尽褒扬之力，曾氏面目遂在儒家圣贤理想之笼罩下而日晦。"应该指出，荫麟先生写这篇"跋"时，民国已成立二十四年了，但因历任执政军阀的吹捧，许多文人学士的颂扬，曾氏的真面目仍"在儒家圣贤理想之笼罩下"隐晦着。因此，"跋"对曾氏真相的揭露就不仅是史学上的一个求真问题，而且是个现实中的政治问题。它的影响所及就不仅局限于史学领域之内了。

"诛奸谀于既死，发潜德之幽光。"韩昌黎的这两句名言，我们在荫麟先生的笔下看到了。

（3）书评。

荫麟先生喜欢与人讨论问题，他发表的第一篇论文就是批评梁任公关于老子生年的说法的。由于他有渊博的学问和过人的识力，所以常能通过批评给人以帮助。如对冯友兰先生的《中国哲学史》上下卷，他都写了书评，提出许多有价值的意见，有助于这部著作之更臻完善。（冯先生最近出版的《三松堂学术文集》还把这两篇书评收入。）但是，荫麟先生的书评，有的还兼有更重大的意义。例如他对顾颉刚先生的批评，其意义就不止于所讨论的那些具体问题。他写了《评近人顾颉刚对于中国古史的讨论》《评顾颉刚"秦汉统一的由来和战国人对于世界的想象"》等文章。在那些文章中，他除对若干具体问题的考订和解释，提出自己的不同看法外，还批评到当时流行的疑古之风。他是最关心学风问题的。前面我们已经举出他为此而写的专文。但他的关注不止见于那些文章而已。当时的疑古派对古代传说和记载多所否定。顾先生是古史专家的巨擘，影响很大。因此，荫麟先生对顾先生的批评也就是对怀疑一切的疑古学风的批评。在《评顾颉刚"秦汉统一的由来和战国人对于世界的想象"》一文中他说：

> 信口疑古，天下事有易于此者耶？吾人非谓古不可疑，就研究之历程而言，一切学问皆当以疑始，更何有于古；然若不广求证据而擅下断案，立一臆说，凡不与吾说合者则皆伪之，此与旧日策论家之好作翻案文章，其何以异？而今日之言疑古者大率类此。世俗不究本原，不求真是，徒震于其新奇，遂以打倒偶像目之；不知彼等实换一新偶像而已。

上举的前一篇文章是对顾先生的《与钱玄同先生论古史书》的批评。他以为顾先生关于尧舜禹的论断是错误的，错误的一个主要原因，是由于误用默证。因此，特别在这篇文章的开头专设"根本方法之谬误"一节，引法国史学家色诺波（Ch. Seignbos）之说，着重指明默证适用的限度。当时用默证以否定古人古事的不止顾先生一人。因之，对这问题的批评也就是对当时史学界的针砭。

一个二十多岁的青年学生，能够在疑古的风潮中，砥柱中流，不随风而靡，其独立思考的智力和理论勇气是罕见的！

荫麟先生的史学论著，除上述几种外，还有许多别的文章。如对古代史料的考释与辑录，对国外史学著作的翻译与介绍，对历史人物的传述……散见报章杂志，迄未裒辑完全（伦伟良编《张荫麟文集》，收各类文章五十六篇，共五十余万言，实际是一个选本）。在这种情况下，我在这里的叙述自然不能是完备的。

## 五　讲席侧记

荫麟先生不惟是一位良史，而且是一位良师。自 1934 年归国后，就在清华大学、西南联大、浙江大学等校任教。他对教学很认真，对学生很热情，凡亲沐其教泽者没有不思念他的。贺麟先生回忆说："他初任教时，最喜欢与学生接近，……一点也不知道摆教授的架子。"其实，不仅初任教时，就是以后，他也一直是和蔼可亲，深受学生敬爱的。在西南联大，我从他学宋史，常送习作请他指教。每次他都是立即当面批改，边改边讲，不仅改内容，而且改文字，教我怎样做文章。有时候改至深夜，一再请他休息他也不肯。"宋史"课一开始，他就教我们读《宋史纪事本末》，并从其中自选六十篇作"提要"。每篇提要不得过百字，须按时完成。听课者几十人，他都一一批阅。课上只讲专题，很富启发性。他总是每两三周提出一个问题，指定几卷书，要我们从那几卷书中找材料，去解决那个问题。以后，问题越来越难，指定的书越来越多；最后，他不再指定，要学生自己提出问题，自己找书看。他用这样的方法，训练我们一步步地学会独立做研究工作。他很重视选题和选材，常警告我们：不善于选题的人就只能跟在别人后面转；不善于选材的人就不能写出简练的文章。由于他诲人不倦，我感到课外从他那里得到的教益比在课堂上还多。因为在课堂上他是讲授专题，系统性逻辑性强，不可能旁及专题以外的学问；在课外，则古今中外无所不谈。从那些谈话中，使我们不惟学到治学之方，而且学到做人的道理。回想起来，那情景真是谊兼师友，如坐春风，令人终生难忘。到遵义后，因为那是一个小小的山城，师生聚居在一起，学生得到他的陶冶更多。现今在宋史的研究和教学上很有贡献的徐规教授就是那时在他的作育下而踏上毕生研究宋史的道路的。那时的遵义又是一个白色恐怖笼罩下的地方，学生们对时政稍有不满的言论，便受到迫害。在"倒孔运动"中，有的学生被追捕，荫麟先生挺身而出，给予保护，使得脱险，表现了很高的正义感和勇敢精神。

荫麟先生在清华和联大，除在历史系开课外，还在哲学系开历史哲学、逻辑、哲学概论等课程。他常常介绍历史上重要哲学家的学说，最能引人入胜。他以史学家应有的客观态度，原原本本地如实讲述那些学说；所写的这类文章也是这样。因此，假若只听他一堂课或只读他的一篇文章，便可能以为他是所讲所写的那一派哲学的同调。例如，你只读《中国史纲》讲孔子的那章，你可能以为他是孔门信徒；但若你只读讲墨子的那两节，你又可能以为他是墨家的崇拜者。又若你读他的《陆学发微》，你可能以为他是一个唯心主义者；但若你读的是他关于戴东原的文章，你又可能以为他是一个唯物主义者。其实都不是。他常这样说："我不想做哲学家，也不想做文学家，只想做一个史学家。"在我国历史上，他最崇敬的人物是司马迁。

还有一点应该说明的是他的政治态度。他说过："知古而不知今的人不能写通史。"出于这样的认识，他对现实政治是很关心的。从他的著作看来，留美归国以前，他是一个爱国主义和民主主义者，对国内的政治派别没有显著的倾向性。回国以后，他的政治思想有了显著的变化，日益倾向于人民民主革命，逐渐转变成为中国共产党的同情者。这一转变在他文章中是有流露的。例如在《中国史纲》中讲述墨子时他写道：

……总之一切道德礼俗，一切社会制度，应当为的是什么？说也奇怪，这个人人的切身问题，自从我国有了文字记录以来，经过至少一二千年的漫漫长夜，到了墨子才把它鲜明地、斩截地、强聒不舍地提出。墨子死后不久，这问题又埋葬在二千多年的漫漫长夜中，到最近才再被掘起！

这些话写于四十年代初。请问那时谁把那"人人切身的问题"再度掘起呢？除了中国共产党人外还有谁人？答案不是像太阳一样明白吗！

又如在《宋初四川王小波李顺之乱（一失败之均产运动）》一文的"引言"中说：王小波、李顺的暴动和钟相、杨幺的暴动，是"皆可助阶级斗争说张目者"。因为王小波、李顺的事迹，"世尚无道及者，今故表而出之"。此文写于 1937 年初。那时持阶级斗争之说的不正是中国共产党人吗？荫麟先生要把"可助阶级斗争说张目"的、"在中国民众暴动史中，创一新旗帜，辟一新道路"的史事"表而出之"，他的政治态度和同情所在，不也是像太阳一样明白吗？实际上，从这篇文章灼然可见，为阶级斗争说张目的也正是荫麟先生自己。"引言"中还指出《宋史》《宋会要》《续资治通鉴长编》对王小波、李顺的暴动，皆有记载："惟其特质，即'均贫富'之理论与举动，皆绝不显露，谓非有阶级意识为崇焉，不可得也。"这更可见荫麟先生对中国共产党的理论持何态度了。他在昆明寓居欧美同学会时，赁房一小间，是书斋也是卧室。去拜访他的人都看到，在案头或枕边常放着一部"人人丛书"（Everyman's Library）本的《资本论》。在离别昆明前数日，他假同学会的会议厅邀宴友好十余人。席间，谈及时局，人人都以抗战前途为虑。他乐观而兴奋地说："抗战是长期的、艰苦的，但最后是必胜的。只是到胜利之后，国旗上的'青天白日'已不存在，只剩下'满地红'了。"他在《中国史纲》的青年本"自序"中说："我们正处于中国有史以来最大的转变关头。"听了上面那番谈话，这"最大的转变关头"何所指，不是也很明白吗？遗憾的是，他享年不永，当 1949 年 10 月 1 日全中国的人民欢庆这个"最大的转变"胜利出现的时节，他已凄凉地长眠遵义荒郊七年了！

1986 年国庆节

**注释：**

[1] 新化曾鲲化所著《中国铁路史》（1924 年燕京印书局印行）页 639 有云："……石龙镇为东江州惠等处往来总汇之区，极称繁盛。而广州首站僻在东隅，九龙与香港又一水相隔，不能及焉。"

[2] 荫麟先生逝世的噩耗方传开，贺先生便立即写了一篇悼念回忆的文章，述荫麟先生的生平最详。本文在很多地方依据它，不一一注明。文章题为《我所认识的荫麟》，载《思想与时代》第 20 期。

[3] 见谢幼伟著《张荫麟先生言行录》。

[4]《中国史纲》有一个青年书店版，1940 年 6 月刊于重庆。这篇自序，以下省称为"青年本自序"。

[5] 1941 年，浙江大学史地教育研究室石印《中国史纲》五百册，翌年又重印，这篇"自序"均未收入。作者另作短序冠篇首，亦名"自序"。其所以如此，乃因作者欲以青年书店版"自序"为主，另成《通史原理》一书，故不复收入《史纲》。或谓因"自序"中有唯物史观的观点，研究室执事感不便，故而尔删削。以荫麟先生之耿介，若非己意，盖不可能，今不取。

[6] 鲁宾著，许克敏译：《评张荫麟著〈中国史纲〉》，原载苏联《古弋史通报》1957 年第 1 期。

[7] 石印本《中国史纲·自序》。

[8]《北宋的土地分配与社会骚动》，载《中国社会经济史集刊》第 6 卷第 1 期（1939 年 6 月）。

[9] 这首《古风》，自《史纲》引用后，已为读者所熟知，并多次被转引，所以这里不再转录了。

[10] 这篇论文是《明清之际耶稣会教士在中国者及其著述——近三百年学术史（附表一校补）》，载《清华周刊》第 300 期。

[11][12] 见徐规编《张荫麟先生著作系年目录》；又见徐规、王锦光

合著的《张荫麟先生的科技史著作述略》，载《杭州大学学报》第 12 卷第 4 期。

　　［13］关于荫麟先生研究中国科技史的影响，详见徐规、王锦光的论文外，又见王锦光、闻人军的《史学家张荫麟的科技史研究》（载《中国科技史料》1983 年第 2 期），兹不备录。

　　［14］载《清华学报》第 12 卷第 2 期（1937 年 4 月）。

　　［15］见前引徐规、王锦光文。

　　［16］这篇跋始刊于 1935 年 3 月出版的《国闻周报》上。

（原载云南大学历史系编《史学论丛》第 2 辑，云南人民出版社 1986 年版）

# 昔年从游之乐，今日终天之痛！

## ——敬悼先师钱宾四先生

### 一

1936 年，我在北师大历史系上学。这年的下半年，学校聘请钱宾四（穆）先生来系兼课，讲授秦汉史。宾四先生是北大的名教授，同学们早就想望风采，希望得亲炙受业。因此，课程表一公布，大家便奔走相告，莫不雀跃。始业前夕，一位高年级同学对我说："明天上秦汉史，咱们可得早点儿去，否则便没有座位了。"第二天，我们提前半小时进了教室，但前十几排座位已无虚席了。那时，北师大文学院在石驸马大街，最大的一个教室只能容二百人。而听讲者，除本校学生外，别校一些学生也闻风而来，所以把教室挤得水泄不通。这种状况直到学期末课程结束时犹然。

宾四先生讲课，从未请过一次假，也没有过迟到早退。每上课，铃声犹未落，便开始讲，没有一句题外话。特别给学生们感受最深的是，他一登上讲坛，便全神贯注，滔滔不绝地讲。以炽热的情感和令人心折的评议，把听讲者带入所讲述的历史环境中，如见其人，如闻其语，永远留在我们的脑海中。我在中学时已阅读过《通鉴》《史记》和《汉书》；在读私塾时代，还背诵过《史记菁华录》以及《古文观止》中所选的秦汉文章如《过秦论》《治安策》《贵粟疏》等等。因此，初上课时还自以为有点基础，并非毫无所知。不料，听了几次课后，我便不禁爽然自失。我简直是一张白纸啊！过去的读书，那算是什么读书呢。过去知道的东西不过是一小堆杂乱无章的故事而已。我私自庆幸：有机会遇到这样一位良师。闻所未闻，茅塞顿开，能多听到一句教言也好。所以每当下课，一些高年级同学陪着先生边走边质疑请益，我也跟在后面侧耳而听。在这种时候，先生不仅解答疑难，而且还常常教人以读书治学之方。我觉得这比之课堂听讲得到的益处，有过之而无不及，真是难得的机会。

一天下课后，质疑的人不多，我便鼓起勇气上前求教。先生诲人不倦，而且能导人使言，所以走到校门，意犹未尽。平常，先生一出校门便雇车回寓。这天，因话未讲完，便不雇车，徒步沿林荫道边谈边走，一直走到西单。在西单，先生踌躇了一下，问我："你下面有课吗？"我回答："没有。"于是先生说："那我们到中山公园去坐片刻吧。"到了中山公园，在今来雨轩坐下，先生平易地教导我说："你过去念过的书也不能说是白念。以后再念也不是一遍便足。有些书，像史汉通鉴，要反复读，读熟，一两遍是不行的。你现在觉得过去读书是白读，这是一大进境。可是后之视今，亦犹今之视昔。古人说，学然后知不足，教然后知困。学无止境呀！现在你应当着力的，一是立志，二是用功。学者贵自得师。只要能立志、能用功，何患乎无师。我就没有什么师承呀！……"这番教言，真可谓金玉良言。去今虽已五十多年，但每忆及，仿佛还在耳际。我自愧未能如先生的期许，成为栋梁之材，所幸也未曾违背师教，成为不可雕的朽木。先生的教导真使我一生受用不尽啊。

大约这以后不久，我到北大去访友。谈及宾四先生的教诲，那友人说："我们北大有所谓'岁寒三友'，你知道吗？所谓三友就是钱穆、汤用彤和蒙文通三位先生。钱先生的高明，汤先生的沉潜，蒙先生的汪洋恣肆，都是了不起的大学问家。你不来听听他们讲课，真太可惜了。"我回校后，反复考虑，决心转学北大。于是次年暑期北师大南苑军训，我抗命不去，为的就是要应转学考试。

可是，"人生不如意事十之八九"。转学考试前夕，卢沟桥炮声响了。我仓皇南归，与诸师友相失。心想，要能再见宾四先生一面可多好啊！何时又才能见到宾四先生呢？

二

卢沟桥事变使我转学北大从宾四先生问学的愿望成为泡影。万料不到，一年之后我转入西南联合大学，又和宾四先生重相见了。宾四先生开"中国通史"课。按规定，我可以免修，但我仍选修了，而且把它定为自己着重努力的一门功课。

那时的西南联大，播迁未定，没有自己的校舍，临时租借昆明大西城内外的几所中学供文、理、法三个学院使用。城外的省立昆华农业学校和城内的省立昆华中学是上课的地方。宾四先生的通史课便排在农校主楼上的一个大教室。这是西南联大当时最大的教室，有一百多套桌椅，可坐二百多学生。为何要用这么大的一个教室？因为教务处凭经验料到，这个课的听课者一定是为数甚多的。

果然不出所料，听课人数确乎不可胜数。那时，先生住宜良岩泉寺撰《国史大纲》。每星期四乘滇越火车赴昆明。当晚即讲授通史课，共两小时。星期六晚又续讲两小时，都是七点到九点。其所以排在晚间，原因是听课者众，昼间没有共同时间以满足大众的要求。西南联大继承北大自由讲学之风，允许校内校外人士旁听，而且尽可能兼顾其便。因此其他大学的学生、中学的教师以及社会上有志于史的人们皆来听讲，以致教室虽甚宽敞，仍不能使人各得其所。一张两人并用的课桌，总是三个人挤着坐。椅子坐满了，许多人便席地而坐。室内外的地上坐满了，便坐到窗台上。有的人连窗台也挤不上去，便倚墙而立。常见许多同学去上课时，都拿着了一张报纸，为的是用以代席。这种状况，自开学以迄学年结束，始终一样，真是狰与盛哉！

宾四先生早已蜚声史坛。在史林中，即使是持论不同者，也莫不承认他是卓越的史学家。但是，我们这些亲受业者对他的崇敬则尚有另一个方面

——同等重要的一个方面，那就是他首先是一位人师，一位好老师。关于这一方面，就我的管见所及，至少有以下几点可得而言。

其一是宾四先生对教学有高度的责任感。在我随侍讲筵的日子里，我没有见他缺过一堂课。他总是在上课前几分钟便进入教室；而下课则要等答完学生的疑难才离开。出了教室，总还有一些学生陪着他边走边谈，直到出了校门他上了车而后已。那时，他住在宜良城郊西山岩泉寺。宜良在昆明东南，距昆明七十余公里，有铁路和公路可通。但当时公路无客车行驶，旅客只能乘滇越火车。火车自宜良开往昆明，一日二次：第一次太早，从岩泉寺动身无法赶上；第二次自开远来，中午十二时（今北京时间下午一时）过宜良，下午五时半抵昆明。宾四先生即乘此次车到昆明，上当晚七时的通史课。可是火车站在昆明城外东南角，联大在城外西北角，乘人力车约需一小时乃能达，而火车照例晚点，晚二三十分钟乃属常事。这就使宾四先生每次刚下火车，便上洋车，直趋课堂，连宿舍也不能进去一下，晚饭也顾不上吃。联大在东城财神巷（后改为才盛巷）租一院房子作单身教授宿舍，宾四先生来昆明时即下榻彼处。其所以如此紧张，当然是不愿迟到。实际上也只有一次，火车晚点几乎一小时，迟到约二十分钟。可是尽管如此，听讲者仍等候着无一人离去。（这是很少见的现象。当时一般情况是，上课铃响后几分钟教师还未来，学生便走了。）我多次看见宾四先生满面通红，大汗淋淋地走进教室，从人缝中甚至踩着课桌登上讲台。

有同学请问：何不早一天来，免得如此紧张？宾四先生说，他正为这个课程写讲义。一切用书和资料都在宜良，来早一天便停写一天，所以不能早来。（那讲义即后来由商务印书馆出版的《国史大纲》。）由此可见，他把全部精力和心血都付与这个课程。其负责和认真的态度实在不可多得。当时学校共开出三门中国通史课，学时学分一样。有一门只讲到王莽；另一门讲到南北朝；惟有宾四先生担任的这一门讲到清代，按计划完成。

其二是宾四先生的有教无类、诲人不倦的教学态度。先生讲课很严肃，不苟言笑；虽思如泉涌，但没有一句题外语。因此，初侍讲者常对先生有一种道貌岸然的印象，心存敬畏，不敢率尔发问。可是，课后一经先生接谈，无不感到"即之也温"，和蔼可亲，敬畏之心顿时变成了敬爱之情。于是许多学生都无拘束地于每星期五、六的下午到才盛巷宿舍去拜谒请益。宿舍为一斗室，室内惟一榻、一桌、一椅。学生们或坐床上，或倚壁而立。一些人方辞出，一些人又进去，常常络绎不绝。但先生毫无倦怠不胜烦之意，必使来者人皆餍足而后已。

来拜谒求教的并不全是联大学生。据我所见，有的是其他大学的学生，有的是中学教师，有的是在报馆、在银行、在机关工作的人，有的是读过先生所著书而未听过讲课的人，……多数人是二三十岁的青年，但也有一些年逾不惑或知天命的中年人。对这一切来谒的人，先生是极少问其姓名职业的。因此，若非其人自陈，先生便不知其为何许人。但不论知与不知，先生都一样和颜悦色地接待，真是一视同仁，有教无类。同时，有些问题也很浅近，殊不必烦先生一一作答，但先生还是认真地解答。因此，我尝请问："有些人似是慕名而来，欲一瞻风采而已。何以先生也很认真地赐以教言？"先生说："你知道张横渠谒范文正公的故事吗？北宋庆历间，范文正公以西夏兵事驻陕西。横渠时年十八，持兵书往谒。文正公授以《中庸》一卷，说：'儒者自有名教可乐，何事于兵。'横渠听了，翻然而悟，遂成一代儒宗。可见有时话虽不多，而影响却不小。孔子说：'知者不失人，亦不失言。'我宁失言，不肯失人。"我听后感到，先生之所以诲人不倦，是对求教者有厚望、有深意的。

其三是言教身教，感染学生敬爱祖国历史。当时教授们讲课，例有所谓"开场白"，就是，头一次课不讲课程内容，而讲一些与这门课程有关的问题，如本课程的重要性和教学计划，教本及参考书，作业与考试，……宾四先生所讲有异于是。他主要讲：祖国历史有其独特之处；作为一个中国人，应感到它是可敬可爱的；大家读史治史应取的正确态度（不应当以古非今，也不宜厚今薄古；不可崇洋，也不可自大；……）；应认识统一和光明是中国历史的主流，分裂和黑暗只是中国历史的逆流（若非如此，中国历史岂能绵延数千载而不绝）；……（凡此所述，具见于后来出版的《国史大纲》书首所载"凡读本书请先具下列诸信念"及"引论"中。）回忆先生作此讲演时，感情是那样的奔放，声音是那样强而有力，道理是那样深切简明。那时正是国难方殷，中原陷没，学校播迁甫定，师生们皆万分悲愤之际。因此，先生的讲演更能感人动人，异乎寻常。两个小时的课，自始至终，人皆屏息而听，以致偌大一个教室，挤得满满的人，好像阒无一人似的。从先生的讲授中，学生们不惟大大增加了国史的知识和兴趣，而且强化了爱国主义思想和民族自信心。有的人受历史虚无主义和全盘西化等思想的影响，对国史不甚重视，听后也有转变而大异往昔。这样的课堂讲授，岂止授业解惑而已。

但给听讲者以深刻印象和影响的，不只是这始业的第一堂课，以后的每一堂课亦莫不如是，甚至更为深巨。因为随着课程的进展，从每章每节的讲授中，我们不仅具体地、活生生地看到中国历史的可敬可爱之处，而且从先生讲授时所表现的、所流露的对国史的无限深情和崇高敬意，看到了榜样，感到了更大的感染力。但是，就我而言，大概由于鲁钝之故，一个学期之后，领悟才大为提高。这期间有一件最堪回忆的事，那就是先生的石林之游。当第一学期最末一周的星期五下午，我到才盛巷去看望先生时，先生说："最近我写一篇文章《国史大纲·引论》，即将脱稿。拟脱稿后休息一下，看看滇中山水。听说石林很奇，就在你们路南。你寒假回家吗？能否陪我一游？"我听了喜出望外，于是约定行期，由我接送、导游。到约定时间，我先一日到宜良，次日中午乘滇越火车南行两站至狗街子站下车，然后先生换乘滑竿，我则与随先生同往的一中年人骑马，山行四十华里，傍晚抵路南县城。次日游石林，又次日游芝云洞，第三日游大叠水瀑布。第四日上午送先生复经狗街子返宜良。此行经过，先生《师友杂忆》中有记述，我不过略为之注。我这里要说的是，当我去宜良迎候先生时，一见面，先生便以《国史大纲·引论》原稿授我，说："此稿于前二日写完，是我南来后最用力之作。等从石林回来，我便要送昆明《中央日报》去发表。你可在此数日内先读一读。"我于当夜即挑灯快读一遍，到路南后又细诵一遍。我何幸成了读此宏文的第一人！

《引论》要旨，通史始业第一课本已讲及，但课堂上迫于进度，为时间所限，先生只能简要地讲述，我的笔记又不免有脱漏讹误，所以领会极为不足。今获睹先生手稿，口而诵，心而维，认识乃有所加深，有所加广。同时，又得随侍左右请益，许多问题乃涣然冰释，学业大进一步。例如，尝与同学议论，对祖国历史当存敬爱之说，用于盛世固宜，也可用于衰乱之世吗？现在我明白了：我国数千年历史，屡经衰乱而不灭绝，而且每经一次衰乱，文明反而更进一境，足让我国家我民族有强大的、坚韧不拔的生命力。作为这个国家民族的一分子自应有自豪感；对这个国家民族的历史当然应有敬意和感情。在送先生返宜良途中，我以这一体会质诸先生。先生遂乘便指教我，大意是："治史须识大体，观大局，明大义。可以着重某一断代或某一专史，但不应密闭自封其中，不问其他。要通与专并重，以专求通，那才有大成就。晚近世尚专，轻视通史之学，对青年甚有害。滇中史学同仁不少，但愿为青年撰中国通史读本者惟张荫麟先生与我，所以我们时相过从，话很投机。你有志治宋史，但通史也决不可忽。若不知有汉，无论魏晋，那就不好，勉之勉之！"先生的这番教导，我一直以为座右之铭，虽不能至，但总是心向往之。

第二学期开学后不久，《国史大纲・引论》在昆明《中央日报》上刊布了。大西门外有一个报纸零售摊，未终朝，报纸便被联大史学系师生争购一空。一些同学未能买到，只好借来照抄。下午，同学们开始三三两两地聚集在小茶馆里或宿舍中讨论起来。此后数日，大家都在谈论这篇文章。有的谈这个问题，有的谈那个问题。据闻，教授们也议论开了，有的赞许，有的反对，有的赞成某一部分而反对别的部分，……联大自播迁南来，学术讨论之热烈以此为最。一天，先生对我说："一篇文章引起如此轩然大波是大佳事。若人们不屑一顾，无所可否，那就不好了。至于毁誉，我从来不问。孔子说得好：不如其善者好之，其不善者恶之。说到毁誉，不妨取王荆公《与杜醇书》一读。"我回校后，即到图书馆借王临川集读之。原来《与杜醇书》中有如下几句话："夫谤与誉，非君子所恤也，适于义而已矣。不曰适于义，而唯谤之恤，是薄世终无君子也。唯先生图之！"我由是而知，在对待毁誉问题上，先生与荆公虽悬隔千载，却是很相契合的。

大概一是由于诵读《引论》得到的启发，二是由于上学期听讲得到的教益，第二学期我们所受的感染更深，先生的示范作用更大，我们对先生的崇敬也更高了。这学期，先生从唐代"安史之乱"讲起（也就是从《国史大纲》第二十七章起）。这正是我最感兴趣的部分。当讲到"庆历变政"和"熙丰变法"何以发生、何以失败，以及范仲淹、王安石、司马光等人的政见、学术、人品时；当讲到宗教文化，如禅宗、理学，及其代表人物慧能、神秀和程朱陆王等等时；当讲到南北经济文化之转移时，……我都觉得闻所未闻，有一种茅塞顿开之乐。那时张荫麟先生也正为联大历史系开宋史课，采取专题讲授方式，内容和通史课多不同。我同时选修，同样深受教益。我后来之所以专心研读宋代历史，不能不感激两先生诱导之赐。唉唉，卢沟桥之变是我国家民族的不幸，也是我的不幸。我被迫离开文化古都，流亡南下，几死者数。但料不到在昆明竟能与吴晗先生、张荫麟先生和宾四先生诸师相值，并承他们给以亲切的教诲，这又是不幸中之幸。现在呢，暌违宾四先生已近半个世纪，先生已归道山，但当年上通史课的情景，先生的声音容貌犹在耳际目前。遥望海峡彼岸，我怎么献上这一炷心香？惟有在此遥遥心祭而已！

三

宾四先生在联大仅一年。1939 年 7 月初暑假开始，先生告假返苏州省视太夫人。初但欲在苏州小住数月，后延至一年；又以受齐鲁大学聘，可更住一年，所以 1940 年初秋方辞家入蜀，移帐成都华西坝。1943 年春，先生应浙江大学的邀请，到贵州遵义作短期讲学。其时我也在那里，于是又获亲教范。计自联大一别，至此已与先生分别三年有半了。这期间，我多次肃函求教，得先生复书十余通。十年浩劫中，师友书翰全被抄没，但先生手教四通因置于一旧杂志中幸存。这四通手教主要是教我治史，同时也述及先生近况，因此以与《八十忆双亲》及《师友杂忆》合读，可以对先生有更全面的了解。至于教我治史的那些教言，想必同门学友以及今日有志国史的青年，都是很愿意一读的。出于这样的考虑，所以我把它抄录于下（标点是我加的）：

## 第一书

埏弟如面：七月初一别，转瞬将及三月。前接弟书，欣悉近况。仆此次归里，本拟两月即出。奈家慈年高，自经变乱，体气益衰。舍间除内子小儿一小部分在北平外，尚有妇弱十余口。两年来避居乡间，一一须老人照顾，更为损亏。仆积年在平，家慈以多病不克迎养，常自疚心。前年自平径自南奔，亦未能一过故里。此次得拜膝下，既瞻老人之颜色，复虑四围之环境，实有使仆不能遽然遽去之苦。顷已向校恳假一年，暂拟奉亲杜门，不再来滇。弟志力精卓，将来大可远到。去年仆往来宜良昆明间，常恨少暇未能时相见面。方期此次来滇，可以稍多接谈之机会，而事与愿违，谅弟亦深引为怅也。惟师友夹辅虽为学者要事，要之有志者自能寻向上去。望弟好自努力，益励勿懈！……

此询

近祉　　梁隐乎启　八月廿六晨

来信或寄上海爱麦虞限路一六二号吕诚之先生转，或寄苏州海红小学转，均书钱梁隐收可也。

〔埏注：钱梁隐为先生避日寇迫害所用的化名。吕诚之即吕思勉。信末日期为1939年。〕

## 第二书

埏弟如面：接诵来书，岂胜怅恍！自顾德薄，于弟等无可裨补。然与有志者相从讲贯，不有利于人，亦有利于己。此次杜门，遂成索居。不仅使弟等失望，即穆亦同此孤寂。惟有志者能自树立为贵。虽此隔绝，精神自相流贯，甚望弟之好自磨砺也！张荫麟先生年来专治宋史。弟论文经其指导，殊佳！在此无书，抑短札不足剖竭，不能有所匡率矣。归时经沪曾摄一小影，大可为此行纪念，即以一帧相赠。嫌太小，可夹爱读书中，悬壁则不称也。率此顺颂

近祺　　小兄穆手启　一月八日

〔埏注：此书作于1940年。〕

## 第三书

〔埏按：1940年秋，我与今南开大学教授王玉哲先生同时考入北京大学文科研究所。入学后，共同作书告宾四先生。时先生已在成都，翌年元月复示如下。〕

埏哲两弟英鉴：即日得读来书，获稔近况为慰。穆本无意离滇，惟老母年七十五，穆年四十六，事变前后未亲慈颜已五年。适因归里省视，而齐鲁许其在家作研究，因遂决心杜门。惟既受人惠，不当不报，本年遂来此间。蜀中久想一游。成都风物颇似北平。所居在城外，离城尚三十里。一孤宅，远隔市嚣。有书四万本，足供缮帨。每周到城上课，一如往来昆明宜良间。乡居最惬吾意。惟研究所诸生奻少超迈有希望者。齐鲁文史各系素无根底，华西金陵各校程度亦差，颇恨无讲论之乐。在此授通史及诸子学两门。诸子学先讲《论语》。两课皆开放旁听。仍在夜间授课。有远

道自城来者。亦有一二启发相从之士，然皆非学校学生也。大抵国内优秀青年皆闻风往滇。此间只齐鲁医学金陵农院较有生色耳。欲在此间振起文史之风，大为不易，信知英才之难得。两弟皆卓越，平日甚切盼望，期各远到。恨不能常相聚，不徒有益于两弟，亦复有益于我耳。再三读来字，岂胜怅惋！然学问之事，贵能孤往。隔阔相思，往往有一字一语触发领悟，较之面谈为更深切者。故师友集合，有时不如独居深念，对古人书，悟入之更透更真；而师友常聚，亦有时不如各各睽违而精神转相近合者。窃愿以此相勉，并盼时时勤通讯闻，亦足补其缺憾。埏弟有志治宋史，极佳。所需《续资治通鉴长编》，当代访觅。惟此间旧籍，在最近一年来已颇难见，恐不必得耳。又，私意治宋史必通宋儒学术；有志于国史之深造者更不当不究心先秦及宋明之儒学。拙著《国史大纲》，对此两章着墨虽不多，然所见颇与当世名流违异，窃愿两弟平心一熟讨之。哲弟治吉金古文字学，深恐从此走入狭径，则无大成之望。惟时时自矫其偏，则专精仍不妨博涉也。《史纲》成之太草促，然实穆积年心血所在，幸两弟常细心玩索之。遇有意见，并盼随时直告，俾可改定，渐就完密。最近一年内，拟加插地图，并增注出处及参考书要目，以后并随时增订。近人治史，群趋杂碎，以考核相尚，而忽其大节；否则空言史观，游谈无根。穆之此书，窃欲追步古人，重明中华史学，所谓通天人之故，究古今之变，以成一家之言者。本不愿急切成书，特以国难怅触，不自抑制耳。相知者当知此意。其中难免疏误，故望弟等亦当留心指出，可渐改正也。滇中常遇空袭，近迁黑龙潭想较好，然警报来仍以走避为是。穆在成都，遇警即避，惟在研究所则否。孔子所慎在斋、战、疾，近世战事更当慎，此非畏葸也。远隔无以相告，姑述此亦表其相关切之微意耳。

匆匆不尽，即复顺颂

　　进步　　穆手白　一月二十日夜十一时

## 第四书

〔埏按：此书作于四川嘉定武汉大学。时，太夫人方逝世于苏州，故书中有"稍陶哀思"之语。〕

埏弟如面：两函先后收到。穆以武汉大学宿约，亦欲嘉定山水稍陶哀思，因于三月中旬转来此间。拟于四月杪返蓉。在此开短期讲课两门：一，中国政治研究；一，秦汉史；均以清晨七时起讲。听者踊跃，积日不倦。墙边窗外，骈立两小时不去者复常一二十人。青年向学之忱，弥为可感。惟恨时艰日重，平日所学殊不足真有所贡献耳。弟能研讨宋儒学术，此大佳事。鄙意不徒治宋史必通宋学，实为治国史必通知本国文化精意，而此事必于研精学术思想入门，弟正可自宋代发其端也。欧范两家皆甚关重要。惟论学术方面，欧集包孕较广。弟天姿不甚迟，私意即欧集亦可泛览大意。不如于宋学初期，在周程以前，作一包括之探究。大体以全氏《学案》安定、泰山、高平、庐陵四家为主，或可下及荆公、温公。先从大处着手，心胸识趣较可盘旋，庶使活泼不落狭小。此层可再与汤先生商之。弟论《国史大纲》几点皆甚有见地。书中于唐宋以下西南开发及海上交通拟加广记述。其他如宋以下社会变迁所以异于古代者，尚拟专章发之，使读者可以燎然于古今之际。至问立国精神之衰颓于何维系防止，此事体大，吾书未有畅发，的是一憾。然此书只有鼓励兴发，此层当别为一端论之也。鄙意拟于一两年来，再为《国史新论》一书，分题七八篇，于宗教、政治、文学、艺术各门略有阐述。此刻胸中未有全稿，尚不愿下笔也。专此复颂

学祉　　　钱（制）穆手启　四月十六日

〔埏注：此书作于1941年。书中的汤先生，即汤锡予（用彤）先生，时

任北大文科研究所所长。〕

## 四

1943 年春，宾四先生应浙江大学的邀请，自成都赴贵州遵义讲学，为时一月。那时我也在浙江大学任教。想不到，既不在昆明，也不在成都，却在黔北这个山洼里的小城见到先生。自从送别先生离开昆明到此时，已经三年半了。真是"东山犹叹其远，况乃过之，思何可支"！我的欣喜是无法形容的。

遵义城以湘江中分为二：在江西的部分为老城；在江东的部分为新城。先生抵后下榻老城水硐街，和我住处极近。中间只隔一座郑莫祠（奉祀郑珍、莫友芝的祠堂），步行三分钟可到。学校为先生雇一厨师治餐。先生约田德望教授夫妇和我参加共食。因此，我每天必见先生至少三次。遇到上课或有事时，那就成天在先生左右了。

先生自重庆到遵义这段路程乘的是"邮政车"。那时滇川黔之间的交通惟有汽车。达官贵人和富商巨贾之辈有小轿车专用，至于一般旅客则只能乘"木炭车"（以烧木炭为动力的客车或货车）。木炭车极慢，又易"抛锚"，常常是一天的路程要走几天。邮政车（运送邮件的货车）烧汽油，较快；邮局出售司机旁的座位票，价较高，极难购得。因其虽不如小轿车的轻便舒适，但比之木炭车又算是好多了。先生在重庆得一北大毕业生之助乃购得车票。到后我问先生途中劳顿否？先生莞尔笑答道："我是乘驴子车来的，还好。"我不解其意，再问："何谓驴子车？"先生说："你知道'人骑骏马我骑驴'那首打油诗吗？我坐的是邮政车，虽不如轿车之佳，但胜木炭车多矣，故我称之为驴子车。"在座诸人听了皆大笑。先生偶尔说两句幽默的话，总是很风趣的。

到校后第三天上午，学校在新城中心丁字口一寺中为先生举行盛大的欢迎会。（当时的遵义无大建筑。这寺最大，浙大租用为图书馆和大礼堂。）竺可桢校长主持，致欢迎词，盛赞先生的成就和治学精神。接着请先生讲演。先生讲了大约一小时半，讲的是中国传统文化的特点，无一句致谢之类的客套话。这次讲演可算是先生在浙大讲学的第一课，因为这正是所要讲的第一个题目。浙大校本部及文学院在遵义，全体师生和许多职工都不请自来，争相想一听先生宏论，以致寺院虽很宽敞，后来者仍无立锥之地。我来遵义已十余月，从未见过如此隆重而热烈的盛况。

此次讲演之后便开始讲学。新城有一大教室，可容百人。先生每周到那里讲课两次，系统讲授中国文化史专题。我每次都随先生一同去来，并遵嘱做笔记。讲了五周，课程结束，我以所作笔记呈先生。对先生后来撰著《中国文化史导论》，可能起了一点备忘的作用。

先生很喜欢散步。每晨早餐后，由我陪从，沿着湘江西岸顺流南行；大约走一小时，再沿着去时的岸边小道回老城。这样的散步，除天雨外，没有一天间断过。先生总是提着一根棕竹手杖，边走边谈。先生说，他很爱山水，尤爱流水，因为流水活泼，水声悦耳，可以清思虑，除烦恼，怡情养性。沿湘江散步便有此乐。在《师友杂忆》里，先生对这些谈话也有所记述，这里我就不重复了。

散步时先生的谈话无异是对我的耳提面命，对我尔后的立身为学都是深有影响的。先生讲课谈话极少重复，但对学史致用一事却谆谆再三言之。先生说：学史致用有两方面，一是为己，二是为人。为己的意思是自己受用。若不能受用，对自己的修养毫无作用，那何必学呢？为人就是为国家、为社会。倘若所学对国家社会毫无益处，那是玩物丧志，与博弈没有什么不同。近世史学界崇尚考订，不少学者孜孜矻矻，今日考这一事，明日考那一事，至于为何而考，则不暇问。这种风气，宋时朱子已批评过。你们决不宜盲目相从，只窥一斑，不睹全豹；要识其大者。先生关于治史的教言还很多，但这里不能备举了。

先生还应我的请求，为我讲述家世和生平。在讲述中，我看到先生有时很高兴，有时很感慨，不能自已，一连讲了三个早晨。我听了很感动。知道先生很早便志于学，又能刻苦自励，所以虽无师承，终成一代大师。我对先生说，孟子说的"若夫豪杰之士，虽无文王犹兴"，先生可以当之了。三年半后，先生重游昆明讲学，我应五华学院之请，据先生所谈，写了一篇介绍先生生平大略的文章，刊于一九四六年十月的昆明《民意日报》上。风行草偃，它曾鼓舞了许多好学的青年。此文惜已久轶，但《八十忆双亲》及《师友杂忆》既出，我的那篇小文也没有什么用处了。

先生在遵义尚有一事当记。那也是在散步中，先生问我近读何书，我答：方看完一本克鲁泡特金的《我的自传》。克氏是安那其主义巨子。我虽不赞成那种主义，但对克氏其人甚感钦佩。先生听了，索观其书，我旋即奉上。先生很快看了，也很感兴趣。于是命代觅其他有关安那其主义的书，得三数种。先生边看边对我讲：安那其主义与中国先秦道家思想有可比较之处，也连续讲两三个早晨。讲后，先生便作文一篇，题曰：《道家与安那其主义》，旋即刊于《思想与时代》杂志上，引起了读者的极大兴趣。

先生在遵义的这一个月，我觉得过得特别快。竺校长很想留先生长期设帐浙大，殷勤劝说，但先生终以主持齐鲁研究所工作之故，不克接受。所以仍按预定计划，再乘邮政车返川。行前二日，先生书一横幅赐我，上录杜甫《奉简高三十五使君》诗。其文如下：

> 当代论才子，如公复几人。骅骝开道路，鹰隼出风尘。行色秋将晚，交情老更亲。天涯喜相见，披豁对吾真。
>
> 杜诗一首录赠　　幼舟仁弟　　钱穆

多少年来，这条横幅，我一直悬于壁间。但十年浩劫中亦被抄没，今已不知所在了。

五

抗战胜利，西南联大等迁滇大学陆续复员离去，昆明最高学府惟遗一座云南大学，大家顿感寂寥。于是联大留下的师范学院同仁们拟扩建为"昆明师范学院"，同时社会贤达于乃义昆仲也筹建"私立五华学院"。于乃义字仲直，昆明人，自幼好学，尝从滇中前辈袁嘉谷、秦光玉诸先生治国学，亦治佛学。其兄乃仁（字伯安），善货殖，抗战期间积赀巨万。于是有意捐资兴学，创办私立五华学院（清末有五华书院，学院亦名五华，有承其余绪之意）。仲直知我师事宾四先生久，因托我代致意，邀请来昆讲学。云大文史系主任方国瑜先生闻之，亦托我代为敦请。最后决定由两校合聘。宾四先生因素爱昆明气候及景物，又感于方于诸先生的诚意，遂同意南来，于1946年10月初乘飞机抵昆明，下榻翠湖公园中省立昆华图书馆内。先生还代五华及云大聘请李源澄、诸祖耿等先生来任教，不久也先后抵达。加上原已留昆的刘文典、罗庸等先生，昆明的学术空气为之一振。

先生到昆之夕，仲直昆仲在其第设晚宴为先生洗尘，我也被邀及。席未终，先生忽大呕吐，乃知先生近患胃病。后来我又好几次看见先生呕吐，觉得病情不轻，不可忽视。延中西医诊治，都说首要的是注意饮食起居。我想，先生命驾来滇是我促成的，我有责改善先生生活。怎么改善呢？惟一的办法只有请先生与我同住，由我亲自服侍。经多方努力，租得唐家花园中一小院房屋，于这年十一月中迁入。唐家花园是唐继尧故居，在昆明北门内圆通山。园中有三小院房屋素来对外出租。适遇最西一院空出，我便去承租。租金虽昂，可是环境清幽，确是游息藏修的好所在。迁入后，先生的生活皆由我的妻子调理。先生的胃病得稍缓解。唐园中有一西南文化研究室，为唐家藏书之所，与我们小院相距百米。管理人员知先生为著名学者，特开放供使用，于是先生每日看书著述其中，甚以为便。唐园又很宽，几占圆通山之半。佳木葱茏，曲径通幽。先生朝夕散步其间，起居乃稍安适。

先生每周到云大及五华各授课一次。在云大讲中国文化史，在五华讲中国思想史。两校相距甚迩，学生们皆两处听课，无异同时修了两门。先生又向五华提出设"专书选读"课，先定七种古籍，由文史系学生选习。先生自任《左传》，命我辅导。这书，我幼年时曾从塾师读过，实不甚了解。现在得从先生系统地认真地学习，乃稍有所知。

寒假后，军官学校办一将校训练团，特请先生每周讲一次中国古代军事史。先生命我随往笔记，以备将来撰专书之用。那时，我正主编一"文史"付刊。先生结合讲课，写成春秋战车、甲士、徒卒等考据论文。我请求刊于副刊，先生允诺，遂于1947年四五月间刊出。

唐园虽居之甚安，但不可久。因为唐筱蓂（唐继尧之子）自香港回来，决定于雨季之后收回出租的三院房屋重修，将作他用。同时，无锡豪商荣氏捐赀筹办江南大学，欲聘先生主讲席，托人一再致意。先生因拟还乡一观究竟，七月初乘飞机东归。归后不久，来书辞云大及五华来年之聘。两校皆大失望，乃托于乃仁君乘其往沪办理商业之便，专程赴无锡敦请。先生不能却，允再来昆作短期讲学。于九月杪飞抵昆明，翌年三月归去。我送先生至机场，握手而别。不料这一别遂成永诀，痛哉！

1949年春，先生应聘赴广州华侨大学讲学；不久随校迁香港。到广州后，尚有一手示寄我。抵港后，音问遂绝。四十年来，相见惟梦寐中。先生归道山，亦不得执拂尽礼。终天之痛竟成了终天之恨，伤已！

1991年4月25日于云南大学

（原载《社会科学战线》1991年第4期）

# 心丧忆辰伯师

　　"七七"事变，我离开北平，间关南下。九月杪，自香港乘船趋海防，取道河口回滇。九月，在北国已经是凉秋了，可是南海上还炎热得很。我坐的又是炼狱似的"统舱"，更令人难耐。因此，一上船安顿好床位，我就带着一壶水和在香港买的一册英国小说到甲板上去。我正在看书看得入神，忽然，有一个人在我的旁边驻足停下。我抬头一看，原来是一位三十来岁，个儿修长，架着一副银边眼镜，穿一件白绸大褂的斯文人。他见我看他，便把我手中的书接过去翻了一下，和我谈起话来。他问我是不是一个学生，是不是学文学的。我回答我是学历史的。他便说："这船上有一位历史学家——吴晗先生，你认识吗？"我说："我读过吴先生的文章，多次听到师友谈及他，却没有见过。"他接着说："你要不要见见吴先生？要见，跟我去。"我早就想一见吴先生，于是跟了他到二等舱去。这位热情而和蔼的先生，原来是文学家施蛰存先生。

　　舱房里，像今天火车上的"包房"那样，有两张窄窄的床。辰伯师正坐在一张床上，看着一本书。施先生一进门就说："吴先生，这是一个学历史的学生，回云南去的。我带他来看你。"辰伯师放下书，望了我一眼，笑容可掬地让我坐下，开始和我谈话。

　　我过去从他那老练的论文中把他想象为一位年纪并不很轻的学者，可见一见面，原来还是一个青年呢。（他那时才二十九岁，只比我长六岁。）我像往常对老师那样，敬谨地面向他坐着，问什么答什么。可是他热情似火，才一相接，便令我强烈地感到，他是那么爽朗，那么和蔼，很快就消除了我的拘束，缩短了彼此间的距离。从这时起，一直到昆明，我总是和他在一起。他告诉我，他和施先生是应新任云南大学校长熊庆来先生之聘，到云大文史系去任教的。"七七"事变前已接受了聘书，因战争交通梗阻，所以延至此时才去昆明。关于熊先生出长云大之事，我已经知道。这学校原是唐继尧创办的私立东陆大学，师资不足，规模很小。滇中人士多年来呼吁整顿扩充。这一年，龙云、龚自知们决定把它改为省立云南大学，聘熊先生为校长，一切按照外地国立大学办理。熊先生受命后，在北平、上海等地遴选了许多学者，聘为教授。辰伯师、施先生就是其中的两位。辰伯师原在清华大学历史系任教，因熊先生坚约，清华同意让辰伯师请假到云大去，所以在这船上和我邂逅了。

辰伯师很健谈，又精力充沛。几天的旅程中，他一直娓娓而谈，诲我不倦。记得，最先谈的是战局。我告诉他我所目击的日寇进入北平的情景。他听后愤慨无已，激昂地说："哼！东北沦陷，不抵抗；华北特殊化，仍不抵抗。日寇节节进逼，没有止境。看来，南京、武汉也将为北平之续。蒋介石只顾打内战，不管民族存亡，致有今日。"接着，他引古证今，纵谈起历史来。大意是，从历史上看，以弱御强，只有武装民众的一法。当他谈到宋朝的时候，卒然问我："你知道宗泽吗？"我说："知道一点，在《宋史纪事本末》里看到他守汴的事迹。"他又问："你知道他是哪里人？"我说："不知道。"然后他说："宗泽是浙江义乌人，和我是同乡。他之所以能抗击金兵，坚守汴梁，原因就在于他联合并领导广大义军。宋朝的禁军那时已经完全丧失战斗力，只有义军才能抵抗。"于是他讲了许多故事，从《三朝北盟会编》讲到《精忠说岳》。关于岳飞，他说："宗泽能识人。他从稠人之中识出岳飞，提拔任用。岳飞也不辜负他，一遵他联合义军的宗旨，英勇抗击金兵，终成一代名将、一位伟大的民族英雄。要不是宗泽，岳飞可能早被杀害了。可是后人但知有岳飞，对宗泽则不甚了了。其实宗泽也是一位伟大的民族英雄，应该和岳飞并称。"辰伯师的这番话，给我印象极深。因此，几年之后，我搜集一些资料，写了一本小书，叫作《民族英雄宗泽》。但写得不好，所以一直放着。

另一个谈得较多的课题是，关于云南的历史社会、风土人情、气候物产等等。我很惊异，辰伯师从未到过云南，但对云南的历史掌故却非常熟悉。每谈及一个地方，就讲述一些有关那地方的历史和故事。火车进入云南境后，路旁看到有叫什么所、什么哨、什么营的村落。他问我："你知道这些村镇为什么叫做所、哨、营？"我说："不知道，云南叫所、哨、营的地方多着呢。"他便给我讲，明初统一云南后，在云南设置卫所，这类地方因而得名。同时，还讲述了卫所设置的经过，卫所制的内容、作用等等。在我的记忆中，云南历史上的重大史事和重大战役，他都讲到了。他讲得那么有风趣，如唐李宓之征南诏，忽必烈之下大理，沐英、傅友德之进军云南，永历帝之逃窜滇缅和吴三桂之降清反清，……我是云南人，又是学历史的，可是听了辰伯师一连几天的漫谈之后，深感自己对云南史事知道得太少，因此赧然地说："以前尽忙学校功课，对桑梓史乘不留意。这次回去，得看看通志了。"辰伯师立即指导我说："最好先看《滇云历年传》和《云南备征志》。"这句话使我更加惭愧。我的中学历史老师是夏光南先生。他早就说过，这两部书是学习云南历史入门的必读之书，可是我不惟从未开卷，而且连书名都忘了。夏先生是以研究云南史地著称的。辰伯师的指导与他不谋而合，我不禁深为叹服。

到昆明后，辰伯师和施先生都下榻云大临时教授宿舍。这宿舍，是一个大四合院，位于东海子边（今翠湖北路）北头，与云大正门（即"为国求贤"门）斜相对。云大那时无教师宿舍，临时租了这院房子专供自省外聘来的教授们暂住。辰伯师、施先生和新自法国回来的数学系教授王士魁先生各住正房楼下的一间。三间相连，只有一门。辰伯师出进，得穿越施王两先生的卧室。我到昆明以后，暂借读于云大文史系，住入学生宿舍。辰伯师开出"明史"，我选了。我完全按照他的指导，读《明通鉴》和《明史纪事本末》，同时也翻阅《明史》的一些纪传。因系初学明史，疑难很多，所以常去向他请益。几次以后，他说，他很想到郊外去逛逛，看看山川形势、名胜古迹，好不好出去边逛边谈。昆明的郊外，我是百逛不厌的，当然很乐意给他导游，更何况这是再好没有的向他求教的机会。从此，只要天气晴和，课余有暇，我们就到郊外去。那时，昆明没有公共汽车，但可骑马。护国门前，每天都有鞴好鞍鞯的马百数十匹，供人租用。辰伯师很爱骑马，于是我们常租两匹马，骑到郊外，并辔徐行，畅谈古今以及为学治史之方，……记得一个星期天，我们一早就到护国门租了马，骑着经状元楼，沿金汁河堤，到龙头村，然后循蚰山之麓回城。到校已经是薄暮了，差不多游了一整天。不知由于什么话题引起，辰伯师从状元楼过后，就给我讲述他的身世，经历，苦学以至成疾（肺结核）的情景，以及和袁震同志相好的过程，……谈到治学，他说："别人研究宋史明史，多从正史入手；我没有师承，是从笔记小说开始的。幼时喜看宋明人笔记小说，看得多了，觉得某些历史公案应当考证，于是进而系统地读史书、做笔记、写卡片，并写起论文来。你看我的行李中，不是有一个木箱吗？那就是我写的卡片。皮箱很重，因为其中有我多年所写的笔记和所发表的论文。"他还细致地讲述了作卡片、笔记和写论文的经验。我说："马上得之，不能马上治之。您讲的这些令我受益不浅，可惜现在骑在马上，不能记录下来。"他说："用不着记。你有工夫去翻阅一下就行了，全都可以看。"第二天清早，吃过早点，我就到辰伯师宿舍去。他让我打开木箱自己看。我取出一匣卡片，从第一张看起。看了一会儿，他说："这样看不好，最好是按自己所要了解的问题找了看。"于是他以靖难之役为例，教我怎样查有关的卡片和索引，以及他作的笔记。他的住屋不大，只有一张长桌。我怕打搅他，急急忙忙地去了三个上午把他指定我看的看完。可是他不厌其烦，要我下午再去，就这个问题谈谈。下午我一进屋，他就首先问我："你看了有什么疑问？"我提出两个问题：一是，有的卡片，看不出与靖难有什么关系，何以也收入？二是，怎么知道哪些书里有着关于靖难的材料？辰伯师说：这得先有一点基础，大略知道明初的政治概况；其次要看看史部目录的书，按图索骥；再其次要联系思考，读书得间。他举许多例子，反复譬喻。接着，又着重地说："有了这些材料，还不等于有了学问。

这只是第一步工夫。必须更进一步，研究这些材料，审查真伪，消除抵牾，分析取舍；然后运用匠心，构思组织，下笔属文。"他拿出一篇他的关于靖难之役的文章给我，说："我这篇文章用的就是这些材料。你带去看看我是怎样做的。文章并不满意，但方法就是这样了。这方法我是经过摸索才得到的。你们用不着再摸索了，还可以加以改进呢。"过了两天我送还文章时，他又把他自己收集装订成册的他的论文集，一册一册地借给我读。我每读一两篇就去向他陈述就正戎的体会。他不惜舌敝唇焦地给我讲写作的用心和过程，所遇到的困难，以及修改易稿的原因，……他的这一切教导，令我大开茅塞，终身受益，嘉惠不可言喻。我何幸得遇这样的良师！现在，四十多个秋冬逝去了，然而他的教诲，他的音容，仍然如在耳际目前。它在我的心版上是铭记得多么深刻，多么新鲜啊！

这年将尽，辰伯师移居护国门内白果巷四号。因为辰伯师的母亲弟妹和袁震同志都将避地到昆明来，所以赁了这一小院房子，共大小十间，正屋三间有楼。辰伯师和亲属都住在楼下和耳房里；楼上一直是借供朋友使用。那时，西南联大、中央研究院史语所、北平研究院等单位先后迁昆，辰伯师的一些朋友随而迁来。有的一时租不到房子，便到辰伯师寓所暂住。辰伯师好客。他宁可自家挤一点，将楼上留给朋友住。我记得，顾颉刚先生、张荫麟先生都先后在那里住过。

1939 年后，辰伯师忙碌起来了。亲属到齐，举家共八口，单张罗日常生活就够忙的。而袁震同志久患肺结核未痊，须卧床静养，她的护理，全由辰伯师躬亲；弟弟妹妹还正在上学；母亲不惟年事高，而且不谙昆明话；因此，许多家务都得辰伯师管。加上来昆的友人日益增多，不免接待往还，还常常为朋友奔波，有时竟连饭也顾不上吃。可是，虽然如此，他仍然认真地备课授课，从不告假；著书撰文，也始终坚持不懈。《从僧钵到皇权》（后来易名为《明太祖传》又易名为《朱元璋传》）就是这时开始属稿的。此外，遇有学术活动，他总是热情地支持，积极地参加，常提供寓所供活动使用。他的寓所因而被朋友们戏称为"陋巷小沙龙"。他在北平时，和一些年轻的史学家创建了一个学术组织，叫做"史学研究会"。"七七"事变，研究会活动暂时中断。这时，成员中的张荫麟、罗尔纲、孙毓棠……诸先生都到了昆明。于是研究会又恢复活动[注]，举行年会，并接纳新会员。1939年的年会就在辰伯师的寓所举行，我和缪鸾和、王崇武等四人同由辰伯师介绍入会，参加了这次年会。研究会还在昆明《中央日报》上编了一个纯学术性刊物，叫做《史学》，由孙毓棠先生主编。辰伯师以"燕肃"的笔名为这个刊物撰写了一些稿子。

1938年9月，日机开始空袭昆明。第二年春节后，空袭越来越频仍。市区多次遭轰炸，伤亡惨重。白果巷位市区中心。袁震同志卧病，太夫人步履维艰，根本无法"跑警报"。每次空袭，辰伯师都只好陪着两位女眷闭门静坐，置生死于度外。雨季过后，空袭更厉害了，市民们纷纷疏散乡下。但疏散谈何容易，哪个村子可以租到房屋呢？几经好友襄助，辰伯师终于在昆明东北郊落索坡找到一所房子。那是一座墓地祠堂，孤悬在半山上，到最近的村落也有一段路，鸡犬之声不闻。进城，只能徒步，要走二十多华里。这里虽然风景绝佳，但生活上不方便，治安也堪虞。幸好，梁方仲、汤象龙、谢文通三先生也因无处疏散，和辰伯师一同迁往。四家人守望相助，疾病相扶持，才算勉强凑合。辰伯师在这里住了一年多。1940年秋，因赴四川叙永西南联大分校执教才离去。

这段时期，辰伯师的经济状况严重地恶化了。他在清华上学时是一个穷学生，全靠半工半读完成学业。毕业后留校任教员。有了薪给，但又要供给弟妹上学，仍然很拮据。到昆明的头一年，恐怕是他新中国成立前的半生中景况最好的时候了。一方面，云大按国立大学标准致以教授薪给，为数不甚薄；同时昆明僻处边陬，物价很贱，所以他较为宽裕，买了不少的书。可是至多一年吧，通货的膨胀，物价的上升，使他的薪给实际折损了一半。而开支呢，单说家属来昆的旅途耗费、家具购置、日常开销、医药支付……就为数不小了。而他还乐于急人之难，每遇朋友学生向他作将伯之呼，他无不慷慨相助。就我所知举一事。他的妹妹浦月，1938年毕业于杭州高中，将来昆升学。有一位女同学生计艰难，无处可去。浦月同情她，想约她相偕来昆，辰伯师得知就提供旅费。来后，又让她和浦月一起生活学习，供应和浦月无殊，一直到她能自给为止。这事情，辰伯师和浦月都未向我谈过，是这位女同学向别人谈，别人又向我转述的。当时，西南联大不少同学经济来源断绝，生活十分困窘。辰伯师，大概由于自己的经历吧，对他们深抱同情，常常对所识者给予接济。这样，尽管物价加速地上涨，开支却无法节撙。到迁往落索坡之际，他的经济情势已经每况愈下，不得不忍痛卖藏书了。有两个书贾，常出入于他之门。不过，以前是去售书的，现在则是去购书了。

迁到落索坡后不久，可卖的书已经卖尽，生活一天比一天紧张起来。弟妹们都在城里上学，居常住乡间的惟辰伯师和老母、病妻三人。初去时还雇请了一位村里的妇女帮忙。一两月后，因无力支付工资，只好辞退。于是老母的服侍、病妻的护理，以及日常生活的运水担柴、买菜烹饪、洗涤洒扫……都由辰伯师一人独任之。除星期日弟妹归省，可以小休外，别的天，他总是从早忙到晚。但是，他仍焚膏继晷，夜间在如豆的菜油灯下，继续修润抄缮《从僧钵到皇权》和其他著述工作。我十天半月去看望他一次。每去，他总把新写成的稿子给我读。虽然过的是人不堪其苦的生活，可是他依然那么爽朗，谈笑风生，毫无愁容。1940年，我将毕业于西南联大。毕业论文导师张荫麟先生指示我到中研院史语所去看书。史语所在龙头村，距落索坡几华里。所中没有寄宿之所，辰伯师就让我住在他的书斋里，住了整个寒假。他自己则移到卧室里去工作。我每天早出晚归。归来，他常和我挑灯而谈，有时甚至谈到深夜。一晚，我提出一部书的时代问题和自己对这问题的想法向他质疑。他说："你没有看《四库提要》吧？那里已经谈到了。"我说："没有。因为当时懒于为此跑一趟图书馆，后来又忘了。"他说："这书，你应当有一部。这是进入史籍宝藏的津梁门径，案头必备。我早就向你谈过它的重要性，你忘了吗？"第二天，他进城到云大授课。傍晚归来，一肩挎着一个帆布袋，全是书。他取出一包，递给我，说："这是买送给你的。"我打开一看，原来是一部万有文库精装本《四库提要》，而且已经题了赐赠的字。

顿时，我感到一阵莫名的难过。一来我并非无力购置这书，可是一直没有买，说明我对他的教导没有认真领受。其次，让他从城里背着这书，徒步走二十多华里，多不应该。又其次，他手边那么拮据，还为此破费，能受之无愧吗？这件事，使我至今每一想起，就觉得无限的感激和不安。

这年暑期，清华要辰伯师回去，于是他辞了云大之聘到西南联大去任教，开一年级的"中国通史"课。行将开学，学校决定在四川叙永设分校，新生到那里去报到上课。这么一来，他就得到叙永去。因此，中秋过后，一方面，遵母意由弟弟春曦将母亲送回家乡，同时辰伯师和袁震同志则候车道途入川。启程前夕，我去看他，他指着一堆书向我说："这些书不带走了。你要的留下，不要的就随便处置吧。"后来我拣了几种，把其余的分送给同门。在我留存的几种中，有一部是李心传的《建炎以来朝野杂记》。我带回，在扉页上写了"辰伯师赠"四个字。哪知因此，时过二十多年之后，在"文化大革命"中，这部古书竟成了我们师生之间"黑线联系的罪证、物证"。真是"欲加之罪，其无辞乎"！

辰伯师在叙永教了一年，学校变计，撤销分校，师生全部来昆。那时，我是北京大学文科研究所的研究生，住在龙头村。辰伯师返昆前给我来信，要我先期在附近替他租下房子，我当即在浪口村租了三间。可是他到昆后，因袁震同志需要在城中就医，结果竟未能去住。后不久，我因张荫麟先生之召，赴遵义浙江大学任教，又和他分袂了。到此为止，可以说，是我从他受业的一个阶段。

这个阶段，就辰伯师而言，不过是他对后学教诲奖掖的若干事例之一；可是对我而言，却是我一生中难得的际遇，是我确立为学从业的决定性关键时期。在亲炙他以前，面对史学烟海，我"望断天涯路"，一片茫茫。史学的领域那么广阔，何去何从，自己连方向也不能辨。至于学习过程完结后，究竟干什么，更无从想起。是他，把我引上治史的道路，耳提面命，带着我一步一步地走。他因材施教，教我练基本功，教我从张荫麟先生学宋史，教我争取考研究生，教我毕生从事教学工作。尤其是他的为人，那不言之教，使我粗知怎样打发自己的一生。我虽然没有违背他的教诲，始终坚守在教学和研究的岗位上，但却没有能够实现他的期许，做出应有的成就和贡献。十年浩劫中，音书杳绝。关于他的存亡，道路传闻，无法确知。1978 年冬，路过北京，才确悉他已经被迫害致死了。1979 年 9 月，得知他的追悼会举行有期，我赶往北京，参加了这个庄严肃穆的会，稍摅了我的无限哀思。然而这哀思怎么能摅得尽呢，心丧将永无尽期啊！

〔注〕《社会科学战线》1980 年第 2 期载夏鼐先生的《我所知道的史学家吴晗同志》一文说：史学研究会在"七七"事变后就"寿终正寝"了。此说不确，想系夏先生当时不在昆明，因而致误。

（原载云南大学学报《思想战线》1981 年第 6 期）

# 记吴晗先生的路南之游

1937 年卢沟桥事变后，我离开北平回云南。在从香港到海防的轮船上，与吴晗先生和施蛰存先生邂逅相值。两先生是应云南大学校长熊庆来先生之聘到云大任教的；我则是因烽烟匝地，辍学返乡的。到了昆明，我为了要从两先生问学，便到云大文史系借读。吴先生讲明史，施先生讲中国现代文学，我都听课受业，朝夕问难请益。到了寒假，我将回里省亲，特邀两先生到路南一览石林叠水之胜。两先生欣然愿往。1938 年春节方过，两先生和吴先生的弟弟吴春曦取道狗街子、大山坡而至路南。因我家逼窄，附近又无宾馆饭店，所以我请他们到我大舅父家后院花厅下榻。同时向亲友们借了四匹马以供骑乘。那时的路南，全县没有一辆轿车、旅行车、吉普车。若不骑马、坐滑竿，就只有徒步而行了。吴先生不愿坐滑竿，说那不人道，只愿骑马，而施先生又不善骑马，上下马都得别人扶。幸亏那几匹马都很驯顺，大家按辔徐行，没有出什么事故。他们在路南一个星期。头三天游览石林、芝云洞、大叠水及城郊的魁阁、孔庙、狮山。第四天，阴历正月初八，赶黑龙庙会。第五天，入圭山访彝族村寨。先到革温村，后到维则，都假宿于与我家常有往还的友好彝胞家。在维则，我的同学李凤林君热情地接待了我们，陪同我们游览了长湖、独石头、天主堂，还拜访了几家彝胞，参观了公房。住了两宿，然后沿公路返城。李凤林君也骑马把我们送到县城。途中，吴先生把他前一天登独石头听讲赵官（即赵发）故事后作的一首七绝念给我们听。李凤林君立即请吴先生到城后写出，他把它镌刻于独石头上。吴先生同意，但要请我先父（李莲舟）代书。诗的初稿第二句作"将军雄略妇孺知"，第三句作"我来已历沧桑后"。后采纳了施先生的意见，把"雄略"

改为"英名",把"沧桑后"改为"沧桑劫"。于是全首定稿如下:

> 独石山头树将旗,
>
> 将军英名妇孺知。
>
> 我来已历沧桑劫,
>
> 犹傍斜阳觅故碑。

在当天晚餐时,吴先生当着李凤林君请先父代书。先父欣然接受,过了不久便交付李凤林君。

这年暑假,吴先生第二度游路南。这次是为了陪同他的好友西南联大教授张荫麟先生而去的。我当时已转学西南联大历史系三年级,从张先生学宋史。张先生与吴先生同住昆明南昌街白果巷四号。暑假有暇,遂联袂往游路南,仍假宿我舅父家。我陪同两位老师游了石林、芝云洞和叠水之后,便去维则,又登独石头。李凤林君把先父所书吴先生诗拿给他们二位看了,并说已请得石工,即将上石。大概这年冬天遂上了石,但年月仍依作诗时间作"民国二十七年二月"。

吴先生原名春晗,后去春字单名晗,字辰伯,浙江义乌人。原在清华大学任教,抗战初期,云南大学向清华借聘两年。期满,仍回清华,任教联大。抗战后期,鉴于国难严重,与闻一多先生等学者积极投身民主运动,在中共地下党领导下,不畏艰险,奔走呼号。新中国成立后,受任命为北京市副市长,主管文教工作,多有建树。十年浩劫,被林彪、江青反革命集团诬陷,迫害致死。"四人帮"粉碎后获昭雪,清华大学为先生立石雕像于校园,并在其旁建纪念亭曰"晗亭"。"晗亭"二字为邓小平同志所书。吴夫人袁震同志、胞弟春曦同志,均因株连迫害而死。张荫麟先生于1942年病逝于遵义。施蛰存先生今犹健在,居沪滨,已八十余高龄。前年夏我赴复旦大学讲学,曾往拜谒。昔年游路南时所摄照片,还完好无缺。但人生易老,屈指已半个世纪了。

1989年国庆后三日于昆明云大

# 记闻一多先生在昆华中学

1944 年初春，云南省立昆华中学校长徐继祖先生卸职，云南省教育厅任命该校高中部主任徐天祥先生继任。天祥和我是中学同学，窗谊很好。那时我在云南大学文史系任讲师，他要我到昆中去兼任教务主任。他说："要借重你的主要是罗致联大、云大的青年教师来兼课，以改善教学，提高学校声誉。别的事情你不愿办，决不勉强。"天祥是学长，而昆中是母校，情既不可却，义亦不容辞，我于是接受任务，积极开展工作。经过一番努力，替学校聘请了一批年富力强而学养优良的教师。其中有何炳棣先生及其夫人邵景洛女士。此外，还请了两大学的一些知名教授到校讲演，每两星期举行一次。记得，第一次请的是吴晗先生。接着要请的便是闻一多先生。一多先生因避日寇飞机轰炸，疏散到龙泉镇。每周进城到联大授课并处理中文系的系务，一般是两次，有时多至三四次，这是十分不便的。因为那时，从龙泉镇进城主要是徒步。虽有马车可以搭客，但是用货车改装的，没有铜板，道路又不平，颠簸得很。而且还得绕道岗头村，所费不赀，清贫的联大教授是不轻易乘坐的。徒步取直径，穿行田间，较为捷近，但来回也有四十华里路程。如遇天雨，泥泞没履，步履维艰，也不好受。因此，四二、四三年后，日机肆虐渐少，人们便陆续迁入城内。联大教员宿舍很少，只供单身教师居住，有家眷者得自己赁屋。一多先生一家，人口多，收入只有他一个人的薪水，房屋租金又高，如何负担得起，因此他迟迟没有迁回城中。当我要敦请他到昆中做一两次学术讲演，先请何炳棣代达此意时，他对何君说："你看，假若方便的话，你告诉李埏，我想到昆中做一个兼职的专任国文教师，要求是住三间房子。若不好办，那就算了。请他不要为难。"过了两天，何炳棣来找我，转达一多先生的话。我听后，喜出望外，立即去和校长商量。徐天祥校长虽未曾见过一多先生，但一多先生的名望他是早已耳熟的。他不假思索，头一句话便是"竭诚欢迎！"接着说："闻先生人口既然那么多，三间房恐怕还是挤，住两个专任的面份——四间好了。"我说："住房多一间，很好，但更重要的是课程。一个专任得教三个班的国文，我想，请闻先生教高中两个班的国文就行了。"天祥也同意。当时我们还约定，星期天一早到龙泉镇去拜谒一多先生，面致聘书，并问还有什么困难待办之事。我没有等到星期天，次日上午一多先生有课，我便按时到新校舍中文系办公室去等候他。不多时，他来了，我迎上去把昨天和天祥商定的话陈述一遍。他听后，高兴地笑着说道："这很好，可别为难徐校长，也别为难你。至于你们星期天要去看我，不必了。我回去立即搬家，没有闲暇从容接待你们。等搬进来后你们再来谈吧。"这样，我们只好不到乡下去，而他也不到星期天便迁入昆中了。学校把在足球场西南角上的卫生室楼上全部拨归他住用。（四间之外，还有一小间作厨房。）那里很安静，周围都是稻田，是昆中教员宿舍中最好的房子。

一多先生以一位名学者名教授而俯就一个中学之聘，去兼任一席国文教员，使许多人闻之愕然。当然大家都知道，这是由于伪币贬值，物价高涨，米珠薪桂，不得已而出此。但大家仍揣想，名教授教中学，学校既不至按照对一般教员的常规去要求，一多先生也不会按照一般教员的职责去工作。但实际怎样呢？完全大谬不然。一多先生比一般中学教员更认真更负责。他从不迟到早退；偶尔因事请假，也很快补授。学校规定国文课每两星期作文一次，他一次也没有漏。学生的作文都是他亲自批改，而且很快发还，从不假手于人。发还时，总要把许多共同的缺点错误在课堂上讲；还找一些学生个别指点。他没有架子，他的衣着、言谈、态度，一点也看不出名人的特征。假若不经介绍，一眼看去，可能还会认为是一位久在中学执教的老师宿儒罢了。一多先生的这种朴实、认真、平易近人的风范，使师生们深受熏陶，对他肃然起敬。

但师生们对一多先生的敬仰，还有更甚于上面所说的，那就是他那种嫉恶如仇、爱憎分明、不惧权势的思想和情操。这时的他已经是一个具有革命民主主义思想的志士了。他热爱祖国，同情人民，痛恨那些祸国殃民的权贵和贪官污吏，以及发"国难财"的奸商们。每谈及时事，他都是义愤填膺，慷慨陈词，使听者无不动容。在课堂上给学生们讲古典文学作品时也如此。如讲杜诗，当讲到"三吏三别"以及"朱门酒肉臭，路有冻死骨"之类的名作名句时，他是那样的慷慨激昂！课堂里除了他充满热情的声音外，没有任何轻微的响动。学生们完全被他带进作品的境界里了。深有领悟的学生课后感动地说："闻先生就是杜甫！"

学校每星期一早晨有一小时的"周会"。校长主任们常利用这个时间给学生讲学习、生活、纪律上的事情，有时也请一些素为学生敬服的老师讲立志为学、做人之类的问题。一多先生迁进校后的第一个星期一早晨，徐校长就邀请他讲了一次，并借此向全校介绍。以后还讲了好几次。有一次讲时事，讲到学生的政治活动时，他大声疾呼，鼓励学生们要关心时局，过问国家大事。他说："同学们不要以小孩子而轻视自己，要以天下为己任，负起国家兴亡之责！"那时，每个学校里都派有军事教官，管军训和学生生活。据说，有些教官实是特务。一多先生对此深恶痛绝，因此，他在那次讲演中，面对站在台下的教官们，痛斥他们甘当反动鹰犬的罪恶。散会以后，全体教官一齐去找校长，以集体辞职相要挟。徐校长没有答应他们的要求。他们慑于学生们对一多先生的热爱，也只好不了了之。当然他们不会自此罢休。他们不断向校外有关方面反映，把学校说得混乱不堪。国民党当局对昆中也早就注意了。到学年末一放寒假，学生们离校回家后，教育厅便要徐校长解聘一多先生。徐校长不照办，说："闻先生教得很好，很受学生爱戴，若解聘，开学后如何向学生解释！"过了几天，教育厅突然下了一道调令，把徐校长调任只有两间空屋和一个工友的科学馆馆长，而另派一个极为反动的家伙来继任校长。此人一来，一多先生和各处主任以及好些教师都被逐出学校。幸好，联大西仓坡宿舍已落成，分了一套给一多先生。于是一多先生从昆中迁居西仓坡，一直住到他被特务狙击殉难。

一多先生在昆中兼任时，虽多有一份薪水，但仍很拮据。他不屑去叩朱门求救济，也不屑进市廛逐计一之利，他宁愿镌刻印章，获取一点微薄的报酬以糊口。一代学人，如此度日，亦云惨矣！但他安之若素，毫不以为意。那时，正义路北段（马市口下去不远）西廊的一爿王姓笔店，自制毛笔出售。一些书法家都喜用王老板的笔，因此颇有往还。一多先生就托王老板代为收件，在门上加挂一块"闻一多治印收件处"的牌子。这块牌子直挂到他殉难后才取下来。

我很羡慕一多先生的治印艺术，但我一直没有请他给我刻一枚。原因是，我看到他桌上老摆着那么多的待刻印章，知道他已够忙累了，怎么好意思再去干扰他呢。因此，直到1946年6月间我去看望他时，他问我有没有什么事要他帮助。我才说："最好能得到您的一枚印章。"7月上旬的一天，我又去看望他。他从抽斗里取出一枚章递给我，说："我们快分手了，无以留别，即以此相赠，作为一个纪念吧。本想刻颗石章，但手边没有好石头，还不如这颗血牙呢。"我接过一看，上刻"李埏"二字，阴文，篆书；边款小字两行，文曰："卅五年七月应幼舟兄嘱　一多。"后数日，他便遇难。这枚章，大概就是他的绝作了。我一直珍藏到现在，打算捐献某所博物馆，以垂永久，并供陈列。

一多先生在昆华中学的这一段经历是值得写进他的传记的。徐天祥校长知道得很清楚，可惜已于数年前溘逝。我若不即加追记，恐将湮没而无考，这怎么对得起我景仰不忘的一多先生呢！愿当时的昆中师生，各就所知加以补充，使一多先生的音容能更完整地显现给崇敬他的人们。

（原载《云南日报》1988年11月30日）

# 跋胡小石先生书横幅

这条横幅是胡小石先生写给我的。数十年来，我总是把它悬挂在我的书斋里，作为座右之铭。十年浩劫中曾被抄没。不知怎的，其他被抄书画都一去不复返了，只有这件和另一件，都是我最珍爱的，却失而复得。浩劫后，重新裱装，又悬座右，真可谓不幸中之大幸了。

胡小石先生，名光炜，落款炜字书作"煒"。先生门下高弟吴白匋教授所为《胡小石先生传》云："自一九二六左右，始改署款'炜'为'煒'。"此幅写于"甲申五月"，即 1944 年 6 月。先生与著名数学家熊庆来先生友善。抗战期间，先生任中央大学教授，居重庆；熊先生任云南大学校长，在昆明。1939～1941 学年，熊校长聘先生来云大任教，兼文法学院院长。1944 年初，先生休假，又应聘再度来云大文史系讲学。那时我也在云大文史系任教，因得朝夕请益，旁听先生讲杜诗。六月杪，先生假满将返渝。行前一日，忽亲临寒舍，出此幅以为赐。我敬谨受之，无任感纫。横幅中说到的"临川夫子"就是著名的书法大家"清道人"——梅庵先生，字瑞清。因梅庵先生为江西临川人，故尊称为"临川夫子"。《胡小石先生传》云：1906 年，先生负笈两江优级师范时，即从梅庵先生受业学书。自是时至 1944 年，共为时"三十余年"，故云"去今三十余年，此语犹在耳际"。小石先生已于 1962 年初逝世。但先生的教言，同样至今犹在我的耳际。因谨将此幅墨宝摄影刊布，借以纪念先生，并让好学的青年们得以共沐教泽。谨跋。

1985 年 10 月 15 日于云南大学

## 附：胡小石书横幅《学书自序》及释文

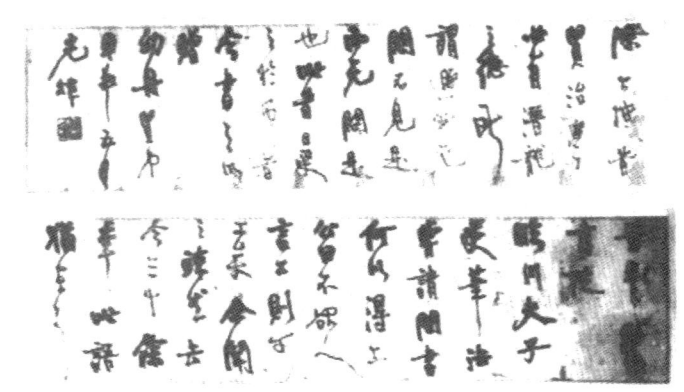

学书自序
昔年学
书从
临川夫子
受笔法
尝请问书
何以得工
公曰不欲人
言工则可
工矣余闻
之悚然去
今三十余
年此语
犹在耳
际大抵昔
贤治学
必有潜龙
之德所
谓遁世无
闷不见是
而无闷是
也此昔日受
之于师者
今书之以
赠
幼舟贤弟
甲申五月
光炜

〔注〕《学书自序》原件长150厘米、宽22厘米，直书，共27行，每行1～5字。曾刊登于《中国书法》1987年第2期，释文据之排印。

# 熊迪之先生轶事

迪之熊庆来先生是我国著名的科家学和教育家。他溘逝以后，许多人都为文悼念。有的称其科学成就，有的述其教育功业，先生毕生的荦荦大端已昭然垂于青史了。我青年时代得先生诱掖，多承教诲，至今每一念及，仍不胜感激。爰本孔氏"识其小者"之教，述先生轶事数则。事虽云小，但诚如苏东坡所言，"观人必于其小"，亦足以见先生的道德风范，还是很有意义的。

## 敬恭桑梓，甘入幽谷

1937 年夏，大约是 6 月初的一个下午，云南旅平学会假座北京西单的西黔阳饭馆聚餐，欢送熊迪之先生返滇长省立云南大学。这所大学原为私立东陆大学，是自号"东大陆主人"的唐继尧创办的，1934 年改为省立。因为地处边陬，交通不便，消息闭塞，经费又很支绌，所以建校十多年后，规模仍很小，师资设备均极不足。云南要求升学的高中毕业生多愿舍近求远，宁可忍受千辛万苦，出省深造，而不报考云大。把这个大学和蜚声宇内的清华大学相比，真可谓有天壤之别。我到北平后不久，便到清华园去找老乡，意图是参观这所学府。我看到那座宏伟的礼堂，看到那座梦想也想不到的图书馆，看到那种种先进设备和美丽恬静的校园，……啊，叹观止矣！想不到在我们这个河山破碎的国度里，竟然有这么一个世外桃源的高等学府；假若我能生活在其中，作为这个学校的一个学子，该多好啊！迪之先生当时就是这个学府里的名教授，而且任理学院院长，兼数学系主任，享有令人欣羡的崇高地位并过着舒适的生活。然而现在，他好像视这一切为敝屣，慨然舍弃而去办省立云大。这对一些善于自谋的人来说，未免不可理解。就在那次西黔阳的宴席上，当迪之先生尚未到，大家闲谈以待的时候，便有一个爱说笑话的人说："常言说得好，'秀才落寞，下乡教学'。熊先生正春风得意，何以要下乡教学啊。"一会儿，迪之先生来了。主席把大家介绍给他，接着就请他讲话。这是我第一次看见他。原来他是一位欲讷于言，朴实诚笃的前辈。他那天的讲话，至今好像犹在我的耳际。特别是说到他所以决计回云南的缘故，给我的感受和教育更深。我记忆里的那段话是：

　　我为什么要离开清华这样好的环境，去那简陋而闭塞的云南大学？有位朋友对我说："孟子曰，吾闻出于幽谷迁于乔木者，未闻下乔木而入于幽谷者。你不遵孟子之教，将来必有后悔。"《孟子》我是读得很熟的；这话我也曾经想过。但我仍决心回去，为什么呢？

　　因为我深知：我们云南落后，没有一所完善的高等学校；若干有志升学的青年都要想方设法，克服种种困难，经历千辛万苦，到北平、南京来上大学。这只是少数，更多的可期望的有为青年，中学毕业之后，因为无法克服困难，便只好辍学回家。云南要发展，需要大量受过高等教育的人才，只靠出来升学的小部分人，即使都能回去，也是很不够的。那怎么办呢？

　　我认定，只有在云南办好自己的大学，使很多青年易得深造机会，不必舍近求远，才能满足建设的需要。一个青年到北平来，要经过河口、河内、海防、香港、上海、天津；要坐轮船、火车。即使坐统舱、坐硬座，来回至少也得花三四百元大洋。每年交纳学费和支付生活费用一般也得花三四百大洋。四年毕业非两千大洋不办，折合滇币就是两万元。这不是一个中产之家所能负担的。假若在昆明上大学，十分之一二的钱就够了，成千上万的青年学子就可以进入大学深造了。但是，要在云南办好一所完善的大学，谈何容易，以前是可望而不可即的。

现在有希望了。从这久的反复商洽中我看到，龙志舟先生确实下了决心；龚仲钧先生要我承乏校长一职也很有诚意。我提出的一些要求，如把教授薪金提高到国立大学水准，扩充学校设备等等，他们都应允了。于是我接受职务，决定回去。我是云南人，从事大学教育，敬恭桑梓，惟办学一途。回去办学，筚路蓝缕，势必要影响自己的研究工作，但能培养出成百成千的后起之秀，不胜过我个人的成就吗！

迪之先生的这席话引起大家的深思，看来都颇有感受。就我而言，我觉得受到了一次深刻的教育。在我的眼前，迪之先生的形象顿时高大起来。我敬仰他，崇拜他，立意要向他学习，这席话对我产生了深远的影响。1943 年暑期，我从浙江大学回滇，迪之先生留我在云南大学任教，我毅然从命，而且一直留到现在。追忆往事，那次聆教真令我受用一生啊。

# 与方国瑜先生的交谊

"七七"事变前，旅居北平的云南学者很少。我当时所闻，理科只迪之先生一人，文科则方国瑜先生、徐绳祖先生二人而已。迪之先生与绳祖先生的交谊如何，我无所知。至于迪之先生与国瑜先生的交谊则我略知一二，兹述如下。

国瑜先生应云南通志馆之聘，先一年（1936 年）回昆明。抵昆后，又应省立云大之聘，兼任文史系教授。国瑜先生也是一位热爱桑梓，以振兴云南教育为务的学者。他看到云大亟待改进，便向云南省教育厅长龚自知先生及通志馆秦光玉、周钟岳、由云龙、袁嘉谷诸前辈恳切呼吁改进，建议延聘迪之先生回滇长云大。龚自知先生是一位有学问、热心教育事业的人，在现代云南教育史上做出过重要的贡献。前此，他用了几年时间整顿中等学校，建成一系列以"昆华"命名的中学。接着，他打算着手整顿云大。国瑜先生的建议正合他的意愿，于是与迪之先生反复洽商。国瑜先生从旁促进，所以最后终获迪之先生首肯。迪之先生对国瑜先生极为重视，其毅然回滇，国瑜先生的速驾无疑是一重要因素。在尔后迪之先生长校的十余年间，他对国瑜先生始终极为倚重，而国瑜先生也对他竭力襄助。他们的交谊是云大校史上的一段佳话。

1962 年 9 月，迪之先生年届古稀，国瑜先生在昆明首倡为迪之先生祝寿。迪之先生长云大期间的教师在昆明者尚不少，国瑜先生约签名共祝，皆积极参加，共得八十余人。国瑜先生自拟很富感情的四言八句祝词一篇，下署八十余祝寿者姓名，命我书于一条横幅之上，寄至北京熊府。据迪之先生令孙有曾女士近日见告，此横幅幸免浩劫，今犹藏存京邸。国瑜先生及祝寿者多人今已逝世，这条横幅已成为甚有纪念意义的文物了。从这一活动可以看到，迪之先生在云大留下了多么深远的去思啊。

## 一字见风骨

大约是 1946 年，云南省财政厅长陆崇仁派员到云大来见迪之先生，说："财厅意欲把年久失修的至公堂拆除，而在其原址上，建一座比会泽院还要高大宏伟的大楼；楼仍用旧名，但要把至公堂的'至'字改为'志'字，借以纪念龙志舟（云）主席，与纪念唐继尧联帅的会泽院前后辉映，熊校长以为如何？"迪之先生听了，不假思索便率尔回答道："至字不宜改；大楼建于至公堂原址，与会泽院太逼近，未免拥挤，不如另择校内其他地方。比如从本工厂、晚翠园那一片（即今校工会往西一带）也可以嘛？"后来，陆又托他人来商谈过，迪之先生仍坚持己见，其事遂寝。校内外许多人士颇不以迪之先生意见为然，讥之为迂阔。记得，那时我在教员食堂包饭，一天晚餐，饮桌上又议论起这件事。有的人竟指责迪之先生"迂阔""书包子""食古不化"，我和缪鸾和等二三人不同意。我说："熊校长不是迂阔的书包子，而是骨头太硬、有骨气。"这句话惹恼了几位人，几乎吵了起来。当然，那些对迪之先生有微词的教师也是出于爱护学校的好心，不过爱校之道不同罢了。

这一字之差的故事，抚今追昔，更能见迪之先生的卓然风骨。

## 奖掖后辈，如恐不及

我初到云大，住于会泽院西端的西宿舍。迪之先生寓于会泽院东端的一座小楼，他每天傍晚，总是顺着会泽院后面，在他的寓所与西宿舍之间，来回散步。因此，我常有机会见到他，向他请教。

一个傍晚，我陪他一起散步，边走边谈，直谈到夜幕高涨。话从六七年前在北平西黔阳欢送他的那件往事谈起，他又重述他决计回滇的经过。接着勉励我，说："我们是云南人，又是从事大学教育的，因此，我们要敬恭桑梓，就得在云大作久远之计。你去遵义，既然是因张荫麟先生之故，现在张先生已去世，再去就无多大意义了。云大文史系有几位云南前辈，希望你向他们学习，将来继续他们的事业，继长增高。"这番教言，深深留在我的心中，至今不能忘。（那时我还未向浙大辞聘，只是请假，故先生嘱我对云大勿作暂时之计。）

又一次谈话，也是永不能忘的。大约是我到云大任教的第二年，一天，缪鸾和对我说："徐梦麟先生（系主任）转达熊校长的话，要我们两人去见他，有事相告。"我们按时到迪之先生寓所，一坐下，他便说："我和法国里昂大学商定，交换两名青年教师，我打算派你二人去，你们愿意去吗？假若愿意，那就在昆明先学点法文，一年后去。"我们当然愿意。他继续对我们谈，法国的汉学很好，可以到那里去向著名的汉学家学习。他列举一些法国汉学家，并指出他们的成就。我惊讶，迪之先生是治数学的，想不到对史学也知道如此之多。他又说，派出国留学人员不应只派学自然科学的，文、法方面的也要派。文史系老教师很有成就，但多未出国留学过，所以选派我们二人以补不足。同时，也因为我们是云南人，学成归来，可以久留云大任教。云南边远，外省籍教师多不愿来，更不愿久留。如胡小石先生，虽然很喜欢云大，但因家庭等原因不可能留滇不去。所以他决定多培植云南青年，以稳定云大教师状况。这一点，徐梦麟、方国瑜两先生亦有同感，主张尤力。现在决定派我们二人赴法，就是与他们二位商定的。话谈完后，迪之先生还介绍我们去找一位法国人，商量学习法文的问题。又经辗转介绍，最后得孔令忠神甫为师。孔神甫非常热心，教了我们一年多，使我们粗有根底。但因战局发展，赴法之事未成，我们的法文学习也就中辍了。虽然如此，我们二人仍然对迪之先生奖掖后学的美意，不胜感激之至。惜乎缪鸾和兄亦已作古，我只能凭我一己的回忆来悼念迪之先生了，岂不痛哉！

1991 年 7 月 10 日于云南大学，时年七十有七

（原载《云南文史丛刊》1991 年第 3 期）

# 教泽长存　哀思无尽

## ——悼念方国瑜先生

方国瑜先生弃我们而去已经十载了。每忆起他昔日对我们讲学论史、针砭教诲的慈祥音容，总不禁悲从中来！今将届十周年祭，谨撰小文敬悼先生，并遣哀思。

我最初得闻先生的盛名是 1935 年秋，那时我二十岁，刚到北平进了大学。记得就在"一二·九"示威游行后不几天，一位同乡学长牛光泽君对我说："我们云南也是有人才的。在北平就有两位知名学者：一位是理科的熊庆来先生，一位是文科的方国瑜先生。"他还讲述了这两位先生所治之学，以及他们的成就。我听了，油然而生孺慕之心，很想一瞻风采。可惜熊先生住清华园，远在郊外，我难得机会去。方先生呢，一打听，已回云南勘滇缅边界去了。因此，无缘得亲教范。直到 1938 年秋，在昆明，才因夏嗣尧师的介绍，始得遂识荆之愿。记得，那年初，我因战争辍学在家，嗣尧师得知，推荐我到省立大理师范学校任教。暑假，西南联大在昆明开学，我返昆续学。一天，在嗣尧师寓谈及云南史事。嗣尧师问我见过国瑜先生没有。我答没有。嗣尧师于是率我去看望国瑜先生。那时，嗣尧师住翠湖之西的西仓坡，国瑜先生住翠湖之东的学院坡（今大兴坡），相距甚迩。既至，国瑜先生让我们到他的书斋里座谈。原来，他赁八郡同乡会馆楼上房屋，半作卧室，半作书斋。他时年三十许，正从事《新纂云南通志》的修撰工作。他一谈话便令我折服，因为他的渊博学识和学者风度使我顿生敬畏之心。不久，我和缪鸾和君相识，且成了莫逆之交。鸾和从国瑜先生治滇史，是国瑜先生最得意的弟子；其毕业论文《南中志校注》就是在国瑜先生亲切指导下完成的佳作。鸢和又常为我讲述国瑜先生如何治学，以及如何教导他的事例，使我深受教益。国瑜先生后来因日机空袭，避地普坪村。我不时和鸢和去看望他。这样，我和国瑜先生也就渐渐熟了。1943年暑假，我自遵义浙江大学回滇奔母丧。鸢和以告国瑜先生。国瑜先生遂向熊迪之校长推荐聘我任云大文史系讲师。自此我得侍国瑜先生讲席，直至1983年先生归道山。四十载都在先生左右，这在我一生中是最值得庆幸的一件大事！

唉唉，数十载的漫漫岁月悄然逝去了，许多往事烟一般地从记忆中消失了。但国瑜先生对我的言教身教，还是那么新鲜，就好像是昨天的事情。下面谨述其中的二三事。

一

国瑜先生早负盛誉。当我随夏嗣尧先生初次拜见他时，他的滇史研究已深为海内学者所推重。尤其是他搜集史料之富，考证问题之精，虽老师宿儒也以为弗如。但国瑜先生不以为足，他总是虚怀若谷地说自己读书很少，所知不多；甚至不耻下问，问到后学的我。曾子称颜子，"以多问于寡，以能问于不能，有若无，实若虚"。国瑜先生实具有这种美德，从他1941年春给我的一通手教中可以完全看到。

那时，我在北京大学文科研究所学宋史，随所疏散到昆明龙头村避空袭。一天，我徒步入城奉谒国瑜先生。不巧，值先生外出。蔡金若师母让我在书斋中等候，几一小时，仍不见先生回家，我只得告辞回所（因为龙头村距城二十里，徒步要两三小时，不能在城中久留）。过了几天，我奉到国瑜先生的一通手教，以未相晤为憾。现在，我把这通手教全文抄录于下：

埏兄尊鉴：久未获晤，枉驾失候为怅！西南边疆杂志，可继续
出版，惟不能按期耳；若有大著光篇幅，则幸甚！今后出刊，当奉

赠请教也。前月，翻《宋会要稿》，搜录有关滇事者，因时间不许，仅竟一九七、一九九数册（即外国传）。其余诸册中，亦当不乏大理国及蒲甘国事。我兄精研宋史，希随时查阅，若有可取，代录一目（仅记册数页数足也，不必录文）。又李焘《续通鉴》中，曾得友人代录宋如愚东轩笔录一条，记杨佐至大理议买马事，疑即出剑南须知，惟不见李书卷数，祈便中代查。若有其他资料，希告为盼！宋代，云南与中原交涉事少，纪录亦无多，瑜仅查《宋史》及《说郭》中札记之书，涉猎最少，仍希我兄随时代为留意，即得支字半句，亦可贵也。通志馆已限期结束，再两三月须编竟，至时瑜将清理残稿，别为一书，期再五年成之，至少有二百万言，所苦读书太少耳。想近况清适？时赐教言为祷！敬请撰安！　弟方国瑜谨上　二月十五日

我反复雒诵这通手教，受到了深刻的教育。而今虽时逾半世纪，但它对我的教育力量一点也不减当年。我暗自庆幸，因我把它保存于一本旧杂志中，竟幸免"文化大革命"中抄没之厄，现在仍珍藏于我的案头座右。

## 二

1939 年，我在西南联大历史系上学，暑假，返故里路南省亲。适值县教育局为中小学教师举办暑期讲习班，要我担任"乡土史地"课的历史部分。我对路南的历史，只略知掌故，没有系统知识，不敢接受。但固辞不获，只好应命，而且照教育局要求，把讲稿交班上油印发给学员。课程结束，暑假也届满了。我回校后便把这件事丢开，再也没有去想它。过了几年，我在云南大学任教。一天，忽然在校图书馆里发现这本油印稿，即借出一阅。哪知，越看越羞愧，觉得实在太幼稚了。不久又得知省图书馆也有它。我很想把它毁掉，但它已是图书馆的藏书，怎么能毁掉呢。为此，大约有一月之久

我不能释然于怀。最后，没有办法，只好去请教国瑜先生。国瑜先生听了，不假思索，一言而决，说："这只有一个办法，就是，认认真真地重作一篇就行了。"我回寓思考了两天，又去拜谒国瑜先生，郑重地说："我决定谨遵先生之教，重作一篇。但须请先生作导师，敬乞俞允！"国瑜先生亲切地回答道："我们常常见面，有问题随时可谈。"接着教我：先读什么书，然后翻阅哪些书；遇到与路南有关的记载摘抄下来，编为长编，并作出考异；最后去其繁杂，订其讹误，写出一篇"沿革大事编年史"；还可在此基础上，扩及滇南地区，研究这一带的民族、政治、军事、文化的历史。国瑜先生的这番指教，和张荫麟先生给我的训练各合符节，因此我能领悟接受，立即开始工作。由于通货膨胀，物价腾涌，我在云大专任之外，还得到中学里去兼一个专任，课余时间不多，因而大约迁延了两年之久才完成长编；又经数月，乃写成系年初稿，呈国瑜先生审定。审定后又重抄一遍，并自行装订成上下两册。因无处刊印，只好束之高阁。"文化大革命"中又佚其下册，今惟存上半残稿而已。

在那几年之中，也不知若干次我向国瑜先生问难请益。最初，我提的问题尽限于滇史；稍后，便扩及滇史以外。因我当时任"中国通史"课，课程内容广，而我的知识面窄，所以问题很多，比滇史方面的还多。国瑜先生真有耐心，不厌其烦地一一给我解答指教，使我焕然冰释，深受教益。他性行淑均，初看去似乎讷于言辞。可是一提及某一学术问题，他便源源不绝地详为讲说。我多次去拜谒他，只打算小坐一刻半时，结果常常是一两个小时才辞出。他对经学、史学、小学的精湛渊博，令我叹服，尤其是他的考据学。我尝认为他就是滇中朴学的巨子。记得新中国成立前和学生的一次交谈中，我说了这句话。一位同学怀疑地问："朴学是清学，方先生是今人，怎么能称之为朴学巨子？"我答道：朴学即考据学，盛于清乾嘉，故又有清学之称。其实，这种学问并非清朝所独有。"七七"事变前，胡适之在清华校庆时作了一次关于考据学的学术讲演。他指出，考据学是一种科学方法，宋朝已有之，朱熹就是其代表人物。我觉得他讲得很对，可惜他没有讲清朝后考据学的流衍。我妄言之，清社虽屋，但这种科学方法并未与清朝而俱逝。辛亥革命后的北京，治国学者仍崇向这种学术。20世纪二三十年代，北京大学一些教授就在景山附近建立了一个学社，名曰"朴社"，出版了许多研究国学的著作。著名的《古史辨》以及顾颉刚先生的其他许多著作都是朴社出版的。这种风气不独北京为然，与此同时，昆明的知名学者们也以朴学相尚。他们假云南图书馆（1932年易名为昆华图书馆）为讲论学术之所，故该馆后院正厅门上，额曰"朴学斋"，云南省通志馆亦设于此。国瑜先生早年负笈北京，甚为其从游诸大师器重。及返滇参与修省志，又与滇中诸学者甚相得。究其原因，不外是在学术上同声相应、同气相求之故。国瑜先生的著述，就我所见，都是严谨的考据学佳作。因此，誉之为"朴学巨子"谁曰不宜。现在上距讲这番话的时间已经四十多年，但我对国瑜先生的评价仍然如此。

## 三

虽然说北京、昆明的学术界都崇尚朴学，但两地的朴学还不尽相同。北京的学者们大多曾出入西方近代学术，颇受其影响，而在昆明的学者们则受得较少。当时昆明最知名的学者，如陈筱圃、秦璞安、袁树五、方瞿仙……好像对西方之学都不甚措意。我常说，这诸位前辈，论品论学，都是我们所尊敬的。倘若把他们列于百年前的清代学者当中也无逊色。国瑜先生则不然。虽然他也是滇人，但他的学术始基却是在北京奠定的。他师事的学者如陈垣庵、钱玄同、赵元任、刘半农……皆深通西方之学。他承其绪业，以治滇史，所以他很留意西方之学，特别是汉学。对高本汉、白希和、斯坦因等人的，以及日本学者藤田丰八、桑原骘藏等人的汉学著作，他都看过，而且能取其精华。我认为，在云南学术史上，在云南朴学的流衍中，他是一位标志性、阶段性的学者，代表了一个新的阶段。我诵读他的著作和面聆他的教诲时，多次见他引述西方或东洋的汉学家之说，或加首肯，或加驳正。《新纂云南通志》一书，按规定，体例一仍旧贯。但国瑜先生所撰稿中，有引外国学者之作以为附录者，这是诸旧志所没有的先例。这里，我想顺便追忆一件事。

大约是 1944 年前后，国瑜先生以德人李华德所撰《云南梵文石刻初论》的英文本授我，命译为汉文，我以为这大概是译出以供先生一阅而已，所以译本奉呈以后便不再想这件事，日久竟完全忘记了。事隔多年，当新中国成立初期我兼任省图书馆馆长时，奉命接管《新纂云南通志》百数十部。我借了一部翻阅，不意在国瑜先生所撰《金石考》中（卷九十三）《佛顶尊胜宝塔记》之后，这篇译稿已作为附录，全文刊入，还署名曰："德国李华德撰　路南李埏译"。这件事又一次给我教育，不是言教，而是身教。我在国瑜先生左右那么多年，见他洁身自好，对一切财物真是"苟非吾之所有，虽一毫而莫取"。现在我又看到，在文字上他也一样。对这么一篇小文不惟如此认真，而且借以奖掖后进，使我荣幸地得附骥尾。如此古道热肠，我的感受岂止教育而已哉！

谈到翻译，我连类想起另一件事。1945 年夏，我在设于云大对面的英国新闻处图书室看到 Discovery 月刊（当年二月号）中载有一篇讲马铃薯史的论文 The Story of Potato（作者 J. G. Howkes）。我研经济史，注意经济作物，便把论文细读一过，还做了笔记摘要。不几天，和国瑜先生谈起这篇文章，国瑜先生也很感兴趣，嘱我暇时把它翻译过来。我如嘱做了（译文的上半篇讲史，后来刊于我主编的《民意报·文史》副刊上。下半篇系对马铃薯作植物学的分析描述，太专门，且副刊版面有限，所以未刊）。时过二十载，1964 年冬，国瑜先生撰文《论清代云南山区的开发》说到，云南一些兄弟民族所以能居住在山区，其重要原因之一是，马铃薯、玉蜀黍传入，有可供食用之资。国瑜先生撰写时又命我把那篇译作摘要写给他。不料论文一脱稿，尚未正式刊印，便受到极"左"的批判，说论文取消阶级斗争，宣扬阶级调和……还说我提供炮弹，云云。这种批判，不足以驳倒国瑜先生之说，因为山区开发不能枵腹从事呀。

由以上所述可见，国瑜先生治学，很留意异域学者的成果，毫无门户之见。因此能超轶前人，成其博大，给后学树立了榜样。

## 四

还有两件事不可不记。20世纪60年代初，云大历史系集体编写《云南冶金史》。主其事者陈吕范君约请国瑜先生撰写古代部分。国瑜先生据记载，沿时序，撰为上下两章，可二万余言。文章的风格纯属学术论文。陈君为了全书体例和结构，约我据以改写为一章。我请教国瑜先生。他说："这是为冶金史写的，应该按编者的要求去写。你就按他们的要求写吧。"我觉得国瑜先生原稿中征引的史料至为宝贵，不可删省，但既并为一章，自不能全部录入。那怎么办呢？后来我想出一个办法，把不入正文的史料都纳入脚注之中。这样，便一条也没有丢。过了一年，云南《学术研究》杂志要发表这篇文章，校样上署我的名。我不同意。我说："若没有方先生的原稿，我怎么写得出来呢，只能署方先生的名。"可是，国瑜先生怎么也不肯。编者建议：国瑜先生和我联署，国瑜先生也不允许。最后，我想出一个办法，用笔名"李述方"。"述"是孔子"述而不作"之意。文章刊出后，国瑜先生向我说："亏你想得出这个主意！"

随着岁月的流逝，这个笔名对我越来越有意义。特别是国瑜先生仙逝以后，意义就更大了。唉，我未窥先生学术堂奥，而竟有此机遇述先生之学，这是多么幸运的事啊！

另一件事是，1981年，国瑜先生经国务院学位委员会通过，为第一批博士生指导教师；云南大学开始招收第一届博士研究生。林超民君膺选，按章当制订"培养计划"。国瑜先生命超民告我，要我协助指导，写入计划之中。我愧不敢当，一再请超民回陈先生："古语说：'有事弟子服其劳'。先生要我做什么，我都乐意为之。至于'协助指导'，则吾岂敢。"先生不允，策杖亲临我寓，对我说："要你在理论和唐史两方面协助我。"我不敢再辞，只得从命。但我深感责任重大，我的学力不足以负先生厚望，颇有临深履薄之惧。幸而超民勤奋好学，能自寻蹊径，我们只需偶尔共同切磋，便可向国瑜先生复命了。

国瑜先生离开我们十年了。他留给我们的去思是无法表达的。薪尽火传，我们该怎么样把他的高尚品德和精深学问发扬光大呢？

1993 年 7 月于云南大学历史系

（原载《云南文史丛刊》1999 年第 1 期）

# 缪鸾和同志及其遗著

缪鸾和同志于 1979 年 6 月辞世，到现在已经八年了。八年的岁月，不可谓不长。但鸾和的音容，一回想，犹宛在目前。他在病榻上，多次向我细说，待病愈后，他要研究什么课题，写什么著作，开什么课……哪知言犹未了，他便和我们永别了！

鸾和与我结识是 1939 年的初秋。那时他是云南大学文史系刚升入二年级的学生，我是西南联大历史系刚升入四年级的学生。他在一年级时选修吴晗教授的"明史"课。一天，吴先生对我说："云大文史系有个学生叫缪鸾和，很不错，好学用功，成绩为全班之冠。我们'中国史研究会'不久要在昆明举行年会，我打算介绍你和他入会。"我听了，十分兴奋。这个会，我在北平时便闻名了，知道是清华、北大的一些年轻的史学家组织的，其中以张荫麟、吴晗、夏鼐、罗尔纲、邵循正、孙毓棠……最为知名。现在我和鸾和两个尚未卒业的大学生，竟能侧身于这些史学家之林，我感到何等荣幸！他是不是也同然？他是何许人我还不知道。我很想认识他，于是我请一位云大友人为我探询他的住处，打算去拜访他。哪知，友人尚未回话，他却在一个星期天的大清早到胜因寺联大宿舍看我来了。原来他听说我要去看他，便"先施之"赶早而来。觌面后，他给我的第一个印象是，循循规矩，彬彬有礼，讷于言法，似乎有点儿腼腆和拘束。可是话题一转入读书为学，他便滔滔不绝地谈起来。我惊讶，他的学殖是那么深厚，思维是那么细密，论述是那么通达。无怪乎得到吴晗先生的器重和嘉许，确实是我辈中的翘楚。从此，我们成了莫逆之交。

　　大约是 1940 年初秋的一天，鸢和从昆明城里徒步到龙头村宝台山上去找我。（那时，我就读于北京大学文科研究所，随所疏散住山上观音寺。）他为什么去找我呢？原来他做出了一个重大决策，特地去告诉我，并征求我的意见。他的决策是，经过两年的学习和思考，他觉得还是以滇史研究作为毕生治史的努力方向好。想来想去，总觉得自己的根柢和爱好在于滇史，决计为之尽毕生之力。又说，滇史研究虽然有许多前修导夫先路，但筚路蓝缕之功仍须继续，首先是古籍的整理。滇史载籍既少，又多讹误。若不亟加校勘考订，势难深入研究。当然这工作很难、枯燥，被人视为"笨功夫"，没有决心和毅力是不能做的。他为此反复考虑，最后决计"只问耕耘，不问收获"，由此踏上治滇史的道路。我问他从何着手。他说，打算先搞《华阳国志》。我认为《华阳国志》分量多、难度大，非短期所能完成。而且他还要作大学毕业论文，近期恐难兼顾。他说以之作为毕业论文，俟将来毕业之后，再进而次第作其他部分。那天，天气晴和。午饭刚毕，我们俩便沿着金汁河堤，逆流上溯，步行到松华坝。大部时间谈的都是与上述有关的话。边走边谈，直到薄暮才回到宝台山。

　　我很赞赏他的志气和设想。我觉得他的性格特点是运思邃密，而果断少嫌不足。因此，我一再鼓励他莫再犹豫，就这样定下来。我相信，以他的聪明才智和刻苦努力，只要干下去，必有很可观的成就。他的父亲缪果章（字浒澄）先生是云南宣威县的绩学之士，深谙云南掌故，所修《宣威县志》为民国云南诸县志之冠。他的叔父缪尔纾先生执教昆明，为滇中知名学者，亦深于滇南旧史。鸢和自幼受父叔的熏陶，孜孜好学，博闻强记，在中学时即已为师友所重。入大学，值抗日战争爆发，学者云集昆明，因得亲炙吴晗、钱穆、方国瑜、徐嘉瑞、向达、顾颉刚、楚图南、姜寅清……诸先生，于是学业大进，日新月异，敢于以一个大学三年级的学生，问津《南中志》的校注工作。

　　那时，北大文科研究所的城中办事处在青云街靛花巷三号。其中有一个角楼设床二张，专供研究生入城住宿之用。但常无虚席，所以我每进城总是到云大鸢和处借宿。我看到，不论是祁寒暑雨，也不论是节日假期，他都一心专注在《南中志》的校注工作上，毫不外骛。云大图书馆藏书不足，他便到昆华图书馆或其他图书馆去借阅。方国瑜先生长于史料学，专事云南史料的搜集与整理。他便请方先生做他的指导教师。两年之间，他翻阅了许多书，写了许多笔记和卡片。用力之勤，朋侪中实少有其比。到1942年暮春，他的《南中志校注稿》脱稿了。对人很少许可的方国瑜先生阅后，也不禁大为嘉许，评为最佳成绩。云大文史系主任徐嘉瑞先生曾有意为之刊印，但限于经费未能实现。此后便被束之高阁达四十余年之久。直到现在，尤中同志主持云大古籍研究所工作并主编《西南古籍研究》杂志，乃从故纸堆中取出付梓问世。惜乎鸢和墓木已拱，不及见了！

鸢和的《南中志校注稿》虽然是他青年时代的处女作（成稿时才二十六岁），但是，即以今天的标准去评价，也自有其可供参考的价值。尤中同志指出："《南中志校注稿》一书，征引宏博，雠校精审。既纠正了传本中文字的讹脱舛误，又系统化了汉、晋时期西南少数民族史料。这就对西南少数民族史的研究做出了可贵的贡献。"我是鸢和校注《南中志》的见证人，也是他这部书稿的第一个读者。（在那两年里，每十天半月我必从龙头村进城一次。每进城必和他相见，每相见必谈他的校注工作。他还常常让我读他已写成的稿子，要我和他辩难讨论。）凭我的记忆和我之所知，我认为尤中同志对这书的评论是客观的，允当的，所以引录如上。在这部书稿刊印的过程中，尤中同志而外，还有几位同志积极给以襄助：何耀华同志（云大科研处处长）大力支持，杨寿川同志（本刊副主编）建议付印，郑志惠同志抄缮全稿。我作为鸢和的挚友，对上列同志的热情高谊表示十分感谢！

1942年7月，鸢和毕业了。因成绩优异，留校任文史系助教，兼在西南文化研究室工作。嘉瑞先生对他颇为倚重，除让他任两个班的大一"国文"课外，还委任系务（相当于现在的系秘书）。同时，求实中学校长苏鸿纲先生早就约他任教。鸿纲先生是年高德劭的长者，他不能违命，只得去兼了一个班的历史和国文。鸢和一向对工作认真负责，一丝不苟。现在他既要搞好系务，又要教好课程，自然更无余暇做别的工作。他曾多次对我说过，等大学毕业后要赓续校注《华阳国志》。这哪里还有时间呢？

1945 年，鸾和升任讲师。新学年刚开始，嘉瑞先生通知他和我说：熊庆来校长要约我们二人谈话。我们按时到校长办公室，嘉瑞先生已在。熊校长说，他和法国里昂大学已商定互换研究生。云大方面决定，文科派我们二人去。嘱我们即做准备，学习法文和西洋历史。我们听了很兴奋，立即寻师学法文。经人介绍，得就教于孔令忠神甫。孔神甫很热情，很认真。课本用邵可侣编的北大教材《大学初级法文》，进度较快，而鸾和的外语基础又较差，所以相当吃力。但他以"人一己十"的毅力，刻苦攻读，按时背诵、做练习。这样一来，校注工作就更无从提起了。读了两年，赴法之事成泡影。我们也就不再作出国之想了。

这时候，中国革命的胜利进军已显露出行将到来的中国社会的巨大变化。它使每个中国青年不能不思考：祖国、民族将往何处去；自己的人生道路将如何选择。鸾和是一个敏感而好学深思的青年。他想得更多、更深、更远。有一段时间，他好像有些彷徨。正在那时，文史系新聘来一位青年教师——马曜。不久，马曜同志的学识和才华，尤其是他的进步思想，感染了我们。我们常常去请教他，从他那里借阅一些进步书刊，受到很大启发。鸾和的觉悟比我快，进步比我大。过了些时，他索性走下讲坛，加入进步学生的行列，和他们一起斗争。因此，被反动派列入黑名单，"九九整肃"时曾受到学校当局的"警告"。但他没有被吓倒，反而更加快前进的步伐，加入了地下的外围组织"新民主主义者联盟"。新中国成立后，当昆明保卫战最危急时，他毅然响应号召，加入临时组织的人民自卫武装，荷枪实弹，坚守在玉龙堆的街垒岗位上，通宵达旦。

云南解放前的这段时间是鸾和一生中的转折阶段。以前，他一心只想做一个学者。现在，他首先想的是做一个革命者。云南解放后，他更积极，成天参加各种运动。1950 年 5 月，云南省军管会派我和他接管昆明各公立图书馆，旋合并为昆明人民图书馆（后改名为云南省图书馆），任命我为馆长，他为副馆长。一年后，他奉调到省民族事务委员会工作，先后任研究室主任、处长等职，为时几达20年。十年浩劫后，他调回云南大学历史系民族史研究室，直至去世。可以说，他的后半生是完全贡献给边疆民族工作了。

他如此热爱民族工作是有其抱负的。当他开始从事这种工作之初，我说："看来你是决计改行了？"他说："又改又不改。滇史研究我是不会放弃的。不过我认为，没有马克思主义理论的指导，没有民族社会调查的实践，是不能写出科学的云南历史、中国历史的。只靠古代的文献载籍，必难跳出前人的窠臼。因此我想，花上若干年时间，学习理论，深入调查，然后再重理旧业，让旧瓶里装上新酒。"他这样说，果然这样做了。他和马曜同志分工合作，经过几年的努力，写出了理论、调查、文献三结合的著名论文《从西双版纳看西周》。记得，1962年隆冬的一个寒夜，他从白马庙民委会骑自行车到云大宿舍找我。既坐定，取出厚厚的一部稿子（即《从西双版纳看西周》）要我看了提意见。我给他泡茶，他说："茶莫泡了，有酒给一杯吧。"于是，我们围炉把酒而谈，尽谈这篇文章，直谈到更深夜阑。两天后我读完稿子，感到太好了，便不待征得他们的同意，送到云南《学术研究》编辑部去。编辑部温剑锋同志看后也极为赞赏。次年遂破例分三期连载。刊出后15年，即1978年10月，长春举行"中国古史分期问题讨论会"，我和鸾和都应邀参加了。会上，不少古史专家得知他是《从西双版纳看西周》的作者之一，都到他下榻处访问交谈。可见这篇论文给人印象之深，影响之远。他因此很受鼓舞，在归途中对我说，现在十年浩劫过去了，有时间有条件可以从事研究了。他打算回昆明后，和马曜同志一起，把那篇文章修改补充，写成一部专著。同时，尘封已久的《南中志校注稿》也该重新整理一下了。从完稿到1978年的36年间，坊间竟不见有一个注本。看来，整理一番出版还是有必要的。他回昆明以后，真的动手做起来了。哪知翌年春天，忽为二竖所苦。延至6月，竟赍志以殁，多么令人悲痛啊！

（原载《西南古籍研究》1982年第2期）

# 忆张德光同志

张德光同志与我们永别了！他的一生，虽然始终都在平凡的教师岗位上，然而却不是虚度年华、碌碌无为的。他鞠躬尽瘁，忠诚于教育事业，为党为人民做出了不平凡的贡献。

1939年夏，那正是战争烽火燃遍祖国大地的时节，他毕业于西南联大。激于爱国爱乡的热情，也为了实践教育救国的信念，他不顾身质孱弱，毅然辞别大后方的春城昆明，奔赴沦于敌后的故乡——湖南攸县，就任该县临时中学校长。在那里不仅要和敌寇的"扫荡"相周旋，而且要和贪污土劣做斗争，处境是极为危殆的。1946年秋，他到兰州大学任教。翌年，因钱宾四（穆）先生筹办江南大学，不能续受云南大学之聘，荐他以自代，乃应聘来云大任文史系副教授。1949年12月，昆明解放，云南大学在党的领导下获得新生。他欢欣鼓舞，热烈响应党的号召，积极投入校内外的各种斗争。以后，他受命主持历史系工作。从此，一面负责系务，一面开课讲学；"双肩挑"一直挑到沉疴卧床。他本来专长中国古代思想史，但为了需要，主动停开，勉力开出多种别的课程。1972年，他看到许多学生写作有困难，便建议开设写作课，自任主讲并批改作业。这是一项被讥为"童子之师"的工作，他却兢兢业业，一直坚持到最后一班。这是多么难能可贵的精神啊！

德光同志好学深思，爱读先秦诸子书，遍览清人注释之作。每有所疑，都独立思考，不为成说所囿。在大学学习期间，时向汤锡予（用彤）、钱宾四诸长者问学，颇得他们的嘉许和器重。他治学谨严，不论是撰长篇论著或写函牍杂文，都字斟句酌，一丝不苟。20世纪50年代，他写了一篇论戴东原唯物主义思想的论文，师友看后，认为很有创见，劝他发表。但他总说尚有未安。刘叔雅（文典）教授逝世后，出版社拟出版其遗作《庄子补正》，以德光同志深于先秦诸子之学，特请他写篇序跋。他十数易稿，成《〈庄子补正〉跋》一文。国内精于古文辞的老前辈见了，都誉为不易多得的佳作。叔雅先生生前讲校勘学，常喜用他发现的《养生主》中"全牛"为"生牛"之误为范例。德光同志极推重叔雅先生的校勘，但认为以"生牛"校正"全牛"固是，但若没有更多旁证，未始不可以"全牛"去校正"生牛"。因此他在跋文中，不阿所好，不主一说。其运思之细密，态度之客观，于此可见。

德光同志对祖国的古代历史和古典文学有深厚的根柢和不少创见。可惜，他一生中用以著作的时间太少了。1933 年秋，他考入北京大学历史系。一到北国，便目击"华北特殊化"、国将不国的民族危机。他壮怀激烈，积极参加抗日救亡的斗争，勇敢地投入"一二·九"运动。"七七"事变，北平沦陷，他随校南下，辗转于长沙、蒙自、昆明之间。虽然他在颠沛流离之中，仍勤学不辍，但爱国救亡的斗争毕竟用去不少时间。毕业后，先为桑梓办教育，继则为生活而奔波，很少有安定环境。新中国成立后，他接触到马克思主义的真理，看到新中国的诞生，对伟大的中国共产党无限敬佩和热爱，决心把一切献给党，争取成为一个光荣的共产党员。1957 年，他如愿以偿了。这以后，他更严格要求自己，除任历史系主任和总支委员外，还先后担任了校党委委员、常委，副教务长，云南民主同盟省委常委、顾问，云南省政协委员、云南史学会副会长……这样，还能有多少余闲去从事著述呢！加上他认真不苟，不轻易着笔的严谨作风，便更难多写什么了。我曾为他惋惜：事情太多，不能把许多可贵心得写下来。他说："我们北大同学，无不钦仰蔡子民（元培）先生。我不自忖，愿学习他的为人。假若我能对系多尽点力，使大家有更多更好的研究条件，多写些好东西，那么比我一人多写一点要好得多，对党的事业更有利。"我听了，肃然起敬。他这种先人后己、克己为公的精神，是太不易了。

德光同志很厚量。沉默寡言，言必有中。我和他相处几十年，从不见他对任何人急言遽色。十年浩劫中，我和他，还有江应樑同志、尤中同志，被诬为"三家村""四家店"。他备受摧残，几死者数，但他始终相信党，相信自己，处之泰然，既不自诬，也不诬他人。他和李广田同志友善。广田同志不幸谢世，他作七绝诗六首沉痛悼念。现在重读那些诗，好似就是他的自悼之词。诗的最后是这样写的：

> 昔年豪气欲填膺，
> 碧海苍波试掣鲸。
> 他日诗坛传本事，
> 丹心留取照汗青。

德光同志不正是这样的吗！

德光同志诗文书法俱佳。生性厌恶自吹自擂，哗众取宠，所以许多佳作都深藏若虚。他和一位老友合著《历代诗话集珍》，有数十万言，朋友中竟很少有人知道。他的品德是高尚的。他是我的学长、知交和战友。几十年来，每当我思想上有困惑，学业上有疑难时，总是去找他请教和商榷。现在呢，再不能看见他的音容了，这是多么大的损失呀！"人难再得始为佳"，我们将怎样弥补这一损失，寄托我们的哀思呢？

（原载《云南画报》1986 年第 4 期）

# 见贤思齐，莫让前修专美

## ——访李约瑟博士有感

最近，我应英国英中文化协会的邀请，到英伦做短期的学术访问。按照主人的安排，五月的一天，由友人傅德先生陪同，一清早便从伦敦乘火车到了剑桥。

剑桥，因剑桥大学而著称于世，是英国的一个文化名城。这天上午，我们参观了剑桥大学的几个学院，下午，驱车去访问李约瑟研究所。研究所位于市区的边缘。这里，环境清幽，了无尘嚣，是一个游息藏修的好所在。所内屋宇共两排二层楼房，一排较大，即研究所；另一排较小，是李约瑟博士的住宅。所门外右侧塑立着约瑟博士的半身铜像，据闻，铜像下常有景仰博士的人摄影留念。我们叩门而入，协助约瑟博士工作的何丙郁先生接待我们。他边介绍，边引导我们参观。

参观给我的印象有以下几点可得而言：一是研究所比之那些有数百年历史的学院，是为时不久的，因此它没有那种斑斓的古典建筑。但在英国、在全世界，它享有的声誉至少可与那最负盛名的学院相伯仲，这从陈列着的各国知名学者的赞美文字便可知道。（我国郭沫若等学者书赠的字画亦为数不少。）二是它藏书甚富。图书室里有大量中国古籍。我置身其中恍如回到了自己学校的图书馆。有一些书我校图书馆也还未备。三是研究人员都给人一种勤奋进取的印象。他们各有一间工作室，室内图书满架，使用甚便。人人都在埋头伏案，孜孜不已。何先生讲，约瑟博士给这个所树立了良好的学风。

　　但给我印象最深的莫过于约瑟博士其人了。二楼一间图书室陈列着约瑟博士个人的手稿、笔记、抄录的资料，以及他珍藏的许多古籍古物。那些有着约瑟博士手泽的稿件笔记等，都用十六开大的硬纸盒装着，排列在十几个五层的书架上，层层皆满。啊，猗与盛哉，叹观止矣！何先生说，约瑟博士今年已届九旬，仍天天著述，正写着中国医学史。我看了、听了，不禁肃然起敬，于是提出，一亲这位前辈学者的教范。本来，有人已对我说过，约瑟博士年事高，目力不给，一般是不见客的。不意，何先生转达回来说，博士愿意一晤。我们当即随何先生进入博士的书斋，晤谈一小时。博士精神矍铄，耳聪目明，每天尚能工作四小时，只是有足疾不能行动。他很慈祥，很关心我国史学界近况，一再询问。我则向他请教一些有关中国古代社会生产力的科技业绩。我告诉他，中国少数民族中有不少传统的医学成就，他很感兴趣。可惜我对此所知甚少，不能为他作更多的介绍。最后，他很乐意地应我之请，与我合影留念。

　　辞出回到客厅后，我看见室中有一个书橱。走近一看，原来尽是约瑟博士所著的《中国科学技术史》。最上一层摆的是英文原版，下一层是中华人民共和国译本，再下一层是台湾地区译本，又下是日本译本……译本之多说明它的权威性。可以断言，它将是一部必传之书；它的著者也将是不朽的。

　　我因此有许多感触：首先，约瑟博士把一生奉献给异国的科技史。六十多年，锲而不舍，披荆斩棘，克服多少艰难。这种坚苦卓绝的精神是多么难能可贵啊！我认为，这就是他获致巨大成就，赢得举世景仰的主要契机。"见贤思齐焉"，我应当向他学习。他九十岁还在著述，我怎能以年逾古稀而为自己的疏懒辩解呢。青年同志更应该以"彼人也，我亦人也，吾何畏彼哉"的气魄，以他为师而青胜于蓝！

　　其次，约瑟博士是世界第一流学者。他为我国的科技史奋斗终生，这说明，在他的心目中，我国的科技史是宝藏，是价值极高、值得为之献身的。我们的祖先创造出如此光辉的科技成就，使世界上许多汉学家愿意步武约瑟博士续加探讨，我感到光荣，但同时也感到惭愧，因为这门学问毕竟出自我们祖国，我们虽然欢迎世界学者共同钻研，然而这样的学者、这样的成就、这样的研究所，理应首先出自我国。事实上却是英国学者早著先鞭，怎能不令我惭愧呢！

再次，约瑟博士的成就固然由于他的毅力、智慧和体魄，但客观条件也并非是不重要的。倘若他没有那样好的环境、得不到社会各方的支持，不能排除各种不应有的干扰，要取得如此成就，谈何容易！我的业师张荫麟教授在 20 世纪 20 年代即已刊布中国科技史方面的多篇论文，约瑟博士最初从事研究时还加以征引。但抗战期间，他贫病交加，缺医少药，才三十七岁便与世长辞，多么令人悲愤！现在我们是社会主义国家，完全有可能给学者们提供较好的研究条件。但愿社会各方面共同来关心学术研究，使我国学术昌明，走在世界的前列！

（原载《云南教育报》1990 年 8 月 2 日）

序・跋

# 《中国封建经济史论集》序言

说献曝也好，说献芹也好，总算把这本小书呈献在读者之前了。敝帚自珍，自不免私心窃喜，但也不胜感慨系之。因为这些文章，假若按照写作的时间顺序排列，便像一块块里程碑，标记着我走过的历程。不过，我没有那样做，而是照文章的内容，大体上理个顺序。因为这样，可能更完整地反映出我的观点。

为了编排，不能不把旧作重看一遍。这使许多往事注到心头。我首先想起的是我在大学时遇到的两位恩师。一位是吴晗先生。在亲炙他之前，我虽有问学之心，却无问学之路。他热情地指导我，一步一步地把我带上治学的道路。另一位是张荫麟先生。我在西南联大读书时，选习他开的宋史课。他讲的全是宋代经济问题，论点新颖而最富启发，令人心折。从此，我深深地爱上了经济史，决心终生研究它。在荫麟师的亲切指导下，我开始试做宋代货币问题的研究，先后写了几篇关于宋代四川交子的考证文章。现在选取其中尚可参考的两篇，收入本书，因为文体不同，所以作为附录，置于卷末。

除这两篇以外，其余诸篇全系新中国成立后所作。新中国成立以前，我于历史唯物主义毫无所知。那时常以不明历史发展之所以然而苦恼。新中国成立以后，我开始学习马克思列宁主义。这真是指路明灯，一接触就令人欲罢不能。50 年代初那几年，我把过去所读的古籍全收起来，尽读马列之书及许多较早用马克思主义观点进行研究的中外史学家的著作。在学习较早用马克思主义观点进行研究的史学著作中，侯外庐先生的著作给我的影响最大。我敬佩他，私淑他。1954 年他在《历史研究》创刊号上发表了他的著名论文《中国封建社会土地所有制形式的问题》。我反复学习后，不揣浅陋，写了一篇续貂之作《论我国的"封建的土地国有制"》。由于这篇文章，我认识了侯先生，并得亲承他的教诲。他指教我：研究中国古代史，不能忽略农村公社问题。我因此花了一段时间学习马克思、恩格斯关于农村公社的论著，还读了一些今人讨论这个问题的文章。本书收入的《试论中国古代农村公社的延续和解体》和其他文章中有关农村公社的部分就是学习后的部分体会。

新中国成立后，我参加过历次运动，多次上山下乡。这对我的经济史研究起了革命性的作用。若不是参加过新中国成立初期的土地改革运动和1958—1959年的下放劳动锻炼，以及其他许多次的短期下乡劳动，对我国的农民我是毫无感性认识的，当然也就不会有所了解。而不了解农民，怎么研究中国的经济史呢？在和农民的"三同"中，我对农村社会的阶级结构、小农经济的构成、自然经济和商品经济的关系、农业"八字宪法"的实际运用……都多少知道了一点。这对我来说是至为珍贵的。在下乡回校之后，我写了《龙崇拜的起源》一文，原题作《龙的诞生》。本拟用农村兴修水利的事实和在农村中所闻及在报刊上所见的关于龙的民歌民谣，再写一篇题为《龙的征服》，但迄今无暇动笔，后来竟连资料也散佚了。

1960年春，云南大学历史系组织师生数十人到四川大凉山去作彝族社会调查，我参加了。那时的大凉山刚进行了民主改革，划分了阶级，正式确定改革前的社会为奴隶制社会。我在中心区的呷古，和翻身奴隶们"三同"了两个月，又参观了昭觉、越西等地，对什么是奴隶制算是亲见亲闻了。在去以前，我对我国古史分期问题一直采取战国封建论。去了以后，我深深感到，西周社会和彝族社会的奴隶制相去太远，倒是和傣族的领主制较为近似。我除直接调查外，还阅览了夏康农先生主持的四川调查组的材料和报告。最后，我终于决定改宗西周封建论，但认为西周是建立于农村公社（井田制）之上的封建领主制社会；西周前的商代，假若是奴隶制，也只能是家庭奴隶制，而不是古雅典那样的劳动奴隶制。回校以后，历史系组织师生分组分题编写调查所获，把我和青年教师朱惠荣同志、四年级学生谭世遵、李鸿启同志共编为一个小组。由我提出编写大纲和主要论点，并最后执笔写成《试论殷商奴隶制向西周封建制的过渡问题》一文。后不久，这篇文章由我们四人署名发表于同年的《历史研究》上。与此同时，历史系又组织师生编写《云南冶金史》。方国瑜先生精于地方史研究，起草汉宋间云南冶金业部分。主编陈吕范同志邀我与方先生合作。我利用方先生提供的大部分史料，最后写成《汉宋间的云南冶金业》一文，并以"李述方"的笔名，发表于1962年的云南《学术研究》上。以上两篇论文，若有谬误不当之处，当然应由我独任其咎。《〈水浒传〉中所反映的庄园和矛盾》是1958年写的。初稿方就，李广田同志索阅，即以奉呈，接着我便下乡劳动去了。等到归来，稿子已在《云南大学学报》刊出，来不及再作修润，所以未免冗赘。文章只谈了宋代的庄园，未曾涉及整个庄园制。实际上，庄园制是亘中国封建社会都存在的，宋代庄园不过是其中的一段而已。假若我们要上溯庄园的渊源，那至少可以远及西周。西周的采邑就是建立于农村公社之上的领主制庄园，和西欧中世纪的庄园最为近似。秦汉以后的庄园是地主制庄园。它的典型形态是魏晋南北朝时期的世族庄园。唐代以后，世族庄园衰落了，庶族庄园继之而起。两宋时，庶族庄园已成为地主土地所有制的普遍形式，直到明代还是那样。地主制庄园是在中央集权的封建国家统治之下的。封建国家给它以许多制约。它的经济外强制权力不少被集中到王朝手中去，因而庄园主不能公开地"隐占王民"或"抑良为贱"，农民对他的依附关系受到抑制，从而不能不采取租佃制的剥削方式。更不能公开地建立武装和法庭，所以这种庄园不像西欧封建庄园那样独立而完整。尤其是庶族庄园，庶民地主没有等级特权，受到中央集权国家的制约更大，庄园特征便觉更不完备。但它仍然是庄园，因为从实质上看，它和典型的庄园并无二致：它们都是自然经济的共同体；都是建立于庄园主占有土地、不完全占有农民的生产关系之上。尽管租佃关系存在于庄园之中，但那种租佃关系有着一定的宗法性和依附性，与近代的单纯租佃关系还颇有别。我们不应把古代近代等同起来，放在一个平面图上去看。我始终认为，作为走向近代的中间形态，地主制庄园的递嬗是合乎规律的。

本书还收入了《试论历史局限性》一文。1975 年，云南省文化局在春城饭店举行文艺理论问题讨论会。一天，讨论到描写历史上的英雄人物要不要"无限拔高"，应不应写出"历史局限性"。会议组织者一定要我去谈谈己见。我去了，即席谈了一点意见，认为不能无限拔高，不能不承认有历史局限性。后来应云南大学文科学报《思想战线》编辑部之约，写成本文，发表于该刊上。原来"无限拔高"和"不应写历史局限性"的谬论是有来头的，我居然发表不同意见，真可谓不知死所。果然，文章一发表立即受到无情的围攻，险遭不测。但我没有因此放弃我的论点，当然，我的文章也有缺点，那就是说得还很不够。例如马克思说过的"地理局限性""民族局限性"，都没有谈及。

《关于中国封建地主阶级的几个问题》是 1983 年冬向在昆明举行的"中国封建地主阶级研究学术讨论会"提出的，尚未正式发表。其余文章都已发表，此次收入，只在极少数的地方对文字略加修润，论点则一仍其旧。

中国封建经济史是一个十分广阔的领域，其中尚待研究的问题很多。我笃信辩证唯物主义与历史唯物主义是颠扑不破的真理，力图正确地运用它去解决我所接触的问题，但要做到这一点是极不容易的，我的这些文章是我运用理论的尝试。古人有言："贤者识其大者；不贤者识其小者。"我若能在理论方面做到"识其小者"，也就差足自慰了。

1986 年 1 月于云南大学

（李埏著：《中国封建经济史论集》，云南教育出版社 1987 年版）

# 《中国封建经济史研究》前言

1890 年，七旬高龄的恩格斯给一个二十多岁的德国青年（康・施米特）写了一封爱深教切的长信，勉励这个青年研究历史。恩格斯说：

> ……必须重新研究全部历史，必须详细研究各种社会形态存在的条件，然后设法从这些条件中找出相应的政治、私法、美学、哲学、宗教等等的观点。在这方面，到现在为止只做出了很少的一点成绩，因为只有很少的人认真地这样做过。在这方面，我们需要很大的帮助，这个领域无限广阔，谁肯认真地工作，谁就能做出许多成绩，就能超群出众。……

他特别指出："经济史还处在襁褓之中。"并且深为不满地说：

> ……在靠拢党的青年作家中间，是很少有人下一番功夫去钻研经济学、经济史、商业史、工业史、农业史和社会形态发展史的。有多少人除知道毛勒的名字之外，还对他有更多的认识呢？……

从恩格斯写这封信到现在快一百年了，马克思、恩格斯的著作传播于我国也好几十年了。在这漫长的岁月中，我国的经济史研究怎样呢？恩格斯的这番教言究竟实践得如何呢？应该说，情况是不能令人满意的。新中国成立以前，不独唯物史观的中国经济史未曾见，即其他观点的也很寥寥。新中国成立后，唯物史观大为普及了，照理经济史该受到极大重视了，可是不然。作为一门历史学科，它远不如别的专门史。大学里很少开设这方面的课程，研究部门中不见有一个专设的机构，期刊群里也找不到它的一份专刊。直到党的十一届三中全会以后，学术界迎来了它的春天，中国经济史才沐着灿烂的春光蔚然成长起来；尤其是全国工作重心转移到经济建设上来，经济问题受到空前的重视，经济史研究就更加快地展开了。例如我们云南大学，僻处滇南，常恨得风气之晚，但迟到 1981 年冬，也破题儿第一遭建立了一个"中国封建经济史研究室"。研究室的规模，最初很小，才有成员五人。不过，成员虽少，却是一支同心同德能战斗的小分队。我对它抱有无限希望，所以建立伊始，写了一篇杂文，题为《我爱公孙树》，祝愿它能成长壮大，让后之来者欣尝它的丰硕成果。几年以来，研究室的同志们勤勤恳恳，孜孜不息，做了不少关于中国古代经济史的研究工作和教学工作。1983 年秋，研究室倡议，学校和历史系大力支持，与《历史研究》杂志社、南开大学历史系联合在昆明召开了一个"中国封建地主阶级研究学术讨论会"。研究室同志以及校内与研究室有联系的同志向讨论会提交论文十余篇。在此会前后，研究室同志围绕中国古代土地制度和商品经济问题，陆续撰写、刊布了若干篇论文。1986 年，学校集合研究室同志和经济系研究中国近现代经济史的同志建立中国经济史重点学科，旋得上级批准，于这年 10 月成立。这件事，在云南大学校史上，是值得写上一笔的。假如容许我僭妄地借用恩格斯的上引话说，云南大学的中国经济史研究在这以前是在襁褓之中，那么，从此以后它已脱却襁褓，而开始学步了！当然，孩提学步不能一举足便大踏步前进，但一旦开始了学步，那大踏步前进也就必然是意中之事了。因为这儿学步的并非个人，而是集体；而且这个集体今后还将不断增加新生力量，扩大队伍，前途是无限的。

现在呈献于读者面前的这本文集，就是我们这个集体在学步过程中的蹒跚足迹。我们希冀借此得到读者的指正，使我们的学步进程加快一些。文集中所收论文，多数是选自云南大学中国经济史重点学科成员的作品。有两篇，其作者虽非成员，但与本学科有联系，所以也选入了。可以入选的本不止此，但篇幅所限，只得割爱。我们打算，今后过一段时间，便选刊一辑。原则上只选收本学科成员的，以及与本学科有合作关系的同志的作品。外稿敬辞，幸勿惠寄。

我深信，在党的关怀和指导下，我们这个重点学科必能日就月将，不断取得新的进展！我希望参加建设这个学科的同志们齐心协力，共同奋斗，提出更多更好的研究论文，力求古为今用，为当今的"四化"建设大业服务，使本文集的质量一辑比一辑强，以飨读者的要求。

〔**注**〕恩格斯此信的中译文见《马克思恩格斯选集》第 4 卷（人民出版社，第 474～478 页）。"靠拢"，《选集》作"依附于"；"作家"，《选集》作"文学家"。

1986 年 11 月 21 日

（李埏主编：《中国封建经济史研究》，云南人民出版社 1987 年版）

# 《中国经济史研究》前言

　　1954 年，《历史研究》杂志创刊。创刊号刊布了著名马克思主义历史学家侯外庐先生的论文《中国封建社会土地所有制形式的问题》。这篇论文首次提出我国古代长期存在过的封建的土地国有制，并对之加以深刻的、系统的论述。它给史学工作者们以很大启发，起到了导夫先路的作用。于是，不少人靡然向风，踵接而起，发表许多论著，展开了热烈的讨论。至以为憾的是，正当讨论鞭辟向里，从宏观深入微观的时候，十年浩劫来临了。和一切学术研究一样，土地国有制史的研讨也完全衰歇中辍。直到 70 年代之末，大地回春，又才逐渐复苏。80 年代初，我和我的几个学生，在云南大学历史系的支持下，创建了"中国封建经济史研究室"，专以我国封建社会的土地制度和商品经济为重点从事研究工作。1985 年，云南省在高等院校设置重点学科，我们这门学科荣幸地被列入了。我们仍以研究室的上述两个重点为重点，把近现代经济史的研究也包括进来。我们回顾前事，觉得 50 和 60 年代的研究有一不足之处，就是多为个人钻研，缺乏集体讨论，少有互相辩难启发之效。因此，几经酝酿，初步商定：由山东大学、贵州民族学院和云南大学三校的历史系主办，依次在烟台、昆明和贵阳举行讨论会，邀请国内同行专家参加。1988 年夏，在烟台举行第一次讨论会；今年夏，在昆明举行第二次讨论会，都收到了良好的效果。我们重点学科的同人向讨论会提交一批论文。会后由武建国同志主编，并收入部分有关商品经济研究的论文，公开出版，以供进一步讨论，并作为重点学科的工作集结之一，希望得到读者的指正批评。

　　1987 年，我们出版过一册《中国封建经济史研究》（云南人民出版社 1987 年 6 月第一版）。那是我们向 1983 年在昆明召开的"中国封建地主阶级研究学术讨论会"提交的论文选辑。现在的这册论文集，可以说，就是那册论文集的续编，只是本集所收论文不纯是讨论封建社会经济史的，所以把"封建"二字从书名中删掉。

　　经许多同志的努力，本书即将付梓了，谨述其缘起如上。

1990 年 8 月 1 日于云南大学

（武建国主编：《中国经济史研究》，云南人民出版社 1990 年版）

# 《中国古代土地国有制史》前言

1954年，近故马克思主义史学家侯外庐先生，在《历史研究》创刊号上刊布了他的著名论文《中国封建社会土地所有制形式的问题》。这篇论文，对于我国土地制度史的研究，树立了一块重要的里程碑，它标志并启动了一个新阶段的展开。在这以前，这项研究一直没有得到应有的重视，只是一些断代史专家研究某一朝代的典章制度时，对那时的土地制度（如均田制）加以考述，至于通贯的、系统的研究是阙如的。作为社会经济史的基本问题，从所有制形式方面加以系统考察，则更是未之前闻。在这以后，史家们群起探索，竞相讨论商榷。几乎各个朝代和各种所有制形式都有人研究，特别是土地国有制最受注意，争论最多。争论的各方都给人以启发，都或多或少地丰富了争论的课题。遗憾的是，正当鞭辟入里之际，十年浩劫降临了，热烈的讨论戛然而止。直至拨乱反正，学术复苏，又才有论著问世；大学里的经济史课程也陆续恢复重开，教材建设又复提上日程。我们云南大学历史系经济史研究室的部分同志，在前校科研处长何耀华教授的倡议和支持下，于数年前开始从事此项撰述工作。大家共同切磋，分头努力，几年来已先后完成所撰部分。全稿集中后由武建国同志统修删改，今亦已告竣。对此事，我始终是关心的，但老迈衰退，学殖荒落，未能贾余走笔，只是在编撰过程中提出一些意见以供参考。我的意见，概略言之，有如下几点。

## 一　国有土地的所有权、占有权和使用权

"国有土地""土地国有制"或"国家土地所有制"等称谓已经揭示出

这种土地的所有权属于国家了，为什么还要说明呢？因为犹有异议。例如西周的井田制，井田归谁所有便有好几种说法。有谓为王有的，有谓为贵族所有的，有谓为村社所有的……。我们认为：王有就是国有；贵族和村社等等都只是占有。为什么这样说呢？理由如次：

以恩格斯在《家庭、私有制和国家的起源》中提出的国家和旧氏族组织的不同点为标准，我国的西周无疑已经是国家了，周王是国家的最高统治者。现在要问：周王是什么样的王呢？要回答这个问题，有必要先读一读马克思的著名手稿《资本主义生产以前的各种形式》中的"亚细亚的所有制形式"一节[1]。其文如下：

> ……在大多数亚细亚的基本形式中，凌驾于所有这一切小的共同体之上的总合的统一体表现为更高的所有者或唯一的所有者，实际的公社却只不过表现为世袭的占有者。因为这种统一体是实际的所有者，并且是公共财产的真正前提，所以统一体本身能够表现为一种凌驾于这许多实际的单个共同体之上的特殊东西，而在这些单个的共同体中，每个单个的人在事实上失去了财产，或者说，财产……对这单个的人来说是间接的财产，因为这种财产，是由作为这许多共同体之父的专制君主所体现的统一总体，通过这些单个的公社而赐予他的。因此，剩余产品……不言而喻地属于这个最高的统一体。
>
> 因此，在东方专制制度下以及那里从法律上看似乎并不存在财产的情况下，这种部落的或公社的财产事实上是作为基础而存在的，这种财产大部分是在一个小公社范围内通过手工业和农业相结合而创造出来的，因此，这种公社完全能够独立存在，而且在自身中包含着再生产和扩大生产的一切条件。公社的一部分剩余劳动属于最终作为个人而存在的更高的共同体，而这种剩余劳动既表现在贡赋等等的形式上，也表现为了颂扬统一体——部分地是为了颂扬

现实的专制君主，部分地为了颂扬想象的部落体即神——而共同完成的工程上。

这类公社财产，只要它在这里确实是在劳动中实现出来的，就或是可能这样表现出来：各个小公社独立地勉强度日，而在公社内部，单个的人则同自己的家庭一起，独立地在分配给他的份地上从事劳动；或是可能这样表现出来：统一体能够使劳动过程本身具有共同性，这种共同性能够成为整套制度，……

下文还谈到灌溉渠道等公共条件表现为专制政府的事业，以及真正的城市在什么地方形成等问题，文长不具录了。

细读上面引文，联系我国古史实际，周王不就是那样一个"特殊东西"、那样一个"惟一的所有者"、那样一个"专制君主"吗？《诗》云："溥天之下，莫非王土；率土之滨，莫非王臣。"[2]孔子云："天无二日，土无二王。"[3]这就说明周王是惟一的所有者。当时的社会是分为等级的阶级社会，等级像阶梯一样，为数不少，每个人都属于一定的等级。每个等级包括多寡不一的身份相同的人，惟有一个等级，即最高等级，只有一人，那就是王。由上引孔子"天无二日，土无二王"之语可见，其排他性是绝对不许更有一人与之同在这一等级的，甚至他的父母也不可能[4]。他是天子（上天的元子），他之君临天下是"天与之"（即神授的），他一个人独占最高等级，所以他自称"予一人"，他确乎是个"特殊东西"，国家的土地、人民都为他所有。可以说，他就是国家的人格化，国家的代表；他就是国家。马克思在《资本论》中提到古代的"国家"时，夹注说："（例如东方专制君主）。"[5]我国的西周不正是这样的吗？我们说王有就是国有，谁曰不宜。

那么，既然王有和国有等同，为什么一定要称国有而不称王有呢？这是因为国有能更确切地表达所有者的实质。上面说过，王是国家的代表，称国有不是更确切吗？再则，土地国有制像一条源远流长的江河，在不同地段，有不同景观和不同称谓。我国历史上，井田制之后还有授田制、屯田制、均田制……这些田制并非各不相涉，有一条线把它们贯串起来，这条线就是土地国有制[6]。当然对这些田制是不是国有制也不是没有争议的，不过不似对井田制分歧之多罢了。

意见分歧的一个原因是如何看待占有权问题。再以西周为说。前面说过，西周的土地所有权属于周王；贵族、村社都只有占有权。现在要特加申述的是，这两种占有权性质是完全不同的。贵族的占有权是特权，而村社的占有权则是负担。贵族的占有权是依照等级的高低，由上而下一级授一级的。但不论哪一级，其占有权都是由村社的占有权实现的。村社（即农村公社）的名称叫作"邑"[7]。它的土地占有权是由原来的所有权演变而来的，它成了贵族的采邑，它须向它所属的贵族贡纳剩余劳动或剩余产品（所属贵族又要向其上面授予他特权的贵族奉献部分所得）。村社的土地以井田的形式分配给成员庶民耕种，换句话说，即把使用权授予直接生产者。

因等级地位的高低，等级特权有大小多寡之别。大诸侯的等级地位高，所以他的特权也多而大。在他的侯国之内，他俨然是一个专制君主，几乎与周天子埒。卿大夫在采邑之内，也是很有权势的。加之，他们都是世袭的占有者，这就无怪乎有的史家把他们看成是土地所有者，因而有贵族所有制之称。村社也是世袭的占有者，村社的庶民生斯长斯，不知多少代了。村社的土地看起来也好像是村社所有的，但是村社并没有处置土地之权。整个村社可以被领主用来赏赐、转让……实际是领主的庄园[8]。当然也不是所有者，只是他有更高的占有权罢了。

由西周的情况可见，只要把井田的所有权、占有权、使用权区别清楚，土地国有制形式方能了然。所有权属谁是决定所有制性质的关键。占有权在等级社会中是错综复杂的。使用权较简单，但有时也会与占有权相混，这就要求我们细加分析。西周时期是全面施行土地国有制的。西周以后，土地私有制潜滋暗长；到战国，便正式登上历史舞台。它鲸吞蚕食国有土地，骎骎乎凌驾国有制之上。它是历史前进的趋向，但它的前程并不是平坦的。它和国有制此进彼退，此消彼长；二者的矛盾和斗争构成秦汉以降土地制度史的重要内容。现在要问：产生这种状况的原因是什么？

## 二　土地国有制与商品经济的关系

上述问题的答案可能有多种，但我认为，最主要的是商品经济与自然经济二者的作用及其影响，二者中又以商品经济为主导。下面略作论述。

自然经济和商品经济是两种相对立的经济形式。自然经济是自给自足的经济形式，是适应生产水平低下和社会分工不发达的状况而形成的。商品经济是直接以交换为目的，以社会分工为基础的经济形式。它包括商品生产和商品交换[9]。这两种经济形式，从历史发展的全过程看，自然经济是逐渐减退，以至消失；商品经济则是逐渐进展，以至统治整个社会。但是在历史发展的各阶段中，这种趋势却不是一往直前的。二者有时是此进彼退，有时是彼盛此衰。经济曲线经过多次升降，最后乃呈现自然经济消失，商品经济全面统治的局面。统观我国古代的经济发展正是这样，虽然直到近代，它尚未达到它的终点。

《新中国的考古发现和研究》指出：郑州出土的商代前期（即盘庚迁都以前）遗存中有青铜器、陶器、骨器，以及铸铜和制陶的作坊。"陶器和骨器的使用范围要广泛得多，一般平民都能使用。制陶作坊以泥质的盆、甑类器为主，制骨遗址中主要是镞、簪一类产品，这些产品可能具有商品生产的性质。"[10]这一推断是很正确的。据此，可以说，商代前期已有商品经济了。当然，这样的商品经济还很幼稚。商品的种类很少，说明供求范围不大。这些商品又都是耐用品，消耗数量有限。这种状况直到西周犹然。《诗》三百篇中提到商品交换的只有"氓之蚩蚩，抱布贸丝"[11]一语，可见一斑。

但是，到了东周，时势豹变。"在历史上起过革命作用的各种原料中最后的和最重要的一种原料"——铁，被发现而且被冶炼出来了。这就开启了中国的"铁犁和铁斧的时代"。铁犁和铁斧披荆斩棘，深耕易耨，大大提高了农业生产力。手工业和农业的分工——第二次大分工——虽然早已开始，但是，只是到了此时才大为加深加广。二者间日益频繁的交换驯致引发第三次大分工，"创造了一个不事生产而只从事交换的阶级——商人"和"一种整个社会都要向它屈膝的普遍力量"[12]——金属货币。商品经济遭逢它有史以来的最佳时节。它的代表人物第一次垂名青史，司马迁在他的不朽著作《史记》里特为之立传。

商品经济是进取的。它冲击旧制度，为自己开辟道路。古代世界，农业是决定性的生产部门[13]，土地是最宝贵的生产资料。因此，古老的井田制不能不受到冲击，静止的土地所有权开始运动了，土地私有制成长起来并日益侵蚀国有土地。土地国有制再不能继续维持它全面统治的传统了。

商品经济是怎样破坏土地国有制的？它以商品交换的方式把人们越来越多地卷入市场关系之中，扩大了贫富差别，发展了私有经济。这是铁犁和铁斧的时代，井田畎亩中的农人们纷纷"以粟易械器"，刀布之类的工具成为人人愿意接受的商品。于是刀布成了"商品的商品"，具有"可以任意变为任何随心所欲的东西的魔法手段"。这就是我国最早的金属货币即铸币。战国后期，刀币变得越来越小，好像是我们今天的儿童玩具。这说明交易的迅速发展，令货币越来越符号化（当然，刀布铸造者减重以谋利也是一个原因，但只是次要的原因）。随着货币流通，商人资本和高利贷也日益繁荣起来。这二者，一向受人诟病，但正如马克思所指出的，它们在历史上也曾起过革命的作用，因为对于摧毁旧制度它与有力焉。在这种状况下，有权有势的封君们鲸吞国有土地，一般的富有者和暴发的商贾们则蚕食国有土地。国有土地逐渐转化为私有土地。土地国有制削弱了；土地私有制则发展了。

但是，这两种土地所有制的消长之间是存在矛盾和斗争的。农人们不到山穷水尽是不肯失去自己占有的小块土地的。封建国家也不愿意减少它耕战所资的土地和人手。"有人此有土，有土此有财。"[14]农人们被迫抛弃土地，离乡流亡，对统治者也是大不利的。因此，当战国时期农村公社解体、井田制废弃的过程中，统治者便把国有土地原来由村社分配使用的传统改为由官府授田的新制，还设立代表朝廷直接管理国有土地的郡县。但是这并不能止绝土地私有制向国有土地的胜利进军。秦及汉初对商品经济采行放任政策，富商巨贾之流更为活跃。伟大的良史司马迁在《史记》里特为其代表人物立传，名之曰《货殖列传》。传中最早的货殖者为陶朱与子贡，时值春秋季年（公元前 5 世纪末叶）；最后止于汉武帝时；前后覆盖的年代共约 300 年。这是中国古代商品经济发展的第一个高峰，也是商品经济和自然经济、土地国有制和土地私有制矛盾斗争的第一次激化。汉文帝前元十二年（公元前 168 年），目光如炬的"智囊"晁错上了一封著名的奏疏——《贵粟疏》，强调指出农夫的苦况和各项苛重的负担。农夫不得已时只好半价出卖自己的粮食，没有粮食则只得借高利贷。"于是有卖田宅、鬻子孙，以偿债者矣。……此商人所以兼并农人，农人所以流亡者也。"晁错为什么特别提出"商人"？因为商人是当时最大量货币的持有者，是最强有力的土地购买者和高利贷者。可以说他是商品经济的化身，从他的活动可以看出商品经济的动向。晁错对他的描述并不夸张，大致反映了当时的实际情况。但似乎并未引起汉文帝的深切同感。到汉武帝时，问题更严重了。《汉书·食货志》说：武帝以勤远略，"县官大空。而富商大贾或滞财役贫，转毂百数，废居居邑。封君皆低首仰给焉。冶铸鬻盐，财或累万金，而不佐公家之急，黎民重困"。于是，一场严重的斗争展开了。

武帝是一个铁腕人物。他从商人阶级中选拔出一批杰出人物为他理财，与商人争利。马克思说过："一个统治阶级越能把被统治阶级中的最杰出的人物吸收进来，它的统治就越巩固，越险恶。"[15]武帝用郑当时之言，重用洛阳贾人子桑弘羊、齐之大鬻盐东郭咸阳、南阳大冶孔仅。"三人言利事析秋豪"，先后为大农令丞，领盐铁事；收铸铁、煮盐归国有，禁私营。又"除故盐铁家富者为吏，吏益多贾人矣"。接着颁布算缗令，命杨可主持告缗。"杨可告缗遍天下，中家以上大抵皆遇告。……得民财物以亿计，奴婢以千万数，田，大县数百顷，小县百余顷，宅亦如之。于是商贾中家以上大率破。"[16]商人阶级受到极为沉重的打击，他们丧失了已被他们占有的土地。这些土地转化为国有土地。土地国有制又重振了。贺昌群先生指出："缗钱令没收的中家以上富商大贾、地主豪强的土地，……都大批地陆续入于天子之手，而称为'公田'。……公田既为封建国家所有，所以又称'官田'。"又说："公田、官田、草田这些名称，在武帝以前是没有的，亦不见以公田假贷贫民的记载，这说明武帝以前汉天子直接掌握的土地很少……"[17] 其所以少，我以为就是 300 年来商品经济的发展使得商人阶级侵蚀国有土地的结果。但是，经过这场斗争，商品经济发展的势头被遏止了；土地国有制在一定程度上强化了。这说明，商品经济尚未具有不可摇撼的地位，年轻的商人阶级还很幼弱。

封建土地国有制是建立在自然经济的基础之上的。汉武帝虽然能以雷霆万钧之力打击商品经济，但只能遏止它的发展势头，却不能消灭它。到东汉末年，爆发了规模空前的黄巾大起义，继之是封建军阀们长时间的鏖战。中原的社会经济遭到深重破坏。农民们四出逃亡，土地荒芜，无人耕种。在这种状况下，怎样使生产者和生产资料结合起来，成了急迫的问题。曹操的办法是"屯田"。这办法实非新创，乃是前代授田制的改订和大规模运用，纯属土地国有制。

在这期间，商品经济衰竭到了几乎止绝的程度，即使在伊璧鸠鲁的空隙里也很难邂逅到一个商人。《南史·孔琳之传》说：到魏明帝太和元年（公元 227 年）之际，"钱废谷用，四十年矣"。这是自流通刀布铸币以来所未曾有过的现象。更不幸的是短暂的西晋统一尚未恢复社会元气，却又遭到另一场严重的破坏。这样，商品经济自然只能仍停顿于经济曲线的低谷中。广大农民企求稳定地占有小块土地，过一种仅能糊口的自然经济生活而不可得。伟大的诗人反映了农民的愿望，写下脍炙人口的《桃花源记》这一不朽名作。然而那样美妙的境界只可能存在于诗人的幻想中。现实的情况仍然是，若不堕入世族庄园中为奴婢、为部曲、为佃户，那就只能在无主荒地上过一种朝不保夕的生涯。锐意改革的北魏孝文帝采行均田制。这一制度远祧井田制，近继屯田制，但更加完备，更能适应当时的实际状况（至少是北方的状况）。因此，后来虽屡有起伏，却一直延续到唐代中叶。唐代中叶，以茶叶等经济作物为资源的商业贸易异军突起。不惟占领了内地的市场，而且远及塞外和周边地区。商品经济迎来了它的第二个高峰。

这个高峰比之第一个高峰是更高更大的。第一个高峰的大宗商品是盐铁，其次是酒酤。盐铁，甚至酒酤，其主要消费者是农民，但却不是农民所能生产的。它产地固定，生产集中，非冶铁家、煮盐家不能办。这就使汉武帝、桑弘羊辈能够把生产和销售夺取过来加以垄断。茶叶等经济作物的生产与此不同。它像蚕桑一样，是由一家一户的小农生产，由小商小贩收购，再由富商巨贾集中而运销各地。这个产销过程使统治者难以垄断。唐宋君臣对于垄断，非不为也，是不能也。他们主要采取的措施是插手这类商品的流通过程，分割商人的利润。由唐至宋所形成的钞引之制便是这种措施的体现。这些措施当然不利于商品经济的发展，但也不能阻止其发展。商品经济发展的趋势已不可逆转了。

唐代商品经济的发展自然不能不冲击旧制度。它加剧农村的贫富分化，使穷者离乡背井成为"逃户"，而富者以及有特权的贵族官僚则乘机掠夺土地。早在武则天时，问题已引起朝廷的关注。武则天曾命宇文融"括田括户"，所获为数颇不少，但不能止绝。到唐代中叶，"客户"已经遍布各州。杨炎相德宗，行两税法，索性承认现实，宣布"户无主客，以现居为簿"。而且不再"以人丁为本"，而是"人无丁中，以贫富为差"。这就敲响了均田、租庸调等旧制的丧钟。宋初君臣还制"均田图"，意欲复行均田制。结果当然是徒劳画饼而已。《宋史》称：宋"田制不立"，"不抑兼并"。这是事实。那么应如何评价这种事实呢？我认为这是古代社会的一大进步，是土地私有制发展的必然结果。很显然，唐代以前，土地所有权的运动是呆滞的；唐代以后则活泼起来了。辛稼轩词有"千年田换八百主"之句[18]。这是谚语，但若弃其夸张，则确是宋代土地所有权运动的写照。在这种情况下，土地国有制的日益式微是不可避免了。明初，曾大规模实行卫所屯田，可是为时不久便私有化，可以说那是土地国有制的回光返照。后来北方边陲一带的屯田竟有所谓"商屯"，可见商品经济已渗入全属国有的土地上。土地国有制已近尾声了。

由以上所述可见，我们要叙述封建土地国有制的历史，若不留意商品经济和自然经济二者的消长关系，是不能阐明土地国有制的兴衰原因的。

## 三　土地国有制的历史作用要辩证地观察

照以上所说，土地国有制植根于自然经济，和商品经济背道而驰；而在封建社会中，无疑商品经济是进步的，自然经济是落后的，那么，土地国有制不也是落后的东西，还能使国家强大吗？以前我说过，土地国有制能使封建国家强大，现在还能如此说吗？我想，还是可以说的。理由如下：

土地国有制的首要原则是平均分配土地给农民耕种，把农民提高到自耕农的状况。井田制如此，均田制也如此。孟子对齐宣王说："……若民，则无恒产，因无恒心。苟无恒心，放辟邪侈，无不为己。"因此必须为民制产。他接着说："是故明君制民之产，必使仰足以事父母，俯足以畜妻子；乐岁终身饱，凶年免于死亡。然后驱而之善，故民之从之也轻。今也制民之产，仰不足以事父母，俯不足以畜妻子；乐岁终身苦，凶年不免于死亡。此惟救死而恐不赡，奚暇治礼义哉！"那么怎么办呢？于是他提出："五亩之宅，树之以桑，五十者可以衣帛矣。鸡豚狗彘之畜，无失其时，七十者可以食肉矣。百亩之田，勿夺其时，八口之家可以无饥矣。……黎民不饥不寒，然而不王者未之有也。"[19]他认为西伯为民"制其田里"就是这个方案。这样说来，这不就是他说过的"八家皆私百亩，同养公田"的井田制吗？孟子是最能认识自耕农的巨大潜力的。他对梁惠王说："王如施仁政于民"，就"可使制梃以挞秦楚之坚甲利兵"，"夫谁与王敌！"所谓仁政就是使农民能够温饱，方法就是实施井田。应该承认，孟子对自耕农民力量的认识是正确的，方法是不合时宜的。固然，殷周盛时井田制确也起过那样的作用，但到他之时，井田制已经解体，必须改变土地国有制的形式，而且承认新起的农民小土地所有制，这样方能达到"王天下"的目的。

后世的均田制正是这样办的。例如唐代的均田，它授田用的是国有土地，并不没收私有土地。授田的原则是"先贫后富，先无后少"。这就意味着承认私人的土地所有权；以国有土地授予无地少地的贫苦农民，使之成为自耕农。唐朝统治者并不能完全做到这一点，但也不能说均田令全属空文。至少在贞观永徽那段朝政效率最高之时，基本上是能执行的。唐代初期社会之安定、国威之强盛，不能说不是奠基于是。马克思说：

> ……在欧洲一切国家中，封建生产的特点是土地分给尽可能多的臣属。同一切君主的权力一样，封建主的权力不是由他的地租的多少，而是由他的臣民的人数决定的，后者又取决于自耕农的人数[20]。

这个道理，除昏庸者外，一切统治者都是懂得的。因为只有具备众多的自耕农才能使国家足食足兵，强大兴盛。我国自古以来，帝王们无不希望据有"广土众民"，其故就在于此。

但是，自耕农的作用还有另一方面——经济的方面。他们的生产积极性最高，总是盼望能多致粟帛，从事副业生产。他们消费之余的粟帛和副业产品投向哪里呢？只有一条路子，就是拿到集市上去出售。一户农民所能投入集市的也许极为有限，不过一匹绢或一斤茶而已。但是拳石成山，经商贩收集到大都会便成为大宗商品了。长安城中东西市堆积如山的绢帛、茶叶，以及若干消费品和手工业原料就是这么来的。自耕农对商业的繁荣、商品经济的发展，做出了不小的贡献。均田制下受田的农户在全国自耕农中为数甚多。他们的贡献当然也很大。

可是商品经济自来是惟利是图，不知感谢的。它给自耕农的回报是加速他们间的贫富分化，把许多贫困了的农民从土地上抛掷出来，成为逃户、客户；让官僚、地主、商人以及高利贷者们巧取豪夺贫困农民自己的土地和依均田令接受的土地。均田制在商品经济的侵蚀下毁坏了。

这个过程在历史上是反复出现过的。它是历史的辩证法。

以上三点意见，我自知是很不成熟的，姑提出来以供本书撰者和读者参考。至于土地国有制与中央集权封建国家的关系、与农民大起义的关系、与北方地理环境的关系，我过去已有所论列。这些关系并非不重要，且都是笫二位的因素，所以兹不复赘。统希惠予指正！

**注释：**

[1]《马克思恩格斯全集》第46卷，人民出版社，第472页。

[2]《诗经·小雅·北山》。

[3]《礼记·曾子问》（又见《坊记》和《孟子·万章》）。

[4] 这里举个例子。《孟子·万章》载：孟子门人咸丘蒙问曰："……诗云：普天之下，莫非王土；率土之滨，莫非王臣。而舜既为天子矣，敢问瞽瞍之非臣，如何？"孟子认为以孝子尊亲之义而言，是不会的。可是孟子卒后百年，孟子认为不会的事发生了，《史记·高祖本纪》载："高祖（即帝位后）五日一朝太公，如家人父子礼。太公家令说太公曰：'天无二日，土无二王。今高祖虽子，人主也；太公虽父，人臣也。奈何令人主拜人臣？如此，则威重不行。'后高祖朝，太公拥彗，迎门却行。高祖大惊，下扶太公。太公曰：'帝，人主也，奈何以我乱天下法！'于是高祖乃尊太公为太上皇。心善家令言，赐金五百斤。"

[5]《马克思恩格斯全集》第25卷，人民出版社，第370页。

[6] 这条线是侯外庐先生首先提出的。这是他的一大贡献。不过他把这条线断自秦汉，我则把它上伸到西周，乃至西周之前，因为我认为井田制在夏商周都是存在的。郭沫若先生说，商已有井田，而且"是土地国有制的骨干"。金景芳、徐喜辰两先生有专论井田制的著作，都肯定井田制夏已有之。我从其说。但因夏商文献不足，有待考索，所以本书自西周始，本文也以西周为说。至于夏商，我将另为文论列，兹不赘。关于秦汉以后，侯文以及拙

作《论我国的"封建的土地国有制"》均有所论说。本书各章更一一详述之。

[7] 人们都说井田是农村公社。徐喜辰先生在其《井田制研究》中说"邑"是农村公社。今从徐说。按，有的地方也把邑叫做里、书社……但称邑者最多见。

[8] 张荫麟先生在《中国史纲》中就说过，邑乃贵族庄园。

[9] 参考许涤新主编《政治经济学辞典》上册有关辞条。人民出版社1980年版。

[10]《新中国的考古发现和研究》，文物出版社1984年版，第221页。

[11]《诗经·卫风·氓》。

[12] 这一段里的引文均出自恩格斯《家庭、私有制和国家的起源》，见《马克思恩格斯选集》，人民出版社。

[13] 恩格斯《家庭、私有制和国家的起源》，见《马克思恩格斯选集》第4册，人民出版社，第145页。

[14]《礼记·大学》。

[15]《马克思恩格斯全集》第25卷，人民出版社，第679页。

[16] 本段所引史文，见《史记·平准书》及《汉书·食货志》。

[17] 贺昌群：《汉唐间封建土地所有制形式研究》，上海人民出版社1964年版，第158页。

[18] 邓广铭笺注：《最高楼》，见《稼轩词编年笺注》卷三，上海古籍出版社1993年版，第279页。

[19]《孟子·梁惠王》。

[20]《资本论》第1卷，见《马克思恩格斯全集》第23卷，人民出版社，第785页。

（李埏、武建国主编：《中国古代土地国有制史》，云南人民出版社1997年版）

# 《滇云历年传》校点本前言

嗣尧夏光南先生是我在中学读书时的历史课教师。他娴熟祖国历史，而尤深于云南史地之学。他常常给我们讲述桑梓的故事，引起了我们极大的兴趣。我本来就爱好历史课，得他的循循善诱，对史学的感情就更浓厚了。我向他请教怎样学习云南历史。他教我：先取倪蜕的《滇云历年传》细细阅读。1933 年暑假，我返里省亲。家藏有此书，于是展卷细读一遍。可惜刻本既未断句标点，又多鲁鱼亥豕之讹，对一个初学者很不方便。我因想，若他日能为之校点一番，那该多好啊！夏先生得知我有此想，深为嘉许，曾一再鼓励我好自为之。

岁月如流，半个世纪过去了。夏先生的墓木已拱，我也垂垂老矣，可是《滇云历年传》（以下省称"倪传"）的校点工作依然徒存于想望之中。每一念及亡师当年的热情慰勉和殷切期望，未尝不愧汗涔涔。1983 年春，教育部在京召开高等学校古籍整理研究规划会议，我奉云南省教育厅之命前往参加。会议号召全国高等学校教师，教学之余积极投入古籍整理工作，我于是有偿宿愿、校点倪传之意。归来，重温倪传一遍，觉得这工作确乎是值得做的。虽然从我最初萌生校点的想法到现在已半个世纪，但这项工作并未因时移势异而丧失其意义。即令从今天的学术水准看去，倪传的价值仍然是灼然可见的。下面试略举数端：

首先，倪传纲举目张，简明扼要，是一部治滇史的初学入门之书。撰者仿朱熹《通鉴纲目》体例。自远古以迄清初，以事系年，纲目相从，每年先简述要事大事为纲，然后引录有关重要记载为目。读者由纲而得其要，由目而知其详，且因此而得到许多云南史料目录知识。书的卷帙不多，不难卒读。读后至少可以对云南自古以来的变迁沿革有一宏观的认识。初学者读此一书而能有如许收获，应该说，是很值得的。

其次，倪传不仅是一部初学入门之书，而且是撰者的"一家之言"。倪氏在《自序》中感慨地写道，此前的云南史乘充满了荒诞不经的传说附会：称号乖违，世谬相承，记载全芜，言之不文；"加之秦汉而后，宋元以来，阅历之时不少，甲子之混恒多；考古者每失于后先，证事者时迷于亥豕；此吾《滇云历年传》之所由作也"。可见他是有感而发，怀着一种责任感，在一片荒原上披荆斩棘，而成此一书的。近故方国瑜教授在其所著《云南史料目录概说》中指出："倪蜕此书，史料繁重，编撰专书，为前所未有之作。"又说："倪蜕此书，编年纪事始自洪荒而止于乾隆元年，所载史事多注出处，前后事迹之安置，颇具匠心，中多考证，亦见其不苟之作。"国瑜教授的这番话并非虚誉，实为的评。

再次，在倪氏的匠心中，有一条贯串始终的线，那就是"大一统"的《春秋》大义。全书强烈而鲜明地贬抑分裂，褒扬统一，强调云南应该统一于全国共载的中央政权之下，因此，对南诏、大理等政权，一律以地方割据势力视之。如大理段氏，称帝建元，不奉宋正朔，但倪传仍以宋朔纪其年。对蒙段统治者的即位、生卒……也都以"春秋书法"书之，不令其与唐帝宋帝相抗礼，以示不承认其为独立王国之意。我国历史上曾多次出现分裂，但都复归于统一，这和"大一统"原则之深入人心是分不开的。云南地处边陲，又多民族，强调这一原则尤为重要。倪传对此三致意焉，应该说，是作了贡献的。

又次，倪传还有一可贵之处是，它保存了一些珍贵史料。方国瑜教授说：倪传关于清初之事，"据康熙《云南通志》之《大事考》，而益以亲见亲闻者，虽不能详，然无专纪之书，则此书可为善本也"。又指出，在倪传所引书中，"亦有当日流传而今已逸者，如《南园续录》之类"。当然，倪传所征引的只是原书的一部分而非全书，但能保存一部分也是可贵的。还有的书，现虽尚存，但版本与倪传所引者有异（如《南诏野史》），取倪传与之互勘，可以正其讹误，也是很有益处的。

以上所述是倪传的优长方面。另一方面，它也有若干缺点。显著的是，在民族关系上，它的观点是大民族主义的，对少数民族则以"夷狄"视之。这种民族偏见也渗入到它的大一统思想中。例如，它以宋元纪大理事是由于"夷狄僭越，不可纪元"，便是这种偏见的表现。但不能把它的大一统思想完全等同于大民族主义思想，更不是大汉族主义思想，因为它对元、清君临全国的蒙族、满族并不以"夷狄僭越"书之。这说明它的大一统原则高于大民族、大汉族主义思想。

另一个缺点是史事史料的引述有错讹。方国瑜教授说：它"引书每不考虑史料价值，且不免有以鄙俚之传说而误为史事者，亦有不引最早之书而录后来著作者。至所考证，有精到，亦有以意为说，……书前列举引用书目一百三十四种，有转引自他书，未必亲见者"。这类缺点确乎有之，不必为之讳。但我以为，倪氏以七旬高龄成此书，由于记忆减退，舛误盖所难免。其《引用书目》是否亲出其手，也颇堪怀疑；因为有的错误，衡以倪氏的学力，是不应出现的。

这些缺点，比之优点，只能属于第二位；而且瑕不掩瑜，书的价值不致因此而丧失。我们今天把它校点一番，做点补苴罅漏的工作，使它的作用能够更好地发挥，契皋老人的前功不致废弃，是完全有必要的。

说到校点，看起来很容易，其实不然。我们平时读书，对一些不甚重要的地方，多一瞥而过，不求甚解。可是，校点一部书就不能这样了。不论重要性如何，也不论你是否感兴趣，每句每段都不能放过。因此，有时在不甚紧要处碰到难断的句子，也不能不花气力去解决。举一个例，倪氏有《自序》一篇弁书首，骈体，对仗甚工，几乎句句用典，读起来不太容易。因其非本书主体，所以读本书的人，往往着眼于重要史事及沿革大流，而不很留意它。但是，校点这部书怎么能置之不顾呢？这样，问题就来了。序中有下面几句：

　　……柱或铜而或铁附会为多碑忽仆而忽兴诙诒非鲜谁氏名几以
索冒姓关山何人指物为神移文金马请按越裳海上周公之车式安存试
看阿瓦江头王骥之盟言已废……

请读者暂时在此打住，试对上录文字点断一下，看如何是好。我不止一次看
到这样断法：

　　……柱或铜而或铁。附会为多。碑忽仆而忽兴。诙诒非鲜。谁
氏名几。以索冒姓。关山何人。指物为神。移文金马。请按越裳海
上。周公之车式安存。试看阿瓦江头。王骥之盟言已废。……

显然可见，在这段文字中，"柱或铜而或铁，附会为多"与下一句"俾忽仆
而忽兴，诙诒非鲜"相对偶，"请按越裳海上，周公之车式安存"与下一句
"试看阿瓦江头，王骥之盟言已废"也是对偶的。但中间的那两句，若如上
面的点断，那就不对偶，不是骈体文了；而且意义也不可解。如"以索冒
姓"，"关山何人"，可谓不辞；"移文金马"一语，孤立无偶，还骈什么呢？
我认为那样点断是完全错了。正确的应该是这样：

　　……谁氏名几以索，冒姓关山？何人指物为神，移文金
马？……

　　这样标点，不仅符合骈四俪六的文体格式，而且意义也可解了。如以
"谁氏名几以索，冒姓关山"为句，则用什么典便有线索可寻，从而可知其
所云。那么，用什么典呢？相传关羽幼子名索，曾随诸葛亮渡泸南征，有战
绩。后人因以其名作为其曾驻军之所的地名。四川有"关索坪"，云南有
"关索岭"三，贵州有"关索岭"一，皆因附会关索而得名。但关索实无其
人，因而后世有人另作解释。或谓"关索岭"是因关踞峻岭之上，须缘索乃

能攀登而得名。这是望文生义的解释，不可取。嘉庆《四川通志》（卷 18）说：四川的关索坪在中江县北四十里，"宽平无际，相传关索曾驻兵于此"。这当然不能用缘索攀登去解释。就是云南贵州的关索岭，也没有险峻到缘索乃能攀登的程度。另一种解释说，索与帅同音，关索即关帅，指的是关羽，这更是曲说了。"帅"，诚有读为"索"音之例，如《论语》"子帅以正，孰敢不正"的"帅"字即可读为"索"音，但不是一切"帅"字都可读为"索"。能把"元帅""大元帅""挂帅"读作"元索""大元索""挂索"吗？绝不可以。而关羽若可称为"关帅"，则正是"元帅"之意，怎么能写成"关索"呢？太牵强了，当然不可取。

由上举例子可见，断句标点虽尝被人讥为"彼童子之师"的"习其句读"工作，但也不是轻而易举的，有时还须花点气力推敲斟酌。本书中类似的例子并非少见，不过因为校点不是校注，所以许多问题的考究都不能在校记中反映出来。本书是一部通史性著作，上下数千年，涉及面广，问题很多；而我呢，知识又很谫陋，可能有些当考的问题没有考，或者虽考而未得其当，以致校点有不少缺漏错误。这只有期之于自己的继续努力，以及读者的纠谬正讹了。

近几年来，章峰同志一直协助我工作。在本书的校点工作中，他的辛劳是很大的。一开始，我嘱咐他：以本书的云南图书馆翻刻本为底本，依编年顺序，从头逐条、按倪氏所标史料出处，取原书比勘核对，把歧义的地方一一写出；同时，依照中华书局校点二十四史的先例，加以断句标点。他很努力，抄录了很多资料，写出了大量校勘记，标点了全书。我在他工作的基础上，又取了另一复印底本，从头至尾重行标点一遍，并对校勘记增删修润，最后写定为《校记》。当然，我作为校点本书的主其事者，校记中所有的一切错误，应由我独任其咎。至于成绩，不论大小，则应与章同志共之。

本书的校点工作，得到云南省高校古籍整理委员会的支持，谨此致谢。

（李埏校点：《滇云历年传》，云南大学出版社 1992 年版）

# 薪尽火传　继长增高

## ——书《中国民族史》后

　　江应樑主编、林超民副主编的《中国民族史》，由民族出版社出版，最近问世了。这是我国民族史著作林中一株挺出的新秀，值得我们为之庆贺。

　　说它是一株挺出的新秀并非虚美。我国是一个多民族的国家，民族问题一直是我国历史的一个重要内容。新中国成立以来，由于执行了正确的民族政策，各民族皆欣欣向荣，得到长足的发展；同时，各民族之间出现了前所未有的紧密联系和团结合作。在这种情况下，各民族人民，尤其是各民族的民族工作干部、研究人员和教育工作者……都盼望读到一部通贯古今的、全面完整而繁简得中的中国民族通史。但是，这样一部通史，新中国成立以来，四十年矣，却未曾见，这不能不引以为憾。江、林共编的这部书，弥补了这一缺陷。无怪乎第一次印数近万部（精装二千，平装七千），一到坊间便销售殆尽。在学术著作不易求售的今天，如此畅销，不惟说明它是人们渴求已久的读物，而且也说明编撰者们做出了可贵的贡献。

　　但还应指出的是，此书之所以畅销，不只是因其弥补了久缺的空白，更重要的是因其有如下特色：

　　第一，它突出了中华民族发展的整体性。此前的中国民族史往往将各民族的历史分族别或分区域撰述。如吕思勉的《中国民族史》（世界书局1934年版）分为汉族、匈奴、鲜卑、丁令、貉族、苗族、濮族、羌族、藏族、白种等十二族；吕振羽的《中国民族简史》（三联书店1948年版）对十几个民族分别介绍；林惠祥的《中国民族史》（商务印书馆1936年版）则分为十六个族系：华夏系、东夷系、荆吴系、百越系、东胡系、肃慎系、匈奴系、突厥系、蒙古系、氐羌系、藏系、苗瑶系、罗罗缅甸系、僰掸系、白种、黑种；徐杰舜的《中国民族史新编》（广西教育出版社 1989 年版）除汉族单列一章外，分四个区域加以综述：东北内蒙古的少数民族、西北新疆地区的少数民族、西南西藏地区的少数民族、中南东南地区的少数民族。这种分族或分区的体例，虽然突出了古今各民族各自的发展特性，却使中国民族史的整体性割裂。我们知道，中国民族史并非各族别史的简单累加。虽然各民族都有其自身发展的历史和民族特征，但它们都长期共同繁衍生息于中国这块土地上。经济交往、文化渗透及政治影响使它们成为不可分割的整体。各民族的活动，整合了中国历史格局，中国历史的整体性又影响了各个民族自身的发展。基于此，江、林共编的《中国民族史》将中国历史上的各民族纳入一个整体的社会历史背景中分阶段加以叙述，各民族的个性恰到好处地显示于共性之中。这一思考不仅导致了体例上的创新，而且使全书更切合于历史的客观实在。

第二，它突出多民族国家的统一性。历代王朝尤其是中央王朝的更替演进及其几千年不断的连续性，是中国历史别于世界其他各国历史的一个显明特征。王朝的兴衰更迭，是历史上经济、政治、文化变迁以及各民族活动的产物。它反过来，又影响了中国经济、政治、文化的发展及其特征和各民族的发展。虽然各民族的历史并不完全与中央王朝的更迭相吻合，但是，以王朝发展顺序这一客观存在的重要历史现象为线索来笼括中国民族，不惟脉络清晰，而且，多民族国家的统一性与连贯性也由此上升到突出的地位。事实上，在中国历史上，元、清等大一统王朝就是由少数民族建立的。由分裂走向统一的过程，历代王朝的兴亡与各民族的活动存在着相互影响的辩证关系；少数民族的兴衰也与中央王朝的统治紧密相关。江、林共编的《中国民族史》不是简单地以王朝更迭为线索编写各少数民族的历史，而是在具体阐述之中，很好地将二者结合融汇于一体，深刻地揭示出二者之间的辩证关系和历史规律。这点，正是该书超越以往中国民族史和一般中国通史著作的显著特点。

第三，它突出各民族之间相互联系的有机性。中国各民族的成长过程同时也就是各民族之间相互渗透、相互促进的过程。描述整体的中国民族史，民族关系史是其中不可或缺的重要内容。民族交往有着源远流长的密切的渊源流变关系；民族迁徙影响各民族的生存空间与政治经济生活；民族同化、民族融合更是民族关系史，同时也是每个民族发展史的重要内容。汉民族在形成、壮大的过程中融合了历史上许多少数民族。各民族之间的交融汇聚、分化组合构成了中国民族纷繁复杂、生动壮丽的历史场景。各民族的相互依存与相互交流，不惟推动了各民族自身的成长，有时甚至塑造、改变了某些民族的历史进程，而且成为中华民族整体发展的内在动力。实际上，民族自身的发展规律本身也就包含了与其他民族的关系这一内容。一部中国民族史，如果不着重论述民族关系史，则各民族发展变化的事实便无从解释。将民族关系史作为民族史研究的一项主要内容，实事求是地反映各民族之间的有机联系和日益强化的凝聚力，并进而揭示其客观规律，这部《中国民族史》做了有益的探索，也取得了可喜的成果。

以上三端，不过是该书特色的荦荦大者，而不是说该书的特色只此而已；也不是说，对于每一端该书都已做到完美无缺；相反，学无止境，几乎每编每章都有一些值得商榷的问题，有待于深入探讨。但是，面对这样一部久盼始见的大著，我们应取的态度是成人之美，与人为善，而不是吹求缺点，泼冷水以降温。这部著作，除餍足当前广大读者的急需外，还有一个打破坚冰、开通航道的开拓之功。这以前，让读者久等而没有这样一部书，并非无人察觉这项工作的重要，只因从事这项工作确非易易，不好轻易着笔，所以在这书问世之前，书林中长期阙如。现在有这部书"导夫先路"，我相信必有民族史学者继踵而起，步武而前，在民族史苑囿中竞放异彩。

以上是我作为一个读者的读后感。但我面对此书，怅触于怀，有非一般读者所能感想者。我和应櫆相交数十载。在云大同住一幢宿舍，相邻二十余年。十年浩劫中，我俩与张德光同志一起被打为"小三家村"，备受苦难。

"四人帮"恶贯满盈，党中央拨乱反正，我们又重新走上教学岗位。应樑积极性很高，在1983年云大历史系的一次讨论课程设置的会上，应樑提出，民族史专业的基础课应该是"中国民族史"。他自告奋勇，当任此课；并发宏愿，要纠合教研室诸同仁，集体编写《中国民族史》一书，那时应樑已七十六岁。我觉得他真是老而益壮，壮心不改，深为敬佩。应樑因自己年事已高，亟望迅速完成此一巨著，可是事与愿违，时逾四载，成书仍遥遥无期。他多次向我感叹，我也只有以感叹报之。因为我也正在负责一个集体科研项目，我的困难和他所遭遇的完全一样，真可谓同病相怜了。过了些时，应樑迁入新宿舍，迁居前一日，他到我寓闲叙，又谈及这事。他很感慨地说："岁月不留，人生易老，我八十就在眼前了。思前想后，觉得已往既不可谏，来者也不可追，一切都只能望而兴叹而已。本想依靠集体，完成这部书稿，了我晚年的最后一桩心事。可是，一再迁延，眼看也要付之东流，奈何奈何！"我听了，一句话也说不出来。因为他只长我六岁，可能不久我也会说同样的话。从这以后，我们很少促膝谈心，他的书稿的命运究竟如何，我也再无所闻。同时，他的健康状况每况愈下，因此我以为这件事大概就这样完了。

万料不到，今年夏初的一个下午，我开完会回家。一进门便看见一部"江应樑主编"的《中国民族史》赫然陈于我的案头。怎么，应樑已离开我们三年，这部书却在他身后完成而且问世？我急忙展卷快读，从"后记"里得知，原来是应樑殁后，其门弟子林超民君纠合同门学友共襄义举，竟亡师未尽之志。后来更从与其事者获悉，应樑因久病，不能执笔为文，统修编订工作悉由超民任之。甚至"绪论"，虽署应樑之名，亦出超民之手。至于出版等事宜，超民的辛苦就不问可知了。超民写的《后记》有云："本书的出版使他〔应樑〕多年的愿望变为现实，如九泉有知，他应感到欣慰。我们把本书奉献于他的灵前时也可以无愧地说：'我们没有辜负他对我们的辛勤培养和殷切期望。'"这几句话真可谓空谷足音！它蕴藉着深厚的师弟高谊和崇高的道德风范，应樑泉下有知，当无遗憾矣！

一千多年前，韩愈慨叹"师道之不存也久矣"，特著《师说》一篇，至今尤为学子所传诵。可是韩愈以后的师道怎么样呢？我们今天的师道又如何呢？我以为很有必要把尊师爱生的要求更加强调提倡，使高尚的师弟之谊成为一代风尚。读江、林共编的《中国民族史》者，当然只求书中的知识，而不问编书的艰辛经过，更不问编者间如何的情真谊挚。我则以为后者乃更为可贵。孟子说："颂其诗，读其书，不知其人可乎？"爰在此表而出之，以告读者。

1991 年 9 月 25 日

（原载《云南社会科学》1991 年第 4 期）

# 评辛著《禹贡新解》

近因偶然的机会读了辛树帜著《禹贡新解》一书[1]，这是一部颇有功力的专著。第一，它列举了前人的重要学说，并一一分析评判，这无异给《禹贡》的研究做了一个总结；同时也给后之学者指出蹊径，多所启发，大大减少了不必要的摸索，嘉惠很大。

第二，辛先生的治学态度是值得学习的。虽然他有自己的独立见解而且持之甚力，但对于异说都加以尊重，并择善而从，甚至别人的意见，即令是一个字的是正，只要有当，都欣然接受，并标而出之，不掠美，不屈从，襟胸磊落朴直。

第三，前之治《禹贡》者，多是以古证古，为古而古，至多不过好古敏求而已。辛著处处着眼于古为今用，并能结合当前生产斗争实际，以今证古，古为今用，如"区田"之说即是一例。这是辛著的最大特点和优点。只有这样，研究才有现实意义。

第四，辛先生的学力是深厚的。他不惟擅长现代农业科学，而且精研古代典籍，对古代社会有渊博知识。用是颇能发前人之所未发，论据多有科学的意义。这又是辛著的另一特点和优点。

以上四点不过举其荦荦大端而已，其他的优点和特点还很多，兹不备述。

下面提出几点意见备采择。

《禹贡》成书的时代问题，自来为学者之所聚讼。辛先生主西周之说。其说虽与王国维同，但详征博引，反复辩难，论证之有力，实远超王氏而上之。但是仍有可商榷者：

其一，依据历史唯物主义之原理，人们的认识常不免落后于实际。西周穆王以前不惟未出现过专制主义的中央集权政治，而且下距这种趋势的形成也还远，何以自成康以至穆王那个封土建邦的时代，竟能成此官书？关于这一点，童书业先生的意见是值得考虑的，我们也持和童先生相同的看法。

其二，研究历史问题必须依据历史发展的理论。否则，此亦一是非，彼亦一是非，很难求得一致的结论。例如，顾颉刚先生以为司马错伐蜀以前，周秦人不知有梁州，而《禹贡》中有梁州，可知《禹贡》晚出。辛先生则力主梁州古已有之，《禹贡》中有梁州，不足为晚出之证。二说皆持之故。但从历史发展的观点看，尽管发展的路径有曲折，总的趋势则是，区域间的交往和民族的融合日益扩大和增强。这就要问：春秋战国时期，中原与周边各族的关系较之西周前期是增强了。何以梁州与中原的关系西周前期反而胜过春秋战国时期呢？又如"九州"之说，"九"的虚实姑且不论，至于"州"字，那就颇成问题。顾颉刚据《论语》"虽州里行乎哉"一语，谓"州"在西周时非大的行政区域。辛先生据《左传》"与子同州"之语则谓州在西周已是大的行政区划。这二说的是非何以取断？看来，这不能单从这两句话而定，须当从实际的政治区划去考察。在汉以前，除《禹贡》外，没有以"州"作为实际行政区划的记载。西周封土建邦也不是谨守"九州"的界限的。"郡""县"皆后起。"州"的实际应用则更晚。何以远在它实际应用之前千年就预设这么一个方案呢？"与子同州"之意不过是后世同乡、同里之意而已。

其三，西周之直接史料首为金文。辛著却极少用之。为什么"九州"之说不见于金文，其他如贡赋、土质……也不一见？对此，不知辛先生有何说。

其四，古籍中的族名、地名常有与后世名同实异者。后人使用时如不能辨异，则会出现张冠李戴的错误。如昆明一名，古时所指非一地。若概以今昆明释古昆明，可能大谬。族的迁徙古代很频繁，更不能拘泥于一地。《牧誓》的"庸、蜀、羌、髳、微、卢、彭、濮人"，童书业先生谓其居地大概在今鄂、豫之间，而不是西南，说得颇有理。若必谓在川、滇、黔一带，则与牧野相距甚远，不知如何传达消息，通讯联络？如何搞好后勤，供应远征？……这些都是不可思议的。

其五，唐代陂塘有许多是重修前代的。除《新唐书·地理志》所记外，还有见于列传的。其所以能大量兴修，和它的劳役制度有关。宋代，官修者逊于唐，私修者则过之。特别是东南水利，宋代可谓空前，"圩田"可谓是其代表。元代水利亦颇有可记者。辛著于叙述唐代之后便述明代，略宋元而不书，因而发展之迹不著。

还有一些小问题，著者似未深考。如页18有云："古人行路多喜在山岭"，并引王夫之之说以为据。王夫之说的是古人多山居，故要修治山间道路；并没有说是喜欢在山间走路。古人山居，"非择而取之，不得已也"。既然山居，当然要在山岭走路，不能说是由于"喜欢"。周人喜欢的是"周道如砥，其直如矢"那样的康庄大道，岂有"舍大道而弗由"的道理。另一个问题是，页59说："周人为西方民族，好玉出于天性。"用民族性来解释"好玉"，似亦不妥。某个民族好什么，决定于诸多原因，怎么能归之于"天性"呢？还有，页58说："我认为铁的露头不难发现，古人知铁当必甚早……"此说亦未安。恩格斯在《家庭、私有制和国家的起源》一书中，对铁的发现有科学的论述，辛先生盖未之见。实际的情况是，人类最易发现的是黄金，而不是铁。铁的熔点高，古人生产力水平低，不易征服它，所以铁器的出现，不论古代东方或古代西方，都在铜器之后。所以说我国铁的发明早于春秋是可能的，但须加论证。

辛著内容丰富，涉及面广。我的意见不过是管窥所见的一斑而已。

**注释：**

[1] 辛树帜：《禹贡新解》，农业出版社1964年版。

1980年旧稿，1997年改作

（原载《云南民族学院学报》1999年第3期）

# 《秉烛集》序

李英华教授的论文集行将问世了。这是一件很值得庆贺的事！英华教授于 1957 年春自川来滇，执教云南大学历史系，与我同在中国古代史教研室。1982 年又同时转入中国封建经济史研究室，一直分工合作，边教学，边研究。现在她虽已退休了，但对研究工作仍孜孜不倦，锲而不舍，时有创获。回顾过去，我们在教育战线上已经并肩战斗了近四十年。我看到她在教学上精益求精，一点一滴地改进教学内容；在历史研究中，刻苦钻研，一步一步地深入探索。她常常用自己探索所得丰富讲稿，因此她的课堂讲授富启迪而多新鲜。同时，她还针对史学界所讨论的问题，撰为论文刊布，以与百家争鸣。我再读那些论文，总觉得她的许多高见卓识，不仅争鸣时为人传诵，即对后之学者也是很有参考价值的。出于这样的考虑，我曾一再敦劝她衰辑成书，付梓印行。可是她逊谢未遑，直到最近才自选辑出十余篇，名曰《秉烛集》。

我想趁此机会，谈一谈英华教授治史的几个特点。

首先是她对史学理论的重视。数十年前，她曾出入于各种史观和理论，但都未能心悦诚服。及接触马克思主义的唯物史观，乃找到最终的归宿。自我们相识之时起，我便感到她对理论的高度重视和深刻理解，实在不可多得，这个特点从收入本集的论文中也灼然可见。

其次是她很强调治史必须通与专并重。虽然她专治明清经济史，但对其他专门史和断代史也是通达的。因此她不论开设专史课或通史课，都能令听者折服。她早年师事蜀中著名史家蒙文通教授，受到通与专的教益，毕生奉为圭臬。现在从她的教学和论著看来，可谓不辱师门矣。

再其次是，英华教授极重理论，但不流于教条主义；极尊师教，但不囿于师说。这在她的教学和论著中也是很为明显的。兹就本集中举二三例。如《试论经营地主》一文，认为史学界对中国封建社会中的经营地主是否带有资本主义性质的争论，完全肯定或完全否定都各有所偏，应当更进一步分析。她据史实，主张有纯封建性的经营地主和带有资本主义性质的经营地主，前者在中国封建社会前期已大量存在，后者则出现于中国封建社会后期。两者所起的历史作用颇有不同，应分别论之。这是具体情况具体分析的例子，也是博通和专精很好结合的结果。又如《自耕农的兴替与地主阶级》一文，认为封建社会中的小农经济是指耕种规模的狭小，而非土地所有权之谓，自耕农和佃农是均包括在内的。作者由此进而论述自耕农的发展变化和作用，这就很清楚明白了。再如《中国封建监察制度剖析》一文，先对这一制度的起源和发展作了详尽的论述，然后进而分析它在中国封建社会前后期的不同作用及所以不同的历史原因。这又是一个具体情况具体分析和通与专相结合的例子。这些论文都是发人之所未发，灵活运用历史唯物主义原理的佳作。

英华教授之所以能在教学和研究上做出令人欣羡的成绩是和她的为人分不开的。她的家累之重是常人不堪负荷的，然而她从不因之而影响工作。五十六十年代，劳动、运动纷至沓来，她从不叫一声苦。她为人正派，十年浩劫中，一些同志受迫害，她从不乘人之危，落井下石。她不慕荣利，不求闻达。她从事研究和著述只是出于一个动机：求实求真。由于有这样的风格，所以能客观地评说论列，能"通古今之变，成一家之言"！

（李英华著：《秉烛集》，云南大学出版社 1993 年版）

# 《中国传统市场发展史》序

在一个社会中，当产品生产之外又出现产品交换之后，生产和交换便成为这个社会经济发展的最重要的决定性因素了。恩格斯说：历史唯物主义的观点认为，"一切重要历史事件的终极原因和伟大动力是社会的经济发展，是生产方式和交换方式的改变，是由此产生的社会之划分为不同的阶级，是这些阶级彼此之间的斗争"[1]。在《反杜林论》的"政治经济学"编一开始便说：广义的政治经济学"是研究人类社会中支配物质生活资料的生产和交换的规律的科学。生产和交换是两种不同的职能。……这两种社会职能的每一种都处于多半是特殊的外界作用的影响之下，所以都有多半是各自的特殊的规律。但是另一方面，这两种职能在每一瞬间都互相制约，并且互相影响，以致它们可以叫做经济曲线的横坐标和纵坐标"。接着又指出，"政治经济学本质上是一门历史的科学。它所涉及的是历史性的即经常变化的材料；它首先研究生产和交换的每个个别发展阶段的规律，……"[2]细绎以上所引可见，经济史研究的对象也正是如此；研究的目的也不外是发现历史过程的运动规律。毫无疑义，我们应当把各个历史时期的生产和交换置于首要地位，并以之为坐标，绘制出各时期的经济曲线。

生产的重要性人皆知之。至于交换，为什么也那样重要呢？究其原因，主要是交换出于分工；没有交换，分工便难以进行；而交换的发展，还使得分工扩大，驯致服从它。进一步出现商品生产和商品流通，于是在传自远古的、惟一的经济形式——自然经济之外，出现另一种经济形式——商品经济。这两种经济形式是相矛盾的。在古代，它们此进彼退，此消彼长，时有起伏。但总的趋势则是商品经济日益排挤自然经济，最终使整个社会成为列宁所说的"商品社会"。在这种社会里，任何生活资料的取得都舍交换而莫由。交换的重要性就毋庸多置辞了。

由此说来，我们从事经济史的研究，毫无疑义，应当把各个历史时期的交换的发展和变化置于首要地位，大力地去探索它。

那么，从何着手去进行这种探索呢？回答是——从市场着手。

市场是"商品交换的场所和领域"[3]。它如影随形地随着商品交换的出现而出现，也随着商品交换的荣枯而荣枯。它和交换简直可以说是同义词。不宁惟是，它同时还是商品经济活动的舞台。但它不是木然地空在那儿等待演员，而是能动地反过来左右演出。马克思说："当市场扩大，即交换范围扩大时，生产的规模也就增大，生产也就分得更细。"[4]这里所说的生产当然是指商品生产。由此说来，市场既是商品交换的聚焦点，还是商品经济运转的轴心。我们研究经济史无疑应当抓住这个契机。

但是，不能不引以为憾的是，环顾我国史林，这方面的著述实在太少了。什么缘故呢？是不是文献不足征，难为无米之炊？龙登高博士的这部著作就足以证明：并非如此。我的浅见以为，其故盖在于传统偏见和极"左"思潮的影响。

所谓传统偏见指的是亘我国古代对商人和商业的鄙夷，这是阶级的偏见，来源很古。据近人研究，早在商朝时期，工商业已颇有发展。（"商人"的称谓可能即因系商朝人而得名，有如后世华人在汉时被称为"汉人"，在唐时被称为"唐人"。）那时的工商业均为王室、公室、官府所有，私人是没有的。士庶人只有家庭手工业和集市上剩余产品的交换，像青铜器、玉器之类的手工业品是不可能生产的。王室、公室、官府占有善技艺和善经商的奴隶，用以生产各种产品和到方国部落间去进行贸易。西周代商，"因于殷礼"，工商业的状况大体因仍旧贯，未闻有多大改变。王玉哲教授称西周手工业工人为"工奴"、商人为"商奴"；并说"工商皂隶，不知迁业"，都是世职，没有自由[5]。这个见解，大概就是古史专家们的共识。由此说来，工商业者很早就处于卑贱的地位，自然要受到人们的鄙夷。

周室东迁以后，工商业日益发展，有厚利可图，于是在官府工商业之外，兴起了私人的工商业。到春秋末期，私人身份的大商人、大工业家令人侧目地出现了。中国历史上商品经济发展的第一个高峰由此突起；记述此高峰景观的《史记·货殖列传》也由此开篇。取《史记·平准书》与《货殖列传》合而观之，可见在高峰突起之前夕，即春秋之世，在官府工商业之旁、原来微不足道的民间工商业，已经由附庸蔚为大国，潜滋暗长地成长起来了。自此，民间和官府的工商业双轨并驾，一直延伸到清代，但占主导地位的不是官府工商业，而是民间工商业，愈后而愈著。市场几乎全是他们的天下。但是这并不能改变千百年来的观念。工商业仍被视为"末业""末利"……工商业者，特别是商人，则被称作"末民"，受到鄙视，甚至仇视。其著者如商鞅变法，下令："事末利及怠而贫者举以为收孥"。竟图一举消灭民间工商业，把民间工商业者抑为奴隶。后来秦汉施行的七科谪，其中四科都是对商人的（若其三代中有一代是商贾，有市籍，便要受谪发），汉高帝还"令贾人不得衣丝乘车，重租税以困辱之"。孝惠高后时，虽驰商贾之律，"然市井之子孙亦不得仕宦为吏"。到武帝，狂风暴雨般的打击忽焉降临到商人头上。盐铁等大宗商品的生产收归官府经营；算缗和告缗令的施行，弄得"商贾中家以上大率破"。经济曲线，像滑雪似的，徒然从顶峰降到深谷。太史公作《货殖列传》恰好也就到此搁笔。（不搁，还写什么呢？）

这是一场严重的斗争。斗争的结局是，年轻的商人阶级败于专制主义中央集权统治者的淫威之下；商人有所上升的社会地位又复下降了；商人的乐园——市场，悄然了；总之，商品经济的发展势头被遏止了。不宁惟是，近两千数百年来中国经济的支配形态是地主经济。秦及西汉是这种经济及建立于其上的各种制度始创和定型的阶段；而汉武帝统治的半个多世纪则是这个阶段的关键时期。这时的许多措施都为后世所沿用，虽有损益，但基本格局不改，如管榷制度、对商贾工匠身份的规定……便是。

为什么商鞅、汉高祖、汉武帝等要施行那样的经济政策呢？这不只是为了解决国家财政之类的问题，也是有更为深刻的原因的。马克思说过：凡在农村公社具有"孤立性、公社与公社之间的生活缺乏联系、保持与世隔绝的小天地"的特征的任何地方，农村公社"总是把集权的专制制度矗立在公社的上面"[6]。在另一部著作中，马克思又说过：19世纪的法兰西农民，是一个阶级，又不是一个阶级，"他们不能代表自己，一定要别人来代表他们。他们的代表一定要同时是他们的主宰，是高高站在他们上面的权威，是不受限制的政府权力，这种权力保护他们不受其他阶级侵犯，并从上面赐给他们雨水和阳光"[7]。这些论述给我们以深刻启发。显然，我国夏、商、周三代的基层单位正是具有上述特征的农村公社，即井田制，因此有一套专制制度矗立于其上。春秋战国之际，农村公社解体。代之成为社会基层单位的是类似上述法兰西小农那样的个体农户。因此出现专制主义中央集权统治，就是事有必至、理有固然的了。农村公社和个体农户的经济都是自然经济，与商品经济不相容。此时商品经济的发展既已使农村公社解体，又要进而蚕食个体小农。若任其发展，就会导致动摇专制统治的基础，削弱中央集权的威势，引发政治的、社会的动荡。这怎能不引起统治者的仇视和打击呢？在这一点上，地主阶级与统治者利害完全一致。他们也企图不冲击自然经济，只用超经济强制的方式剥削农民，认为这是最根本的。商品的生产和流通不过是一种补充。与农业相较，农业是"本"，"本业""本利""本富"，工商业是"末"，"末业""末利""末富"。"舍本逐末"，不论是统治者或地主阶级都是不允许的；他们都要求"重本抑末"。汉文帝、景帝多次下诏，强调："农，天下之本"，"天下之大本"，……"末"这个字有"非根本的、不重要的"之义。既如此，自然就使鄙夷的，甚至仇视、敌视的传统观念历久不改。加上商人、市场总伴有欺诈、作伪等不良行为，传统观念就更不易消失了。

下面略谈一下极"左"思潮的影响。极"左"思潮把商品经济和资本主义等量齐观。诚然，资本主义的经济是商品经济，但不能倒过来说商品经济就是资本主义。须知，不仅资本主义社会有商品经济，就是古代的劳动奴隶制社会和封建社会，以及现代的社会主义社会也是有的。"商品经济的充分发展，是社会经济发展的不可逾越的阶段。"[8] 这一论断是正确的。但是，前此的极"左"思潮却不承认这条历史规律，硬要把商品经济和资本主义混为一谈。在这种情况下，谁还敢谈商人、市场等商品经济范畴。假如你不识时务，硬要谈论，那么，等待你的无疑就是严厉的批判和深刻的检查。这种情况，大家记忆犹新，这里就不必多说了。

总之，以往的史家们对商人、市场之类的问题不屑谈；近来的史家们则不敢谈。因此，这些重要问题的历史研究至今还处于发轫阶段。市场史则几乎是空白，现在，这个空白不能不弥补了。改革开放以来，社会主义市场经济蓬勃发展，给全国造成从未曾见的繁荣景象，这就让人感到弥补这个空白的迫切。当然，要弥补谈何容易，因为前人给我们留下的这方面的凭借实在不多。可喜的是，目下已有一块初炼就的石头开始来弥补了，这块石头就是龙登高博士的这部著作。

登高与我一块儿治中国古代经济史有年。他刻苦勤学，锐意进取，胆识俱佳。他自选宋代东南市场为题，专意探索，成博士论文二十余万言，云南大学出版社为之刊行，颇引起同业专家的好评。毕业后继续精进，今又完成这部著作。我看到薪尽火传，青胜于蓝，怎能不高兴呢？愿登高不以已有的创获为满足，日新不止，做出更多的贡献！跂予望之，是为序。

**注释：**

[1]《社会主义从空想到科学的发展》的 1892 年英文版导言中语，见《马克思恩格斯选集》第 2 版第 3 卷，人民出版社，第 704～705 页。

[2]《马克思恩格斯选集》第 2 版第 3 卷，人民出版社，第 489 页。

[3] 许涤新主编：《政治经济学辞典》"市场"条，人民出版社 1980 年版。

[4]《马克思恩格斯选集》第 2 版第 2 卷，人民出版社，第 17 页。

[5] 王玉哲：《中国上古史纲》，人民出版社 1959 年版。

[6]《马克思恩格斯全集》第 19 卷，人民出版社，第 436 页。

［7］ 《马克思恩格斯选集》第 2 版第 1 卷，人民出版社，第 677～678 页。

［8］《中共中央关于经济体制改革的决定》（1984 年 10 月），人民出版社。

（龙登高著：《中国传统市场发展史》，人民出版社 1997 年版）

# 《唐宋茶业经济》序

商品经济，顾名思义，是以商品为对象而进行生产和交换的经济形式。离开商品，生产便没有目的，交换也就没有内容，一切都无从谈起。因此，我们研究某一时代的商品经济，应当首先对那个时代的商品进行分析。当然，商品是种类繁多的，不可能细大不捐地都加以探讨，但是至少应当对那些大宗的、关系国计民生的进行研究。唐宋两朝是我国古代商品经济发达的时期，考究其大宗商品的生产和流通是很有必要的。

唐代前期的大宗商品应首推绢帛。在国内市场上，绢帛是人人乐于接受的商品，因此它甚至取得货币的职能，成为与铜钱同时流通的货币。在国外，它受到塞外各民族的欢迎，沿着丝绸之路，远销到西亚乃至罗马。唐朝西北边境上的最大贸易就是绢马贸易。可以说，它在国内外的市场上都是不可一世的天骄。但是到了唐代中叶，茶业异军突起，竟夺取了市场上的首席地位，凌驾于绢帛之上。唐德宗时人封演在他的《封氏闻见录》中写道：开元以后，"自邹、鲁、沧、棣至京邑城市，多开店铺，煎茶卖之，不问道俗，投钱取饮。其茶自江淮而来，舟车相继，所在山积，色额甚多。……始自中地，流于塞外。往年回鹘入朝，大驱名马，市茶而归，亦足怪焉"。这则记载很足以说明市场上的重大变化。这变化来得如此迅猛确乎足以令人惊异。特别是茶马贸易的兴起使绢马贸易顿然失色，更觉可怪。其实，这也无足为异。本书从唐代江南农业生产的发展，说明茶业兴起的原因，可谓得其窍要。又从市场的形成和发展论述茶叶贸易的兴盛和扩大，也是很中肯綮的。由此可以看到，在市场上，茶较之绢更受欢迎是必然的。下面试略作说明。

茶是经济作物，适于小农生产。地主茶园可以种它，一家一户的农民也可以种它。这和种桑养蚕是相似的。但制为成品投入市场时，绢帛不可以尺寸裂，茶叶则可以斤两计，多少都可以售出，这就不大一样了。尤其不同的是进入消费过程以后，茶，无贵无贱都得而饮用，绢帛则非富贵之家是不能服御的。在塞外游牧社会里，这种情况更为显著。绢帛，只有安坐帐幕中的贵族酋长们能够享有，至于广大牧民和战士们，诚如汉人中行说劝告老上单于说的："得汉缯絮，以驰草棘中，衣裤皆裂敝，以示不如旃裘之完善也。"（《通鉴》卷14）至若茶叶，那就很不相同。贵族们、牧民们都是"羶肉酪浆，以充饥渴"，非茶不可，因而茶成了不可或缺的生活必需品。显然，茶的市场较绢更为广阔，绢马贸易自不能不逊于茶马贸易了。至此，茶在国内外市场上已执商品界的牛耳。到宋代，茶业更兴旺了。不仅江淮一带的生产大为发展，连远在西陲的四川也很可观。江淮川峡的茶叶依然大量出口塞外。《宋史·食货志》说："茶之为利甚博，商贾转致于西北，利尝至数倍。"无怪乎它是国计的一大要务。

然而尤为重大的是茶业对社会经济发展的影响。首先是对产茶地区农村经济的影响。茶，作为经济作物，商品性很强。农村中生产它，主要是为了出售，而不是自己消费，所以这种生产几乎全是商品生产。这样，通过茶叶贸易，茶农和茶园主便更多地卷入市场关系之中，农村的商品经济比重进一步加强了。商品经济能激励农民的生产积极性，连广大农村妇女也积极投入茶叶的生产中。采茶是茶叶生产的一个很重要的环节，几乎全由妇女担任。于是农村的劳动生产率成倍地增加，这不仅使茶园主受益，茶农的收入也增多了。江南川峡产茶的农村普遍都富裕起来。

茶在城市中的影响较在农村中更甚。第一，茶的消费者多居城市。售茶的茶肆和饮茶的茶楼、茶馆，几乎无处无之。茶博士之类成为一种服务性职业。第二，茶叶的精加工在城市。制茶成为一种重要的城市手工业。第三，其他行业如运输业、邸店业、碾硙业，以及金融业……都发达起来了。这些行业都属于商品经济性质。它们虽不因茶业才兴起，却因茶业而兴旺。茶业是它们的龙头和核心。它们与茶业形成一股强大的商品经济力量，和其他大宗商品，如盐、铁、绢帛等一起，把唐宋的商品经济推到一个前所未有的高度。

尝试论之，在我国古代，商品经济的发展曾经出现过两个高峰。一在秦汉，一在唐宋。前者的主力是盐、铁，后者的中坚是茶、盐、绢帛。后者比之前者，基础更广，高度更高，而且历时更久。20世纪50、60年代，史学界曾热烈讨论资本主义萌芽问题，或谓出现于宋代，或谓出现于元代、明代、清代，……虽无定论，但足见大家对这几朝的商品经济水平估计都不低，值得进一步深入探讨。

探讨的一个有效方法，就是对商品的个案研究。这种研究已经有许多成果了，但对茶业则尚待深入。洪升君发宏愿，竭数年之力，焚膏继晷，废寝忘餐，成此一书初稿。在此数年中，我和他朝夕共学，时相讨论，甚为欢快。分袂以后，他仍锲而不舍，继续增益修润，今终底于成，即将付梓，问序于我。喜青胜于蓝，爰书所感以归之，是为序。

1999年澳门回归日后三日于昆明

（孙洪升著：《唐宋茶业经济》，社会科学文献出版社2000年版）

# 《云南历史货币》序

原始社会末期，新时代将到来之际，出现了许多新的事物。在那些新事物中，对后世社会经济的发展影响最深最巨的莫过于交换。恩格斯在《反杜林论》中有几句话，对交换的重要性说得极为明确。他说："政治经济学，从最广的意义上说，是研究人类社会中支配物质生活资料的生产和交换的规律的科学。生产和交换是两种不同的职能。……这两种职能在每一瞬间都互相制约，并且互相影响，以致它们可以叫做经济曲线的横坐标和纵坐标。"（《马克思恩格斯选集》第 3 卷，第 186 页）这个比喻，以横坐标表示生产，纵坐标表示交换，经济曲线表示整个经济状况。作为坐标之一，交换的重要性可知；作为纵坐标，经济曲线的升降高低，以交换的发展变化为准。这样说来，我们要确切地了解一个时代的经济状况，就必须在研究生产的同时，以同样的气力认真研究交换，二者是缺一不可。

研究交换可以从许多方面着手。货币作为交换的媒介，无疑是其中一个极为重要的方面。货币，是交换矛盾的产物，也是解决交换矛盾的手段。没有它，交换便不可能扩大和发展。恩格斯说："它以隐蔽的方式包含着其他一切商品"，成为商品的商品。"它是可以任意变为任何随心所欲的东西的魔法手段。谁握有它，谁就统治了生产世界。"在述及古雅典产生铸币时又说："当人们发明货币的时候，他们并没有想到，这样一来他们就创造了一种新的社会力量，一种整个社会都要向它屈膝的普遍力量。"（恩格斯：《家庭、私有制和国家的起源》）我们中国的古谚也说"钱可通神""钱可使鬼"（翟灏：《通俗编》）。唐人刘秩说："夫钱之兴，其来尚矣。……先王以守财物，以御人事，而平天下也，是以命之曰衡。衡者使物一高一下，不得有常。故与之在君，夺之在君，贫之在君，富之在君。是以人戴君如日月，亲君如父母，用此术也。"（《旧唐书·食货志》）这类话表明：我国古代的人们也早已感到货币的"魔法手段"作用了。当然，正如一切事物都变动不居一样，货币及其社会作用也非一成不变的。它是随着交换的演进而演进，从一个形态变为另一个形态，由低级向高级发展。

我国很早就已是一个泱泱大邦。在广大中原的四周，环绕着许多经济发展水平不一的辽阔的边疆地区。这些地区一方面与中原有日益紧密的经济联系，共同性越来越多；另一方面仍循自己的发展进程，保持着若干特殊性。这就使得我们伟大的祖国的经济、政治、文化呈现丰富多彩、洋洋大观的景象，而且要求我们不论是研究祖国的现状，或是研究祖国的历史，都必须是目光四射，兼顾边疆各地，否则便不能给我们以全面的知识和了解。这样的任务，不用说是很艰难的，只有分工合作，各地区首先弄清自己的实况，才有可能把我们祖国的面貌，过去的和现今的，全面而确切地呈现于祖国人民之前。货币史及其研究自然也是这样。

云南遥处西南边陲，又多兄弟民族，是我们祖国的最为重要的一个组成部分。它的经济形态和货币形态纷然杂陈于各历史时代，较之其他地区又具有更多的多样性和特殊性。不把这个地区的经济史、货币史……研究清楚，祖国的经济史、货币史以至通史是不可能完备的。过去这方面的工作做得不够，实属憾事。现在为了"四化"建设，为了发展商品经济，亟应大力开展有关这方面的研究，首先是货币史的研究。然而物有本末，事有终始，应知所先后，中国人民银行云南省分行金融研究所、云南省钱币研究会聚集人才，提供条件，经过几年的搜集整理，编制成《云南历史货币》一书，这就为进一步研究云南的经济史、货币史准备了一个必要条件。因此，从这本图书的问世，我们可以看到云南货币史、云南经济史的研究即将逐渐展开，迅速成长，产生丰硕的成果。

（汤国彦主编：《云南历史货币》，云南人民出版社 1989 年版）

# 《贝币研究》序

古时，云南曾流通过贝币，在《蛮书》等古籍中曾偶有记录。过去治滇史的学者们虽然大多知道这件事，但未对它做过专题的研究，所以不得其详。新中国建立以还，史学界重视起经济问题了，于是有学者起而对之加以探讨。如已故的方国瑜、李家瑞、江应樑等先生都曾发表专文，有所论述。一些年经同志也先后继起，踵事增华。杨寿川君治此学有年，用心甚专，用力甚勤，发表了好几篇论文，颇有创获。现在他把有关论著收集起来，加上他自己的论文，编订为一集，即将付梓问世。这是件很有意义的事。它不惟给读者以方便，省其检索之劳，而且把不同论点集中在一起，使人们看了，得到很大启发。这无异对以前的研究做了一次小结，又将今后的研究推进一步。

有没有可以推进的余地呢？我看有的。我，作为一个读者，学习了这个论集之后，就很希望知道下面的几个问题。

第一是贝币流通之际，社会的商品经济状况怎样？我们知道，货币是商品交换的媒介，"是交换过程的必然产物"（马克思语。本文所引马克思语均见《资本论》第一卷第一篇，亦见《马克思恩格斯全集》第23卷）。更早，偶尔出现的直接交换是无须货币作媒介的。必须是商品种类增多，直接交换不易进行时，才出现交换手段——货币。随着交换的发展，货币形式不断变更，币材由贱而贵，于是有各种货币。至于什么商品或什么币材作为货币是由交换过程决定的。马克思说："货币可以是粪土，虽然粪土并不是货币。"又说："金银天然不是货币，但货币天然是金银。"他又说："货币没有臭味，无论它从哪里来。"是土产商品或外来商品都可以，贝是外来的，但它在云南境内成为货币，则主要决定于云南境内的流通区域的交换状况。马克思指出，货币开始时是交替地、暂时地由这种或那种商品充当，后来才固定在某些特定种类的商品上。"究竟固定在哪一种商品上，最初是偶然的，但总的说来，有两种情况起着决定的作用。货币形式或者固定在最重要的外来交换物品，这些物品事实上是本地产品的交换价值的自然形成的表现形式；或者固定在本地可让渡的财产的主要部分如牲畜这种使用物品上。"贝币属于前一种情况。这就要求说明它是不是"最重要的外来交换物品"和怎样成为"本地产品的交换价值的自然形成的表现形式"。假如这个要求是合理的，那么就应该认真探索一下当时云南的商品流通情况和怎么会把货币固定在海贝上面。

第二，我还想知道贝币流入云南的具体情况。看来，贝币之来，不是贡品，不是战利品，而是商品，它是来自缅甸的。那么，那时围绕贝币的滇缅交易情况是怎样呢？贝在缅甸也用作货币，这对云南有何影响？云南贝出土的地点在滇池周围和滇西。这正是现在被一些人称为"南方丝绸之路"的地带。这条路线上流通的商品主要是些什么？贝流入云南，是作为商品，还是作为货币？（抗战期间曾有过缅甸金币流入云南的事实）毛泽东在《实践论》里说过，内因是根据，外因是条件。前面我提出的疑问是内因问题，这里提出的则是外因问题。只看到外因而忽略内因是错误的；只知内因而不问外因也是不正确的。必须辩证地全面地观察问题乃能得出正确的答案。

第三，云南也曾经有五铢钱流入，何以不能成为主要的流通手段？直到明末，铜钱才排挤掉贝，而成为云南通用的货币？我尝说：铜钱因其细碎，适于小额交易，是小生产者的货币。贝币每枚的币值比铜钱还小、更细碎，那么是不是它之所以成为货币，也是出于类似的原因？假若答案是否定的，那么正确的该是什么呢？

寿川编纂本书既竟，问序于我。我乘此机会，提出上述几点疑问和企盼，以就教于方家。假若所提不成其为问题，那就一笑置之吧。

1997 年 10 月 19 日

（杨寿川编著：《贝币研究》，云南大学出版社 1997 年版）

# 《云南历史文化新探》序言

　　王懿之同志的论文选集《云南历史文化新探》就要出版了，这是一件很值得庆贺的事。他 20 多年来一直锲而不舍地从事云南民族历史、文化的探索和研究，撰著论文数十篇，皆颇有见地，在学术界有一定影响。其最令人赞赏的，如《试论基诺族农村公社的特点》《傣族源流考》《云南文化简论》《论滇越社会经济形态》《论西双版纳茫乃政权》《论傣族农业文化》等论文，都很有深度和独到见解，所以得到同行专家的好评。宋蜀华教授指出：懿之同志"对傣族史的研究，资料丰富，思虑精审，多具新意，读后颇得助益"。这是的评，我也有同感。

　　纵观懿之对云南民族历史文化的研究，我以为它有以下特点：

　　其一，于前人未曾涉足过的领域，做出开拓性研究，如滇南近现代以来爆发的基诺族起义、卢梅贝起义等，是颇有特色，颇具意义的民族起义，但在云南史学研究中却是空白。懿之多次深入边疆民族地区，进行了艰苦的实地考察，最后写出《基诺族起义》《卢梅贝及其所领导的民族起义》，是很有贡献的。

　　其二，对在国内外具有深远影响的重大课题加以研究，并有所突破。例如有关傣、泰、掸民族的源流，100 多年来，国内外学者众说纷纭，莫衷一是。懿之从 80 年代初开始，从历史学、民族学、考古学、语言学、文化人类学等多方面进行综合的对比研究，相继发表了初论、再论傣泰掸民族源流的文章，在国内外学术界产生了一定的影响。有的学者指出："这样的研究，是有意义和有助于问题的解决的。"确是如此。无怪乎第四届泰学研究国际学术讨论会将其论文收入了论文集。

其三，重视实地调查，采用多学科对比研究、综合研究的方法，力求获得新的成果。懿之不满足于汉文记载的文献史料，为了得到新鲜活泼的、真实可靠的第一手材料，10 余年来他先后 10 多次深入玉溪、思茅、西双版纳、红河、临沧、大理、保山、德宏等地州进行民族历史文化的调查。在综合对比研究的基础上，写出专著和论文，征求有关少数民族同志的意见，然后反复修改定稿。如为了撰写《基诺族起义》，他曾先后七上基诺山调查；为了撰写好《聂耳传》，他远至北京、天津、上海采访聂耳生前友好，查阅上海 30 年代数百万字的档案材料。这一切都说明他做学问的刻苦与踏实。

60 年代初，懿之就读于云南大学历史系，听过我的讲课。当时，我就很器重他，期以远到。他不负我的希望，毕业后继续精进不已，终能在不长的时间内，青胜于蓝，取得可喜成绩。像他这样的畏友真可谓后起之秀，是我们史学界的生力军。因此，当他的论文选集行将问世之际，我特别高兴。谨书所感以为之序。

1992 年劳动节于云南大学

（王懿之著：《云南历史文化新探》，云南人民出版社 1993 年版）

# 《美丽的彩虹》序

彝族历史悠久，人口众多，分布于祖国西南边疆的云贵高原和周边山区。由于这一地带尽是崇山峻岭、深谷巨川，旧时的通道只有稀疏的羊肠小道，所以分布于各地的彝族同胞甚少往还。年代久了，便形成许多支系和具有支系特色的习俗文化。彝族擅长歌舞，各支系都有各具特色的歌咏和舞蹈。这些歌咏舞蹈也不知流传多少年了，但一直鲜为人知，有如深藏山中的璞玉，难得邂逅卞和那样的人。直到 1946 年圭山彝族组成一个歌舞团，破题儿第一遭到昆明演出；与此同时，光未然整理的《阿细的先基》汉文版也出版问世，这才使人们惊叹彝族文学艺术的美妙。那时，由于抗战之故，文化人云集昆明，于是彝族的文学艺术随之驰名外地，然而那不过是一脔而已。

新中国成立以后，各族的历史文化遗产受到空前重视。许多调查组分别深入各族村寨，采访搜集，整理出不少成果。圭山彝族撒尼人中，口耳相传下来的《阿诗玛》，不惟被整理写定，汉译出版，而且摄成电影在国内外放映，得到举世的赞誉。然而《阿诗玛》还不是惟一的。昂智灵和李红昌、美雨合译的《尼迷诗》（1989 年云南民族出版社出版），便是继《阿诗玛》而问世的又一瑰宝。现在，昂智灵新译的《美丽的彩虹》则是和前两者相媲美、先后辉映的另一佳作。

《美丽的彩虹》是撒尼人相传的一篇爱情长诗。它的内容是小伙子沙那和姑娘若资倾心相爱。不幸恶人木格为谋占若资，竟害死沙那，焚尸灭迹。若资忠贞不渝，投火殉情。俩人成为一道青烟，腾空化作彩虹。至今，撒尼姑娘们犹以彩虹为缠头的花纹图案，以示对忠贞爱情的追慕。长诗歌颂撒尼人勤劳、勇敢、智慧以及酷爱自由的民族性格。它的主题思想、人物塑造、艺术风格、语言运用，都达到了很高的境界，是非常优美感人的。

这篇长诗有彝文原本。智灵得之于经师里旺美老先生处，遂据以译为汉文。智灵采用四行译法：第一行为原文；第二行为国际音标注音；第三行为汉文直译；第四行为汉文意译。这种方法是很优越的，不惟有译文，而且保存了原作。谙彝文者可通览原作，只谙汉文者则读意译汉文即可。读者若对译文是否忠实有疑，有原文可资覆按；若对译文有不同意见，则可据原文相商榷。当然，这种译法是较难的。可喜的是，智灵既娴熟彝汉语文，又有弘扬彝族文化的奉献精神，所以能胜任而愉快。希望智灵继续精进，做出更多的贡献！

智灵与我为忘年之交，是我的畏友。我向他学到不少关于彝族文化的知识。现在就要看到《美丽的彩虹》出版，我非常高兴，爰书所感以为之序。

1996 年 11 月 1 日，时年八十有二

（昂智灵编著：《美丽的彩虹》，云南民族出版社 1997 年版）

# 《云南地方官僚资本发展简史》序

在中国近代经济史上，官僚资本主义与帝国主义、封建主义鼎足而三，形成压在中国人民头上的三座大山。由于帝国主义的侵略，中国沦为半殖民地；由于封建主义的延续，中国社会还是半封建的。在半殖民地半封建的社会基础上，帝国主义和封建主义日益紧密地勾结起来，于是生产出一个混血儿——中国官僚资本主义。官僚，本是我国历史上固有的东西。至迟从秦始皇厉行中央集权、设郡县之时起，它便成为封建统治的强有力的支柱。近千年来，商品经济逐渐发展，官府、官僚逐渐染指商品流通过程，出现所谓的"官商"。但是，因资本主义萌芽的微弱和迟滞，直到西方列强挟其资本，排闼闯入以前，官僚和资本还是绝缘的。鸦片战争失败后，列强资本涌入国门。在资本的威胁利诱下，官僚一改故态，不复深闭固拒，而是越来越紧密地和资本勾结起来。这样，官僚资本主义这个混血儿，便突起于两山之间，成为又一座大山。这个混血儿秉承了其两亲的残暴性和贪婪性，加给中国人民以不可言喻的痛苦和灾难。它的出现，集中地反映了中国近代经济史、政治史的特殊性。我们要了解近代的中国，不可不研讨它的历史。

说到研讨中国官僚资本的历史，我以为，必须首先分区域去进行。道理很明显，我国地域辽阔，各地区发展很不齐一，不分区域是无法深入研究的。我们常说，中国近代史断自 1840 年的鸦片战争。那只是就全国性的历史分期而言，决不是说各省各地区都在这一年同时成为半殖民地半封建社会，同时产生官僚资本主义。实际上，各省区之间，甚至一省区之内的各地区之间，差别也是很大的。为了阐明各地区的历史，也为了更好地论述全国性的通史，很有必要开展各省区历史的专题研究，特别是官僚资本这个专题的研究。

遗憾的是，官僚资本主义这座大山已被推翻四十年了，而它在各省区兴灭的专史却很少见。云南这个地方，曾是官僚资本的重要一隅，而且具有典型性，很值得作一番深入细致的研讨，可惜时至今日，我还未曾见到有这么一本专著。幸好，李珪同志多年来以马克思列宁主义、毛泽东思想为指导，潜心治云南地方经济史，披荆斩棘，写成《云南地方官僚资本简史》一书，填补了云南近代经济史的一大空白。全书提纲挈领，条理清晰，朴实说理，行文流畅。既可供治云南经济史者的参考，也可作进行爱国主义和社会主义教育的读物。现在即将付梓，问世有日，实在是史学界一件深值庆贺的事情。我获先睹之快，爰书所感以告读者，是为序。

1990 年 4 月 1 日

（李珪著：《云南地方官僚资本发展简史》，云南民族出版社 1991 年版）

# 《张冲将军评传》序

记得，在大学读书时读过一本巴比塞著的斯大林传。半个世纪过去了，书的内容已不复记忆了，但书的名称还深深印在脑海中，那书名是《从一个人看一个新世界》。读完后我感到，书的名称也就是书的主旨。在这个无产阶级革命的时代，要为一个革命者写传记，确乎要能引导读者去认识一个新世界。如果只是让人们知道传主的生平经历，那是不够的。当然，这样做并非易事，而且可选充这种传主的人物又不多，所以这样的传记就少见了，这不能不说是一件憾事。因此之故，当我得知黄学昌、彭先和两同志为张冲将军作传时，十分高兴。因为张冲将军是一位为创造新世界而英勇斗争的革命者，黄、彭两同志又正是以此为着眼点而从事撰述的。

张冲将军的一生有着强烈的典型性，充满了传奇色彩。他生于一个封建家庭，受过传统的私塾教育，参加过梁山泊好汉式的武装斗争；也参加过旧式军队，当过高级将领；还主持过盐场、水利等经济建设；在解放战争中光荣地加入了中国共产党，把后半生完全奉献给党的事业，为创建新世界而斗争；……他天赋机智勇敢，为人豁达大度，遭遇过无数次惊险危难。他的一生确实是一部动人的传奇。彝族著名作家李乔同志为他写的一部传略便名为《彝家将张冲传奇》，读之很动人，因为传奇的本事就是很动人的。

但《传奇》毕竟是一部文学作品，和史学著作的传记有所不同。作为一个崇敬张冲将军的读者，我既喜爱《传奇》，也很期望能读到一部翔实史的传记。这个愿望现在实现了，学昌、先和的大著即将问世，我可以餍足了。学昌在大学教中国革命史有年，是一位专治史学的彝胞，他对张冲有深厚感情。近十来年，教学之余一直孜孜不息地搜集有关张冲将军的资料。先和与学昌有同窗之雅，长期从事文史教学和研究，善属文。他们共同写成这部传记，洵属难得。我相信，此书一出，必与李著《传奇》先后辉映，相得益彰，使广大读者合而观之，能够更好地重睹张将军的英雄本色。

我有幸曾多次拜谒过张将军，得闻其豪言谠论。据我家的家谱，蜀汉兴亭侯俞元李恢将军是我们这族人的远祖。记得以前每逢春节，更新桃符，路南诸李家都贴出一幅同样的春联："派衍俞元家乘远，侯封蜀汉国恩多"。指的就是这一史实。兴亭侯其人是彝族，从《三国志》本传中可知。一次，我向张冲将军谈及这一掌故，他断然肯定，兴亭侯当属彝族；即此，勉励我要为振兴彝族文化奉献绵薄。我很惭愧，迟迟未能实现他的嘱咐。现在读了李著《传奇》和黄、彭合著的《张冲将军评传》，回忆张将军的音容，更增内疚！但愿黄、彭二君的大著，能激发起广大读者的革命热情，共同继续张将军的未竟之志，为创造一个美好的新世界而努力奋斗！

1990 年 10 月

（黄学昌、彭先和著：《张冲将军评传》，云南大学出版社 1991 年版）

# 《东陆学林》 第一辑序

云南大学研究生论丛——《东陆学林》一书问世，是一件深为可喜的事。我多年担任研究生指导教师，不论是博士生，抑或是硕士生，我都殷切期望他们日就月将，茁壮成长。现在，看到他们的成果，我当然喜不自胜，感到说不出的慰藉。

更为可喜的是，论丛反映出作者们有一股不畏艰险，敢于攀登科学高峰的锐气。由于有了这股锐气，所以他们探索的问题，不少是老一代学者未曾解决的。有的学术问题很早以前就有过讨论，迄无定论，现在又重行提出，若没有理论勇气是不可能的。但应指出，作者们并非仅凭一股勇气，贸然问津。细读他们的论文，他们是冷静地、严肃地对待他们面前的课题，因而都能持之有故，言之成理，提出自己的创见，引人注目。我还觉得，我们现在对引进外国先进的科学技术是颇为重视的，但对引进外国的社会科学成果则重视不够。青年同学们从小学、中学、大学直到研究生，长达十五六年，花这么多的青春年华，攻读一种外语，其结果竟无所用之，真是莫大浪费。倘若每个同学到大学毕业时能就本专业的外国文献中选译一两篇名作，于己于人都是很有好处的。古人说："他山之石，可以攻玉"，我们应该提倡鼓励这项工作。

孔子说："后生可畏。"我阅读论丛后确有此感。可是我要劝告研究生，你们取得如此成绩当然应引以增强自信和自豪，但千万不能自满。"后生可畏"后面还有："四十五十而无闻焉，斯亦不足畏也已。"这也是真的。人人都经过青年时期，但不是人人四十五十都有闻啊！

末了，希望这本论丛的问世只是一个良好的开端，而今而后，继长增高，持续不断，更加丰富多彩！

1990 年 11 月于云大

（云南大学研究生处编：《东陆学林》第一辑，云南大学出版社 1991年版）

学习·杂说

# 以学愈愚说

天之生人也，有智愚之分，物之相竞也，有天择之例。处斯世界急流澎湃之洪潮中，优胜而劣败；智为人重，愚为人轻，此自然之理也。第智愚皆禀赋于天，不能咸如人意而得弃取之也，

然则智者将永占优胜，而愚者将尽为天演所淘汰乎？岂大公无私之造物者，竟有所独厚欤？曰：是不然，余每见世之人，智者寡，愚者众；然不见智者尽幸福，愚者尽败亡也。此何故欤？一言以蔽之——曰：学与不学耳，余观夫世之智者，每恃其聪明才力而不屑学。愚者则自憾鲁钝而孜孜不息。及其成也，智者反逊于愚者。故智不足恃，愚犹可日进。高明进之之方，惟"学"之一字，为其不二之法门。

以例明之：非洲黑人，世称愚蒙，欧美白人，自命天之骄子，然使黑人得尽其所学，以与白人较，则相去几许哉？曾子与者，性愚者也，孔子尝曰："参也鲁。"然以其好学不倦，传而能习，是以卒成宗圣，俎豆千秋，曾固鲁愚，千百世有几人哉？苏洵者，有宋一代之文豪也，年二十七，始发愤问学，卒就所业，语言文章，脍炙人口，苟其不学，则亦一庸庸者耳，曷能令后人之景慕若是哉？

由是观之：黑人之所以终不如白人者，以其不学也。斯二子之转愚成智，出类拔萃者，以其能学也。故愚不足惧，可惧者，不学耳。虽有过人之智，若无过人之学，则智不足美。虽具过人之愚，而有过人之学，则愚不足轻。譬之病人，倘不惮良药苦口，则疾未必不瘳，今愚者若不惮学，则无必不能变智，是故孔子曰："……人一能之己百之，人十能之己千之，果能此

道矣，虽愚必明，虽柔必强。"苟吾辈能努力向学，则惊天之伟业，亦意中事耳；何愚之足惧哉！

（原载云南省立昆华中学《昆华校刊》1934 年 10 月 25 日第 5 期）

# 博和精

读书为学，既要广博，又要专约，二者不可缺一。其所以不可缺一，是由于世界上的一切事物都不是孤立地存在的；若不懂得这一事物和其他事物的联系，就不可能对这一事物有真正的认识。据说王阳明早年治学，从"格物致知"开始。他首先"格"他书斋外面的一丛竹子，废寝忘食地面对着竹子"格"了好几天，结果不惟"格"不出什么道理，而自己反而"格"病了。这个故事说明，只求专约、孤立地研究事物，是难以获得知识的。但是，也不能不顾专约而单纯去追求广博。因为知识的范围太大，而个人的生命、精力毕竟是有限的；假若不在求广博的同时求专约，那么最后的结果必然是像《庄子·养生主》所说的，"吾生也有涯，而知也无涯，以有涯随无涯，殆矣！"因此，广博与专约，不应过多地着重哪一方面。重此忽彼，都是读书为学的偏向。

清代乾嘉年间，考据学风靡一时。流弊所及，有的人只重专约，有的人则只重广博。当时一位善于独立思考的学者章学诚，针对那种状况加以纠正说："学贵博而能约"，那么怎样才能既博且约呢？章学诚提出个"主"字。他说："天下古今未有无主之学"，又说："吾见今之好学者，初非有所见而为也，后亦无所期于至也；发愤攻苦，以谓吾学可以加人而已矣；泛焉不系之舟，虽日驰千里，何适于用乎？"（《文史通义·辨似》）。这里他所说的主，用我们今天的话来说，就是中心；所说的有所见而为，就是有意义；所说的有所期于至，就是有目的。他的这几句话是颇为中肯的。很显然，要是没有中心，没有意义和目的，那么，专精什么和如何广博，都将无从谈起，怎么能有所得呢？

其实，不仅读书治学是这样，就是做其他工作也是一样的。你不能离开中心而去专门注意别的什么，也不能只要中心而不顾其他一切。为了解决一个中心问题，必须把有关的问题搞清楚，这就是专约而兼广博。这好比画圆，圆心就是中心，半径就是有联系的知识，圆周就是广博的范围。世界上没有无圆心和半径的圆，也没有无专约的广博。广博是可贵的，不广博就无法专约；但广博毕竟是服从于专约，专约的中心变了，广博的范围也就不同了。

我们常用建筑房屋来比喻求学，把广博说成是基础，这是不错的。没有一定的广博基础而从事学问，必然要蹈王阳明格竹子的覆辙。但是，学问的基础和房屋的基础也有不同之处。房屋的基础是一次筑成的，而学问的基础却是围绕着中心，随着中心的深入而不断相应扩展的。因此，广博的基础不能有一刻离中心的专约。这就好像放风筝，尽管越放越高，但不能连手中的线也一并放掉。

学必有主，"天下古今未有无主之学"实在是一句值得三思的名言。

（原载《云南日报》1962年4月19日第3版）

# 读书和灌园

读书，首先碰到的一个问题是，书太多了，怎么能遍览呢？且不说漫无目的地读，无论如何读不完；就是局限在一定的范围里，也不可能短期内把所有应读的都读尽。这实在是一个矛盾。一些怀有雄心壮志的青年，不被充栋塞屋的图书所吓倒。他们如饥如渴地，读完一本又一本；不停地摘录、画线、做笔记、写卡片……

毫无疑问，这样努力向学的青年是值得赞许的；这样渴求知识的热忱是应该同情的；多读一些书、多浏览一些书也是十分重要的。可是，这里还需要注意博览群书与精读几本主要著作相结合，需要注意读书方法。

记得以前有一位前辈学者曾向一些青年说："你们终日找材料、写卡片，好倒却好，只是有危险。"人们问他："有什么危险？"他回答说："你们的知识学问全都写在卡片上，万一渡江过河，卡片掉到水里，或者不小心火烛，卡片被烧掉；又或者遇到失窃，卡片被偷走了；那么你们岂不顿时变成一无所有的人了吗？"接着，他郑重地说道："一个人做学问，总得有几部书的卡片不是写在纸上，而是写在脑子里。"

这席话的意思是深长的。当然，所谓丢掉卡片的危险，不过是一种幽默的微讽罢了。它真正的意思是，书不熟读，便不能从字里行间，从那没字的地方，读出隐含在纸面背后的意义来。用句过去的成语说，即不能"读书得间"；用我们现在的话来说就是，不能了解它的精神实质，发现它的内部联系。这样的读书，当然是"虽多亦奚以为"，没有多少好处的。

但是，书又确乎太多了，怎么可能全都熟读呢！这里就有一个博览与精读的问题，因为对于不同的人和不同的工作需要，书籍之对于他，是有主次、轻重之分的，不应不加分别地读。大致说来，如果平时注意了博览，又能把所学范围内的几部最紧要书籍精读，其他次要的就不必花同样多的劳动了。因为人有联想能力，在博览的同时，又已有几部书精读，"新知"便能和"旧学"挂钩，思维上便能架起一座联系的桥，温故之所以能知新，就是这个道理。古代大将出征，大军中总有一支叫做"亲兵"之类的部队，这支部队不大，可是非常精锐。我们精熟几部最紧要的书，也就是给自己配备一支知识上的"亲兵"，这样方能"八面受敌"（苏东坡语）。因此，在博览的同时，如何精练和掌握这支"亲兵"，是从事学问的一件要事。倘若一来只是泛泛而观，那不仅不能巩固，也无法深刻理解，到后来势必还得重新用功，岂不反而慢了吗？宋代理学大师朱熹，善于读书。他教导他的门人说："为学须是先立大本，其初甚约，中间一节甚广大，到末稍又约。"

他又做过一个生动的譬喻，说："读书如园夫灌园。善灌者，随其蔬果根株而灌之。灌溉既足，则泥水相和，而物得其润，自然生长。不善灌者，忙急而治之；担一担之水，浇满园之蔬。人见其治园矣，而物未尝沾足也。"（均见《朱子语类》）。我们今天读的书当然和他大不相同，但从方法方面而言，他的这些话仍然是宝贵的经验，值得我们参考汲取。

在博览的同时，精熟地读几部紧要书是做学问的一个基本功。很多前人的成功经验证明：这步工夫是越扎实越好，万不可省。

（原载《云南日报》1962 年 4 月 26 日第 3 版）

# 读书必有得力之书

　　清代学术，以乾嘉之间（即公元 18 世纪后半期）为最盛。在所谓的乾嘉诸大师之中，王鸣盛是杰出的学者之一。他的著作很多，按清代人的学术标准来说，都很精核。其中流传较广的是《十七史商榷》《蛾述编》《尚书后案》等书，而尤以前者为最。那是清代的史学名著，与钱大昕的《二十二史考异》、赵翼的《廿二史札〈记〉》齐名。在《蛾述编》的末卷，《说通二》中有一条，叫做"读书必有得力之书"，说得很有意思，颇值得参考。原文如下：

　　惠学士士奇选四书文劝学篇叙有云："先王父朴庵先生，于前明万历末，补博士弟子员，试辄冠侪偶。家有藏书，手自校雠，以故书多善本。一日，社会名流群集，先王父后至。坐中有白须老儒，卒然问曰：'子得力何书？'先王父错愕无以应也，然心善其言。退而手钞《左氏春秋》及《太史公书》凡数十通。至老且病犹不废。其专如此！然则先辈无书不读，尤必有得力之书。"案：惠说可为后生读书之法。

　　后来，另一个清代学人连鹤寿，在这条札记之下又加按语说：

　　此在苏长公已然矣。其读《汉书》也，第一次先揽其山川人物，第二次再究其制度典章，凡阅数次而始读讫。眉山父子学问文章，横绝一时，盖皆恃有得力之书也。

上面提到的惠士奇，就是清代另一个著名学者惠栋的父亲。惠士奇的"先王父"（即祖父）叫惠有声，字朴庵；曾经科举考试，取得"岁贡生"的功名，亦即上面说的"补博士弟子员"。连鹤寿按语中说的"苏长公"，就是宋代文学家苏东坡。"眉山父子"即指苏东坡和他的父亲苏老泉以及他的弟弟苏辙。这些人，在他们所处的时代里，都是很善于读书治学，是很有学问的人。尽管我们今天所读的书，与他们读的有很大不同，但作为一种读书方法或为学经验，仍是有参考价值的。

特别是读马克思列宁主义的经典著作，匆匆读过一两遍，必然不能深入理解，必须反复熟读精思，躬行实践，才能穷其精神实质。听说，我们的一位革命老前辈，曾反复阅读毛主席的著作。这种精神，更远远超过上述的古人，更应该为我们所效法取则。今天，我们在党的关怀下，得书甚易。书店里的好书，满目琳琅，美不胜收。每本书即令只略读一遍，还会感觉日力不给。但是，尽管如此，各人仍应该有自己的"得力之书"。不如此，必至漫无所归，学无所主。《孙子》兵法上有几句话说得非常精辟。它说：打仗应该集中使用兵力，否则，"备前则后寡，备后则前寡；备左则右寡，备右则左寡；无所不备，则无所不寡。"打仗如此，读书为学也无不然。尤其是从事研究工作，更应该集中优势兵力，打几个学问上的"歼灭战"，认真地读几本好书。

# 文章的眼睛

一篇文章必须有一个题目。这已是多少年来作文必守的通则了。现代的文章，有时还有到两个题目，即所谓的正题和副题。昔人作诗，有标为"无题"的，其实"无题"还是有题。因为一切的诗都有了题目，偶有一首标出"无题"二字的，这"无题"二字的作用完全和有题一样，只不过表示：作者有意把自己心中的题目，让读者去捉摸而已。真正"无题"的诗，应该一个字也不写，就像《诗经》三百篇那样，让后人替它把每首诗的头一句拈出来，勉强作为一个毫无意义的题目。

为什么每篇文章必须有个题目呢？这得先从"题目"二字说起。"目"字的意思是"眼睛"，转为动词就是用眼睛看。它是我国最古的象形文字之一，原来的写法是画一只眼睛。后来演变成方块字，眼眶变成四方形，眼珠变成其中的两横，于是成了现在的样子。"题"字呢？"题"字按照《说文》《广雅》《小尔雅》等书的解释，有"额也""显也""视也""迎视也"等意思。综合上述古义，可以说："题目"就是文章的眼睛。

文章也有眼睛，这是一种拟人的形象化的说法。试作个譬喻：比方有一个美人，处处都生得美极了，只是盲了双眼或眇其一目，你看，这美人美不美呢？又如，徐悲鸿的马，画得真是神肖，可是假若你把那马的眼睛涂去，你看，效果怎么样呢？古人形容一个人能够揭露或点出一件事物的核心问题，常说"有画龙点睛之妙"。真的，画一条龙，无论你画得怎样的惟妙惟肖，矫健有力，假若不点上眼睛，那它怎能栩栩如生呢？《诗经》描绘一个美女，只用了八个字："巧笑倩兮！美目盼兮！"假若没有"美目"的顾盼，那还能是巧笑么？这真可谓善于抓住重要的特点。由此看来，眼睛对于一个人或一个动物是多么重要！

那么，题目——文章的眼睛，是不是也这样重要呢？完全是的。概括地说，文章的题目大致有以下的作用：或者概括出全文的主要内容，帮助读者捕捉文章的中心思想；或者提出文章讨论的主要问题，吸引读者来阅读它；或者标志出文章的特点，使之便于跟其他文章相区别；如此等等。这些作用，不一定每个题目都要全备。什么文章安什么题目，什么题目起什么作用，都要看文章的性质，作者的意图，以及选题的艺术……不过，无论如何，文章总得有题目，而且是应该有好题目，这是和神骏、乔龙、美人不能没有眼睛一样的。

巧妙的题目已往曾有过不少，但最杰出的无过于我们革命导师的著作。试举数例：如马克思的《哲学的贫困》（副题是"答蒲鲁东先生的'贫困的哲学'"）这个题目，既和论敌针锋相对，又揭示自己的主要论点，精辟夺目。又如列宁的《帝国主义是资本主义的最高阶段》，既是题目，也是结论。令人看了题目能明确书中的主要论点，而且被吸引得非读完全书不可。又如毛主席的《星星之火，可以燎原》，是题目，是结论，又是伟大的号召。光看题目，就给人以无限的力量和信心。读完全文，题目又帮助读者做成总结，概括地铭记心间，增强斗志。像这样的题目，岂止是文章的眼睛，简直是文章的灵魂。我们应该把它作为学习的范例，深入地去加以体会。

题目的作用既如此重大，那么我们自己写文章就应当仔细推敲，读别人的文章就应当仔细审题，这是理所当然的了。如果推而广之，把文章需要有好的题目，把"画龙点睛之妙"，作为一种工作方法来看，作为一种思想方法来看，即使不经常写文章的人，又何尝不需要仔细推敲推敲是否在纷纭复杂的事物中抓住了核心问题，和善于揭示或点出这个核心问题呢？

文章如果没有题目，或者命题不当，这种没有眼睛或者眼睛不明亮的文章，将减弱它对读者的吸引力；做工作如果不善于揭示或点出纷纭复杂的事物中的核心，不善于统筹兼顾和紧紧抓住主要之点，又如何能够更好地集聚群众的精力，步步前进呢?!

（原载《云南日报》1962 年 11 月 29 日第 3 版，后于 1982 年转载于《书林》第 2 期）

# 漫谈简化字

从 1956 年到 1959 年，我国国务院曾先后公布了四批简化汉字，共五百一十七字。这是我国文字发展史上的重大改革，也是党和政府对社会主义文化和广大人民群众的极大关怀。由于这些字都是人们最常用的，所以推行之后，为人们节省了不可计量的精力、时间和笔墨，提供了巨大的便利，因而受到群众的热烈欢迎。

但是，有一些人似乎因此而产生了误解——以为简化字既有如此方便，岂不是越多越好，于是，他们任意地、轻率地、自造一些"简化字"，不仅用之于个人的笔记本中，而且正式用之于文件、公告、试卷……里。由于这种"简化字"只有他个人或极少数人知道，因此不惟不能给别人提供便利，反而造成了不少困难，有时甚至因之造成严重的差错，给工作带来了损失。

应该指出，这种滥造滥用"简化字"的现象是不好的，每个人必须自觉地去加以改正。我们知道，文字，不论是什么文字，总不外是一些符号。人们借助于这些符号，就能把彼此的思想、感情、经验、意图……向生活于不同地域或不同时期的人们传递。社会交往的扩大与时间空间障碍的矛盾，因此得到了解决。不能设想，在现代这样复杂的社会生活中，没有文字如何能生活下去。但是文字之所以能起如此巨大的作用，惟一的原因在于：它不是一种什么别的符号，而是一种"约定俗成"、大家共认共用的符号。假若丧失了这一特点，那么文字就不可能起到它所应起的作用，而书写者也就不可能达到他所要书写的目的。记得以前有人讲过一个笑话，说，有一个皇帝，"御笔"命令他的大将向敌人"速进"。因为那皇帝昏庸不学，把"进"字写得好像"退"字。结果大将赶快退兵，大胜反而大败。事后，皇帝责问他为何打败仗，他说，"陛下把进字写得像退字一样，所以我把胜仗打得像败仗一样"。皇帝听了，无言可答，只好作罢。这当然只是笑话，但它也说明，使用文字这种符号必须正确，否则就会减少或丧失它的效果。

现在有些人任意自造"简化字"，当然多是出于节约精力、时间，这是可以理解的。也正是由于同样的理由，所以国务院才公布推行简化字。但是，国务院的公布推行和一些人的任意自造是不同的。国务院在公布推行之前，曾经反复地博访周咨，把久经群众使用的简化字，交由专家研究讨论，最后才公布推行。那些公布的简化字都久经时间的考验，有深厚的群众基础和文字学的根据。可是任意自造的呢？情形就不是这样了。因此，虽然都是简化字，而效果却不相同。应该说，我们写字，十九是写给别人看的。若令人看不懂或看错，从思想上讲，那是不为别人设想，缺乏群众观点所致。

（原载《云南日报》1962 年 12 月 6 日第 3 版）

# 立　志

　　"五四"四十三周年前后，与一些同志谈到个人应有的抱负。有同志提出应当"先天下之忧而忧，后天下之乐而乐"，把个人的"忧""乐"与国家、人民共之。这是一个值得称赞的抱负。"先天下之忧而忧，后天下之乐而乐"是范仲淹说的，由此又联想到范仲淹的一生，觉得他的一生也颇有足以为我们借鉴的地方。

　　范仲淹是北宋的大政治家和学者。在政治上，他骨头很硬，敢于和旧势力做斗争。在学术上，他一扫五代积习，树立了宋代的新风气。《宋元学案》序录里说："晦翁（朱熹）推原学术，安定（胡瑗）、泰山（孙复）而外，高平范魏公（仲淹）其一也。"他又是一个文学家，他的名作如《岳阳楼记》《严子陵先生祠堂记》《渔家傲》《苏幕遮》……至今仍是古典文学遗产中的优秀作品。

　　然而，范仲淹之受后人景仰，还不只是因为他在政治上、学术上有卓越成就，而且也由于他的人格修养和生活作风，有非他那时代的人所能及的地方。据《宋史》本传和年谱、遗事的记载，他本是苏州吴县人，幼年时代的际遇很苦。两岁时就死了父亲，母亲因家贫无依，只好改嫁到淄州长山（在今山东省）的朱家；因此他年轻时一直从朱姓，叫作"朱说"；直到中了进士，做了官，才还姓更名，叫作范仲淹。在朱家时，他见"朱氏兄弟浪费不节，数劝止之。朱氏兄弟不乐曰：'吾自用朱氏钱，何预汝事？'"他于是才问出自己的家世，"感泣辞去"，只身别母去求学。那时候，求学是很难的。学校极少，穷人无由得入，所以他只得跑到山东长白山的醴泉寺，借住僧舍读书。尽管身体"尪瘠"（瘦弱），经济困难，但他仍"昼夜不息"地刻苦用功。"冬月惫甚，以水沃面，食不给，至以糜粥继之。""日作粥一器，分为四块，早暮取二块。断齑数茎，入少盐以啗之。如是者三年。"这就是有名的"断齑画粥"的故事。后来到应天府（今河南省商丘县）依戚同文学习，仍"昼夜苦学，五年未尝解衣就寝。往往馕粥不充，日昃始食"。他这样坚持刻苦用功的结果，终于"汛通六经，长于易"，成为一代学者。而尤其难得的是，后来虽然居高官，享厚禄，但朴素节俭，一如往昔。"诸子至易衣而出"；"非宾客食不重肉；妻子衣食仅能自充"。这是出于吝啬吗？不是。他"推其俸以食四方游士"，"置义庄以赡族人"，"矫厉尚风节"。清代学者全祖望称赞他说："高平一生粹然无疵。"（见《宋元学案·高平学案》序录）在他那时代，像他那样的为人，确乎是难能可贵，不易多得的了。

现在，我们要问：为什么范仲淹能这样呢？我想，只要读一读他的诗文就可以知道，这是和他的伟大抱负分不开的。原来他在"为秀才时，即以天下为己任"，并"尝自诵曰，士当先天下之忧而忧，后天下之乐而乐"。这两句名言，后来又写入他自己的《岳阳楼记》里，直至今天还放着耀眼的光辉！不难设想，要是没有这样一股精神力量，怎么能做到"起居饮食，人所不堪，而自刻益苦"呢？孔子说："士志于道，而耻恶衣恶食者，未足与议也。"的确，一个有远大理想的人，自然不会斤斤计较物质生活的享受。

范仲淹确是一个有志于道的豪杰。可惜他所处的时代不让他有行道的可能；而他所说的"道"又只能是封建时代儒家的"道"。他所说的"先天下之忧而忧，后天下之乐而乐"的豪语，至多也只能实践前一半，后一半（"后天下之乐而乐"）在那时是根本无法实现的；因为在阶级压迫的时代，哪有"天下之乐"可言呢？因此，他虽然有一副好心肠，而实际所能嘉惠的也不过一些游学之士和他的族人。至于天下之人，也只能空有其志了（他变法不到一年，就被旧派打击下台）。这是历史的局限，在当时是无可奈何的。

但是，在我们今天——伟大的毛泽东时代，情形就完全不同了。我们有着马克思列宁主义之"道"，有着完全实现"天下之乐"的可能，有着党的无微不至的关怀和教导，……范仲淹的"断齑画粥"之苦，我们是尝不到了；而他的理想抱负，我们却可以大大超过。

（原载《云南日报》1962 年 5 月 17 日第 3 版）

# 读诸葛亮《诫子书》

罗贯中的《三国演义》企图把诸葛亮塑造成为一个十全十美的完人。但是由于作者受其时代的影响，也由于《三国演义》是一部小说，却把诸葛亮不适当地夸大了，把他写成一个能占知吉凶、能呼风雨的半神半人似的人物。对于一部小说我们固然不宜苛求，然而总不免让人有欲益反损的感觉，感到多少损害了诸葛亮的光辉形象。根据历史记载和诸葛亮留下来的一些诗文看来，他当然不是那样一个神奇的人物，但确是一个杰出的政治家和军事家。他那高风亮节的人格，至今犹跃然纸上。这里，想漫谈一下他对个人生活的态度。

从《三国志·诸葛亮传》可知，诸葛亮初出茅庐的时候，才是一个二十三岁的青年人。从那时起，他就成了刘备的谋主。从充任军师中郎将到做丞相，一直到五十四岁死于军中，都是蜀汉的首要人物。以他当时的地位和权势而言，他要对个人生活讲求一些，为子孙多置些财产，当然是很容易的事，这在当时采说，也是比较平常的事。可是他不那样做。他在一道给后主刘禅的表里说：

> 成都有桑八百株，薄田十五顷，子孙衣食，自有余饶。至于臣在外任，无别调度。随身衣食，悉仰于官。不别治生，以长尺寸。若臣死之日，不使内有余帛，外有赢财，以负陛下。

他这样自白，看来是想借以教导刘禅。《三国志》接着写道："及卒，如其所言。"他说的确是实际情况。

《太平御览》卷四百五十九里，还载有他的一封《诫子书》。那是他写给他的儿子诸葛瞻的。兹录于下：

> 君子之行，静于修身，俭以养德。非淡泊无以明志，非宁静无以致远。夫学须静也，才须学也。非学无以广才，非志无以成学。慆慢则不能研精，险躁则不能理性。年与时驰，意与岁去，遂成枯落，多不接世，悲守穷庐，将复何及！

在这封信里，他嘱咐他的儿子：要静，要宁静（即要用心专一，不为私欲杂念所动摇）！静才能修身，才能成学，才能致远；要俭，要淡泊（即不追求物质享受，不追求高官厚禄）！这样才能养德，才能明志（即修养品德，坚定志气）；要学习，学习才能扩充自己的才干；还要勤苦（即不"慆慢"），要珍惜时间！他沉痛地说：年华和意志，随着时间一同消逝；等到老了，即使是成天悲叹，还来得及吗！这封信虽然很短，对某些问题的看法也有其局限性，但意思却很深刻。一片对儿子的热情，溢于言表，真可谓"爱深教切"。现在读起来，还是很感人的。

看来，他的儿子诸葛瞻没有辜负他的教导。在他死后，诸葛瞻统兵抵抗邓艾的进攻，坚决拒绝邓艾的诱降，和长子诸葛尚（即诸葛亮的孙子）一同战死绵竹（事见《三国志》本传）。

诸葛亮这样地薄于自奉，教子以正，实在是封建社会统治阶级中难能可贵的。其所以能如此，揆其抱负，在于以击灭曹氏，兴复刘汉。为了这个目的，他"鞠躬尽瘁，死而后已"。这个目的，比起我们今天的革命事业来，当然是渺小得很。然而他尚且能那样做，我们岂不更应该有过之而无不及呢！

（原载《云南日报》1963 年 3 月 21 日第 3 版）

# 唐太宗的"以人为镜"

唐太宗所统治的那段时期，即"贞观之治"的年代（公元 627～649年），一直被以后的历史家所称颂。而唐太宗的知人纳谏、善于"以人为镜"，更经常为人们所称道。

据《通鉴》《贞观政要》等书记载，他做皇帝后，有一天对大臣萧瑀说：

> 朕少好弓矢，得良弓十数，自谓无以加。近以示弓工，乃曰："皆非良材。"朕问其故，工曰："木心不直，则脉理皆邪，弓虽劲而发矢不直。"朕始寤向者辨之未精也。朕以弓矢定四方，识之犹未能尽，况天下之务，其能遍知乎。

这个故事启发了唐太宗，他于是命京官五品以上，轮流到中书内省歇宿，常常接见，"问以民间疾苦及政事得失"。

《通鉴》等书又记载，唐太宗常和他的大臣们讨论隋朝为什么失败。有一次，他说：

> 隋文帝"事皆自决，不任群臣。天下至广，一日万机。虽复劳神苦形，岂能一一中理。群臣既知主意，唯取决受成；虽有愆违，莫敢谏争。此所以二世而亡也。"接着他自述道："朕则不然。择天下贤才，置之百官，使思天下之事，关由宰相，审熟便安，然后奏

闻。有功则赏，有罪则刑，谁敢不竭心尽力以修职业，何忧天下不治乎。"

这段记载，从史实上考察，不论是对隋文帝的批评，或是对他自己的表述，都很中肯而且颇为重要。因为，不言而喻，对于一个帝王，这一点比之其他任何才能，都是更加重要的才能。

最难得的是，唐太宗还随时想法"导人使言"（引导别人，使之敢于讲话）。据记载，魏徵是唐太宗的有名直臣，每谏争必使用一些极锋利的话，有时使唐太宗非常难堪。一次，唐太宗罢朝回宫，盛怒地对皇后说：迟早要把这"田舍翁"杀掉。皇后问是谁，太宗说，是魏徵。后来唐太宗还是接受了皇后的谏争，不惟没有杀，而且更加和魏徵亲近；不久，他对侍臣们说："人言魏徵举止疏慢，我视之更觉妩媚。"魏徵自己也说："陛下开臣使言，故臣得尽其愚。若陛下拒而不受，臣何敢数犯颜色乎！"后来，魏徵又向唐太宗指出：

> 陛下贞观之初，恐人不谏，常导之使言；中间悦而从之。……陛下昔欲杀元律师，孙伏伽以为法不当死。陛下赐以兰陵公主（太宗女）园，值百万。或云赏太厚。陛下云："朕即位以来，未有谏者，故赏之。"此导之使言也。司户柳雄妄诉隋资（即虚报在隋朝的资历），陛下欲诛之，纳戴胄谏而止，是悦而从之也。

类似这样的事情还不少。从这些事例可以看出，魏徵以及其他的臣僚之所以敢于向唐太宗直言极谏，关键在于唐太宗对谏争的态度。据有关记载，在唐太宗的这种"导人使言"的态度下，连在隋朝被称为佞臣的裴矩，到唐朝也变成"能当官力争，不为面从"的直臣。从《通鉴》等书的记载看来，正是由于许多臣僚的谏争，唐太宗才避免了不少的错误。

为什么唐太宗能够做到这一点呢？原因是他认识到，一个人的知识有限，而且不免有缺点。他说："人以铜为镜，可以正衣冠（古代用铜做镜子）；以古为镜，可以见兴替；以人为镜，可以知得失。"怎样以人为镜呢？就是虚心接受别人的意见，因此魏徵死后，他感慨地说："魏徵没，朕亡一镜矣。"他又对他的臣下们说："人欲自见其形，必资明镜；君欲自知其过，必待忠臣。苟其君愎谏自贤，其臣阿谀顺旨，君既失国，臣岂能独全。"因此，他劝勉臣下们说："朕常恐因喜怒妄行赏罚，故欲公等极谏。公等亦宜受人谏，不可以己之所欲，恶人违之。苟自不能受谏，安能谏人。"

当然，唐太宗的知人纳谏主要是为了他的封建统治，但是在对待别人意见和批评这一点上，却是值得我们借鉴的。

（原载《云南日报》1962 年 7 月 23 日第 3 版）

# 善与人同

"善与人同"这个成语，出自《孟子·公孙丑上·子路人告之以有过章》。这章书不过是短短的七八十字，但意义却十分深刻，很值得一读。原文如下：

> 孟子曰：子路人告之以有过则喜。禹闻善言则拜。大舜有大焉，善与人同：舍己从人，乐取于人以为善；自耕稼陶渔以至为帝，无非取于人者。取诸人以为善，是与人为善者也。故君子莫大乎与人为善！

用现代的话来说，这章书的大意是这样："孟子说：子路每逢别人给他指出错误，便很高兴。禹听到正确的言论，就敬礼致谢。伟大的舜又更为崇高，只要是正确的，便和别人共同一致，不惜抛弃己见而听从别人，并且乐于采取别人的正确意见来做善事；从早年耕田种地、制陶打鱼时起，一直到做了帝王，所行所为，无不是采取别人的正确意见。采取别人的正确意见来做善事，就等于赞许或帮助别人做善事。对于一个道德高尚的人，没有比赞助别人做善事还更崇高的了。"

下面，让我们把上面的译文略作诠释；同时，把孟子的意思加以引申。

"善言"，译作"正确的言论"。"善与人同"应读作："善，与人同"。清朝焦循作《孟子正义》，解释为"同，即通也，……通天下之志"，就是说，和众人的意见一致。"与人为善"的"与"，有赞许、帮助的意思。"舍己从人"，也就是舍弃自己的意见而听从别人的意见。孟子这段话的主旨在于教人如何对待别人的意见，如何采纳别人的正确意见，意思是很明显的。

《孟子》这章书里共举了三个例：一是子路，二是禹，三是舜，这是有深意的。第一例的子路，自己有了过而得到别人指出，不惟不怒，而且还喜。第二例禹，自己虽没有过，但听到正确言论便拜。禹对待别人意见的态度，显然比子路更积极。第三例舜，那又更好。他不仅接受别人的意见，而且还主动去采纳别人的意见。古人描状一个人的"高兴"叫做"悦"；描状"很高兴"则叫做"喜"；"乐"，又是比"喜"更高的一种境界或状态，有自然而然的意思。舜这种"乐取于人"的态度，比子路的"闻过则喜"、禹的"闻而后拜"都更为积极，因为它是自然而然地，异常高兴地，主动地去争取得到别人的意见。孟子认为：舜不固执己见，乐于采取别人的意见，是最崇高的德行，因此加以赞美道："大舜有大焉"；并且最后肯定这种行为是"君子"的最崇高不过的美德。

什么是"君子"？朱熹在《论语》中注释为"成德之名"，即道德上有成就的名称。这个注释是符合孔子、孟子的原意的，它是孔子、孟子教人必须在修养上达到的一般标准，而孔子、孟子又都认为，即使达到了这个标准，成了君子，也还不能无过，因此君子必须勇于接受别人的意见，向别人学习和不惮改过。孟子说："古之君子"有了过失，毫不隐讳，就好像日蚀月蚀一样，人人都能看到。到他改了过，人们都对他非常景仰。可是"今之君子"呢，有了过还要辩护。孟子在这里所说的"今之君子"，是一种讽刺，事实上他是不承认这种人是"君子"的。

由以上所说看来，虚心接受别人的意见或批评，是我们这个民族的优秀传统。我们今天从事前人所未曾做过的社会主义建设事业，这是自有历史以来的最大的"善"。为了这个最大的"善"，我们还有什么不能"舍己从人"，不能"乐取于人"而"善于人同"的呢！

（原载《云南日报》1962 年 8 月 16 日第 3 版）

# 漫谈创业与守成

　　偶然听到朋友谈论创业与守成，不禁回想起唐太宗的一段话来。这段话记载在《贞观政要》和《资治通鉴》里，大意是这样：有一天，太宗问大臣们说："创业与守成哪样难？"房玄龄回答道："当初，我们和群雄同时起兵，经过无数次搏斗，才把他们征服。这样说来，是创业难呵。"魏徵说："自古以来的帝王，没有不是从艰难中取得政权，而在安逸中失去的。守成才是难。"太宗听了后说道："玄龄和我一同平定天下，百死一生，尝尽艰难困苦，所以知道创业之难。魏徵和我共同安定天下，常常怕富贵产生骄奢，疏忽产生祸乱，所以知道守成之难。现在呢，创业之难是过去了，守成之难，正需要我们谨慎地对待呵！"

　　从这段话里可以看出，房玄龄和魏徵各强调一面，唐太宗则认为两者都艰难。是不是唐太宗模棱两可、调和折中呢？不是的。他比房、魏都看得更全面，更深刻。而且从他的当前现实出发，要求大家谨慎地对待守成之难，是完全对的。因为守成之难确实一点儿也不亚于创业之难，而贞观十二年左右的形势是，政权已经很巩固，主要任务唯在于如何守成了。

　　从历史上看，和房玄龄有同样看法的人多，和魏徵有同样看法的人少。这是可以理解的，因为创业从无到有、从小到大，其艰难易为人见；守成，在墨守成规的封建制度下，多被人理解为坐享其成，所以常被忽视。其实，即使是墨守成规的守成也并非易事。以常见常闻的事情譬之，一座建筑，要请工备材，经之营之，才能建造起来。后人使用，似乎是坐享而已，可是假若不随时小心，一旦失火，付之一炬，那不是又得重新创建，再经受一次创业之难么？反之，假若知道守成之不易，兢兢业业地保守它，那么就可以避免再次创业之难。这样说来，守成之难和创业之难是一样的。许多历史故事告诉我们，创业之难在于"难成"；守成之难在于"易毁"。唐朝有个人叫柳玭，他在所著的诫子弟书中说："成立之难如升天，复坠之易如燎毛。言之痛心，尔宜刻骨！"确乎是这样的。

现在应该进一步指出，上面说的守成远不足以尽我们今天的守成之义。在我们今天谈守成，除了兢兢业业地守住革命前辈所创建的革命果实外，还要在前辈事业的基础上继续创建，即不断地发展革命事业。我们的时代使命是继往开来，承先启后，我们的责任是双重的。这样的守成，比已往任何时代的守成都更艰难。假若不学习革命前辈的艰苦奋斗精神，而希图坐享其成，那简直是一种极大的罪过。革命老前辈徐特立同志说得好，他说："今天我们革命胜利了，是否要艰苦奋斗呢？胜利了，这是大好的事情，但是如果以为从此可以坐享清福了，那是很不对的。人们常说创业难，守业更难。我们经过了几十年的艰苦奋斗夺取了全国革命的胜利，但要保持这个胜利，就还需要继续艰苦奋斗，搞好我们的社会主义建设，不然，革命胜利的果实可以得而复失。"接着他又指出："对我们来讲，不仅有守业的问题，而且也还有创业的问题。"我们还要创立共产主义，还要支援在帝国主义奴役下的受苦受难的阶级兄弟，等等。（语见《中国青年》1960 年第 23 期）徐特立同志的这番话，真是语重心长，值得我们熟读深思，大家共勉！

（原载《云南日报》1963 年 3 月 14 日第 3 版）

# 谈 "满盈"

　　《胆剑篇》是一部成功的历史剧作。许多人看了，都得到颇为深刻的印象。尤其是越王勾践和吴王夫差这两个形象，前者发愤图强，后者骄傲自大，适成一正一反的鲜明对比，很给人以启发。我因此想起夫差这个人来。从历史记载上看，他并非自始就是那么糊涂的。《左传》上说，他的父亲吴王阖闾曾进攻勾践，被勾践打得大败，负伤回到吴国就死了。夫差继位后，叫人经常立于庭中，每见他出入就说："夫差，尔忘越王之杀尔父乎？"（你忘了越王杀掉你的父亲吗？）夫差回答说："唯，不敢忘！"过了三年，果然打败勾践，报了仇，雪了恨。《史记·越王勾践世家》说：这三年里，夫差"日夜勒兵"，训练军队，可见他也曾是一个有志气的人，但是他打败了勾践之后，自以为大功告成，就骄傲自大，终于弄到一败涂地。这个故事，过去常被人引述，用以教诫年轻的人们，一生都要兢兢业业，戒骄戒躁；不然，成功也会有变为失败的危险。

　　这确乎是一个真理。历史上还有许多人的失败足以证明它。无妨再举一例。据《旧五代史》，李克用于唐朝灭亡后，割据现在的山西。在他的南面是朱温，东面是刘仁恭，北面是契丹，三者都是他的仇敌。他临死时，取三支箭交给他的儿子李存勖，说："一矢讨刘仁恭；一矢伐契丹；一矢灭朱温。汝能成吾志，死无憾矣！"李存勖是一个有才干的人，"便骑射，胆略绝人"，这时才二十四岁。他谨遵他父亲的遗嘱，把三支箭供在父亲的庙庭里。整军经武，发愤为雄。每出兵作战，总要到庙里"请一矢，盛以锦囊，使亲将负之，以为前驱"。后来，经过十多年的战斗，终于一一实践了他父亲的遗志：败契丹，杀刘仁恭父子，灭朱梁。可是，在此以后，他的锐气消失了，整天沉湎在享乐中：宠信"伶官"，迷恋酒色，……不到四年，就丧失帝位，且被杀死。《资治通鉴》记载着他的一个故事说，他做了皇帝之后，很讨厌洛阳夏天的炎热，皇宫里任何楼阁都不合意，要另建一座楼避暑。但怕大臣郭崇韬谏阻，于是派一个宦官去对郭崇韬说："朕昔在河上，与梁人相拒，行营卑湿，被甲乘马，亲当矢石，犹无此暑。今居深宫之中，而暑不可度，奈何？"郭崇韬回答说："陛下昔在河上，勍敌未灭，深念仇耻，虽有盛暑，不介圣怀。今外患已除，海内宾服，故虽珍台闲馆，犹觉郁然也（还觉得不舒服）。陛下倘不忘艰难之时，则暑气自消矣。"李存勖听了，当时"默然"没有话说，但不久仍受宦官的怂恿，"日役万人，所费巨万"，营建一座大楼。由于诸如此类的奢侈浪费，结果弄得军储不充，军士怨愤，遂至于亡。郭崇韬的一番话，道破了李存勖兴亡的关键，不是别的，正是他的意志奋发和消沉。由此说来，一个人永远保持住朝气，永远保持住艰苦奋斗的精神，永远不忘记艰难的过去，是何等重要！

我国的古训总是勉励人要成"大器"，告诫人"惧满惧盈"。吴王夫差、李存勖，以及历史上许多和他们类似的人物之所以失败，除了历史的、阶级的种种原因之外，"器度"太小也是原因之一。"器"小则易盈，因而一旦得到成功就容纳不了，甚至弄到倾覆的程度。那么，要怎样才能成为"大器"呢？从个人的修养上、从主观方面来讲，就要有远大的抱负。只有抱负远大了，才觉得毕生努力都没有止境，不至于因一时的成功而终止。当然，古人为他们的时代所局限，不可能有真正远大的抱负。他们所追求的事业多是个人的或一家一姓的，即令愿望很高，也是有止境的，所以晚节难保，得而复失的人居多。只有我们这时代，事业是建设社会主义的和共产主义的，人人的抱负可以是，而且必须是远大得没有止境，自然不会有满盈的时候。但是，这也有个条件，那就是必须把自己从个人主义的小天地里解放出来，投到全人类的解放洪流中去。

（原载《云南日报》1963 年 5 月 9 日第 3 版）

# 扁担"销钉"给我的教育

　　五个多月前，当我初到这里的时候，就买了一根扁担。那是一根新扁担，两头还没有安上"销钉"。没有销钉，挑起粪箕箩筐来有滑脱的可能。可是，由于经常都是挑粪挑土，我想，即使偶尔滑脱一下，也不要紧，所以始终没有安。有时我也想在自己扁担上安上销钉，但要用火箸烧红了再烙，我很怕麻烦。这样，便拖延下来了。一天，我移住到下村安大爹家，用我那根没有销钉的扁担挑了行李到安家来。一进门，我把扁担往门坊上一放，抱了行李就上楼去，整理床铺。等到整理完了，要出晚工挑土时，我找寻扁担，却不见了。原来我的扁担两头已烙了两个孔，而我还依照它的本来面目去找它，所以一时找不到。后来找到了，我仔细端详，很奇怪，是谁替我烙上了孔。一再问人，有位同志说，他在前一会儿看见安大爹拿着一根扁担烙。我听了很感动，立刻向安大爹致了谢意。接着，就拿起扁担挑土去了，第二天，依然去挑。我心想，这回扁担头上有了孔孔，等什么时候找根树枝削了安上。可是歇午稍后，又去挑土时，我发现销钉已经安上了。在先，回家歇稍时，我的扁担和同志们的一起杂放在门外。进门时，安大爹问我："安上销钉没有？"我答："没有，回头找了棍子就安。"说罢就休息去了。就在休息的这一会儿，安大爹一声不响地，到那一堆杂置的扁担中把我的扁担找出来，安上了销钉。这更使我感动了，我赶忙找了安大爹致谢，然而安大爹却若无其事地说："没有销钉怎么好挑，这也要谢。"

　　这件事使我想起许多问题来。

　　首先，我想到，安大爹和我非亲非故，已往一面不识，他为什么这样关心我呢？我自问，我曾经这样关心过人吗？有是有的，那就是对自己的孩子。当我发现孩子们的书包、皮鞋坏了，就赶快替他们拿了去修补；发现他们的笔墨纸张用完了，就赶快替他们买；……此外，再没有那样关心过别人，怎么回忆也想不起一件事来。而且，就是对孩子们，替他们做了事以后，我也总要告诉他们："知道吗，爸爸已经替你做好了。"可是安大爹却不言不语，替一个陌生的人做这做那。他是快七十岁的老人了，我呢，四十老儿，又不是一个小孩，他何必如此呢？他没有半点儿矫揉造作，丝毫没有想要讨好于谁的意思。这对我说来，几乎是不可理解。想来想去，觉得安大爹就好像一个巨人，光辉地站在我的眼前，那么庄严，又那么慈祥，而我自己呢，是何等卑微渺小啊！

我又想到，早就听人说过，安大爹很关心人，这大概是他个人特具的美德吧。可是，从扁担想到扁担，我又想起另一根扁担的故事，那是刘德元同志向我讲的。他说，他刚到迤腊古村时，没有扁担。一天夜里，他一觉醒来，听到楼下有刨木头的声音。下楼一看，原来是那位农民房东正在替他刨扁担（白天因为生产紧张，没有空搞）。我又想起，一次，老郑和杨和大哥一起挖田，歇稍时，老郑走开了，我看着杨大哥拿起老郑的锄头，把它打整得干干净净，一声也不响。我又想起，我和杨大妈们上山割茅草，一天，我的一只草鞋坏了，一位姓杨的大奶奶说："你赤着一只脚，怎么挑下山呢？找只烂草鞋垫垫吧。"我说："算了，这山上哪里去找。"可是，下到半山，大奶奶已经找到一只，拿着在等我……诸如此类的事例，说明关心人是劳动者同具的高贵品质，并不是只表现在安大爹一个人身上，阶级友爱是他们的天性。

从这个劳动人民为我自己用的扁担安销钉的事实中，我还看到劳动人民的勤劳和我的怠情。我自己用的扁担，自己许久不安销钉，而安大爹却马上替我安了。怎么我那么怕麻烦，而安大爹不怕呢？我赤着脚下山，拾只破草鞋也怕麻烦，而杨大奶奶却不怕呢。这些事看去细小，实际反映出来的问题并不小。

（原载《云南日报》1959 年 4 月 7 日第 3 版）

# 我爱公孙树

我喜欢在校园中散步，尤其喜欢在数理馆北面的那条林荫道上低徊、流连。为什么？因为那里夹道都是公孙树；我最爱公孙树。

公孙树多美啊！它苍劲挺拔，直冲云霄，好像要参天似的。但又不是老气横秋，而是枝叶扶疏，四面舒展，给人以一种秀逸的情趣。你看，它那密布枝头的叶儿，像无数片小扇：春天初露新芽时，嫩绿欲滴；夏天烈日炎炎，树下却清凉无似；到秋天，叶儿周边镶上一个金圈；秋深了，整片叶儿便成了金黄的。这时节，可以和它辉映的恐怕只有那枫树的红叶了。多么富有诗意呀！

然而，公孙树最美的还不是这些，而是它的高尚品质。当百花竞放，群芳争妍时，你可曾见它着过一朵花？它好像高自标致，不屑追逐流俗的样子，依旧默默地站立在那儿。大概就是这个缘故吧，在名园华堂里，你能看到的无非是茶花、牡丹、碧桃……以及近日时尚的月季、君子兰之类，至于公孙树，谁会去种它呢。那些奇花，艳丽夺目，媚态确实逗人怜爱，但"华而不实"，最大的好处只是供人赏玩罢了。公孙树，虽朴素无华，可是不知不觉间却结实累累，不仅是佳肴，而且是良药。它的木材还可做栋梁呢。它不随风倾斜，不招蜂引蝶。它的境界更高、更美。

我这么仰慕公孙树，因此一天遇见绿化组的老师傅，问他有没有树苗，我想在家门前种一株。旁边一位同志插话说：

"我劝你种一棵桃树吧，莫种公孙树。"

"为什么？"我问。

"桃三李四，桃树三年就可以吃桃子。公孙树啊，公公栽了孙子才吃到白果。你这么大年纪，还能等吗?"

"前人栽树，后人吃果，栽了给孙辈人享受，也好啊。"老师傅说。

这后一句话，引起我的深思。它使我想起已故的武文忠师傅，他在校园里种下那么些垂丝海棠、垂柳、桂花……以及这两行公孙树。他终年胼手胝足，默默地为美化校园而辛勤劳动。他用汗水浇灌每一株花木，但没有一株是为了他自己。他使我们今天还享受他的劳动成果，虽然他已经离开人世多年了。他就是"公孙树"，他一直活在我们的校园里。

由此我更想到，武师傅的专业是种花木；他没有辜负他掌握的技术，在校园里留下了这么些业绩。他的功劳是不可没的，是值得我们学习的。怎样学习呢? 我想，我的专业是中国古代经济史，虽没有什么成就，但毕竟搞了几十年，也应当像他那样，种一株"公孙树"——中国古代经济史。还应当像他那样，种在校园中，不是种在自己的庭院里。

记得二十年前（1962 年），历史系主任张德光同志就曾倡议建立一个中国经济史研究室，因人手少没有实现。十年动乱后，他又两度提出。按理，我责无旁贷，应率先响应。但我畏难，不敢承担任务。直到最近，看到国家经济建设的需要和史学研究的新发展，同时看到系里专治经济史的中青年同志增了几人，思想才动起来：要不要乘此垂暮之年，和同志们一起，种一株公孙树苗呢? 李英华同志和我深有同感。于是我们鼓起勇气，向校系请缨，建议成立"中国封建经济史研究室"。校系领导立即大力予以扶持，不仅批准，而且把它定为系的一个重点学科。现在，研究室已经成立了，一株小小的公孙树苗种下去了。

党的十二大和全国五届人大五次会议，制定了全面开创社会主义建设的宏伟纲领，新党章、新宪法的宣布，像阳光雨露，普照祖国大地，滋润着草草木木。在这样美好的时代里，我们这株小小的公孙树苗一定会欣欣向荣，苗壮成长的。愿我们研究室的同志们，团结一致，紧跟着党，奋发努力，每个人都做一名不负伟大时代的园丁!

（原载《云南大学》校刊 1983 年 1 月 4 日）

# 预备期回顾

入党以前，我一心一意只盼望着早日加入党。那时我检查入党动机，认为自己是很单纯的。因为已经年过七旬，什么都不企求了，只希望在有生之年，实现多年怀抱的愿望就满意了。至于入党以后怎么办，还要做些什么努力，则是想得很少的。

1985年2月，我入党了。

随着激动心情的渐趋平静，一个问题越来越引起我思想的斗争。这问题就是，今后怎么办？一方面我想，我已经老了，谁也不会责备我干什么；另一方面我又想，我既然入了党，能什么也不干吗？记得两年前的一个傍晚，和一个老同事在校园中散步，他说："某人快六十岁了，还争取入党。顶着一个党员称号养老，有什么意思？何苦呢?!"那时我正在争取入党，所以印象很深，久不能忘。现在想来，我若无所事事，不就是这样一个人吗？若我的思想状态和入党前一样，那入党有什么意思？虽然是活着入了党，和死后追认又有什么不同？我入党后不久，从报上看到第二军医大学的著名物理学家、九旬高龄的葛正权教授被批准入党，"实现了他三十多年的夙愿"。这消息大大鼓舞了我。我算什么老！比葛教授还小二十岁呢。我决心继续努力改造自己，严守组织纪律，勇敢接受党所交付的任务，并通过任务，锻炼自己的党性。一年来，我没有迟交过一次党费，也没有缺席过一次组织生活。当党委要我参加教师学衔评审工作时，我毫不迟疑地接受了。当时，有友人劝我："你这么大年纪，还参加这样繁重的工作，吃得消吗？你想得到什么呢？"其实，除任劳任怨四字外，什么也得不到呀！但从党性一想，便义无反顾了。我不仅接受了任务，而且在工作中，尽力坚持原则，秉公对事。我从思想感情上，排除个人恩怨的干扰，力求公正地对待每一位同志，既不示好于人，也不怕开罪于人。我公开声明，反对论资排辈，主张大力提拔青年。……这一切，对于别的同志，可能不算回事，但是，对我这个上了年纪的老头，却不能不说是一番考验。感谢党的教育，我初步具有了一个党员的自觉性，尽管未能达到预期效果，但也没有辜负党委的托付。

还有，由于精力日减的缘故，我多年没有在校外兼课了，这一年却在云南老年大学兼了一门"中国史话"。这是组织交给我的又一项任务。我体会到党举办这所大学的重要意义，欣然接受而且有始有终地完成了。这是一件新事物，也是一项光荣任务。学员们都是长期为革命辛劳的老同志，我作为一个共产党员，怎能不尽力为他们服务呢！中间我曾两次感冒，但坚持不请一次假。有人关心我，劝我不要勉强，小心身体。我因此想到，一个共产党员应该有一个正确的人生观。对于健康问题固然不宜忽视，但也不要弄得惶惶不可终日。我应该向英雄模范和优秀党员学习，为共产主义事业奋斗终生。早年我听说有一位前辈学者这样讲过："战士死于沙场，教师死于讲座。"我应该有这样的境界。因此，在我校欢迎"两山"英雄座谈会上，我激动地把这两句话朗诵出来，借以表达我向英模学习的决心。

这一年来，我对研究生的指导也和过去有所不同。这主要是强化了研究工作的思想性。我觉得作为一个共产党员不应推卸思想工作。应该让学生深切知道，没有正确思想的指导，绝不可能做出真有价值的学问，更不可能把毕生精力献给研究工作。因此每遇到学生有不妥当的想法时，我总是不厌其烦地和他们恳谈。我指导的研究生都很尊重真理，对我所谈从无深闭固拒的态度，我也收到了教学相长的益处。我和研究生们互相促进。我很高兴地看到，他们都已全部加入了党组织。

一年来，在党的亲切关怀下，我仿佛年轻了许多。以前，那个令人感伤的"老"字，几乎无时无刻不在折磨我。其所以然，是因为那时我总是朝后看，看到的尽是自己年轻时的往事，所以觉得自己老了，老了。现在呢，已经加入党的队伍，和共产主义事业结为一体，看到的尽是无限美好的前景，"老"字就无形消失了。记得拿破仑有句名言，他说："老之一字，唯愚人之字典中有之。"现在，我可以说："老之一字，共产党人之字典中无之。"我不老，我应该抛弃迟暮之惑，全心全意投入到党的事业中去。党像汪洋大海，我像一块小小的拳石。一块拳石投入大海之中，虽然无足轻重，但总可以激起一丁点儿浪花呀！

（原载《云南大学》校刊 1986 年 5 月 4 日）

# 为真正做到"为人师表"而奋斗

新中国的首届教师节在热切的期望中来临了。陈云同志为之特题写了"为人师表无尚光荣"八个大字。陈云同志德高望重，是我们钦仰的革命前辈，他的这一题词，对我们广大教师，无疑是最高的期许，最大的鼓舞；对这个节日，是最好的祝贺。我毕生从事教学工作，不料到此垂暮之年，尚能躬逢如此佳节，得到如此慰勉。抚今追昔，想起旧社会时期的穷愁和十年浩劫的折腾，真令人思绪万千，百感交集，不知涕之何从。我一遍又一遍地诵读陈云同志的题词，一次又一次地感到无限欢欣。这些日来，我一直沉浸在激动的心情中。

但是，随着节日的临近，我的心情渐渐沉重起来。为什么？因为我越来越感到，要做到"为人师表"真不容易。可是要不能做到"为人师表"，还能分享那"无尚光荣"吗？"师表"一词的意义是师法、表率，就是说，师要以身作则，让学生效法。因此，它要求一个教师，不惟能传授知识技能，而且要品德高尚。《礼记》说："师也者，教之以事而喻诸德者也。"韩愈《师说》说："师者所以传道授业解惑也。"道德的传授是一个教师的最高职责，其次才是授业解惑。《师说》更进一步说："道之所存，师之所存也。"简直把师和道合而为一，师成了道的人格化。这样地重视道实是我国教育的优良传统。当然，古人之所谓道与德，和我们今天所讲的道与德，内容是不同的。我们的道是马克思列宁主义之道；我们的德是献身共产主义事业之德。我们的人民教师要能为人师表首要的就是要自己具有这样的道与德。我们教育工作的效果最重要的就是我们教育的学生具有这样的道与德。这里，顺便指出，韩愈《师说》把"童子之师"排除于传道者之外，那是不对的。从我们的教育观点看，不管中学、小学，教师对学生都同样肩负着传道的任务，同样要起为人师表的作用。道理很明白，四项基本原则的教育、爱国主义的教育、四有的教育、献身四化的教育……"童子之师"比成人之师的作用不是更小，而是更大。历史上许多英雄模范人物的长成，最初就是由于他们幼小的时候某位教师给了他们难忘的某种影响。因此，这一极重要的任务，对任何教师，都是同样不可委卸的。

要实现这一极重要的任务，最有效的方法莫过于以身作则。古人说："以身教者从，以言教者讼。"身教重于言教正是我国传统教育的最显著的特征。社会上评价一位教师总是先品行而后知识。所谓"经师易得，人师难逢"就是这个意思。教师能以身作则才能为人师表。你要学生热爱祖国、热爱党、热爱社会主义吗？你首先就得以身作则，作为他们的表率。不然，你的话不惟不起作用，甚至会引起反感。在学生心目中，教师的一言一行，好的或不好的，都像太阳一样地明白，留下深刻的印象。教师只有严格要求自己，一刻也不放松，不断敦品励学，用自己的优良品学去赢得学生的敬爱，这才堪称为人师表，才能分享那无尚光荣。由是而言，要做一个受人尊敬的教师是多么不容易啊！

我很惭愧，我一生从事教学工作，可是直到今天，离为人师表的要求还很远。陈云同志的题词给我以深刻的教育和启示。我愿以这个教师节为新的起点，不断努力，充分发挥余热。一天站在讲坛，便一天向着为人师表的目标奋勇前进，不辜负党和国家的重托和希望！已故学者梁任公有句名言："战士死于沙场，学者死于讲座。"我们应当像华罗庚教授那样，把自己的一切贡献给党的教育事业，直到最后一息。

（原载九三学社云南省委员会编《云南社讯》1985 年 10 月 21 日第 4 期）

# 教书育人　为人师表

两年多来，我花了很大气力，搜集有关我的亡师张荫麟先生的资料，要为他写传。今年上半年先写成一篇 20000 多字的传略。我非常感念我的这位老师。他给我很深的教益和影响。我毕生从事历史教学和经济史研究，主要就是出自他的教育。他已去世 40 多年了，可是当我撰写他的传略的时候，还清晰地看到他对我的言教身教，我常情不自禁地流下热泪。十年浩劫中，我因写历史杂文吃了不少苦头，但对研究历史的信念从未动摇。这一点我没有辜负我的亡师。同时，由此可见，一位良师可以对他的学生起到多么大的影响。

一个教师的任务，以及他对学生的影响。主要是教书和育人两方面，合而言之，就是"教育"。教师必须教书，这是人人都承认的。至于育人，恐怕就不尽然了。其实，作为一个教师，育人是更重要的。我国古代是世界上最重教育的国家，它的一个优良传统就是育人重于教书。第一个大教育家孔子，他教学生如何为人，大大多于如何读书，这从《论语》一书可见。以后的卓越的教育家也莫不如此。我们党的教育方针把德育置于智、体之上，就更明确地强调育人工作的重要。那么，怎样育人呢？

我的粗浅体会是：第一是育思想。既要育专业思想，也要育政治思想，二者是相通的，应该紧密结合起来。要教育学生竭毕生之力，献身于自己的专业。在我国，每个专业都是建设"四化"的组成部分，能献身专业也就是献身于共产主义事业。应该把专业思想提到世界观的高度，让学生牢固地掌握它。

第二是育志气。要敦品励学，做一个品学兼优的人很不容易，没有大志是不可能达到的。我们要利用一切机会，帮助、鼓励学生立志，下大决心，一定要为祖国、为人类做出贡献，不虚度此生。

第三是育道德。上面说的"品"就是道德。今天"品"的含义和旧社会的不同。它是共产主义的道德品质，标准更高、更难实践，但不能不要求。要使学生自觉地对自己要求，而不是凭外铄的力量。

第四是育体魄，健全的精神寓于健全的身体。要鼓励学生朝气蓬勃地生活，高效率地学习。反对死读书、读死书，身心都得到健康发展。

要达到上述四点育人要求，最有效的办法是以身作则。我们教师自己未必能点点都做得很好，但必须朝着这几点要求去努力。我的办法是：与学生共勉。不掩饰自己的缺点错误，把自己做学问的甘苦、成败坦率地告诉学生。我70岁入党，我把我要求入党的愿望、动机和经过讲给学生听，把在新旧社会的亲见亲闻如实地向学生介绍，让他们了解我暮年所以要求入党的深刻原因。这对学生起到了一定的鼓舞作用。我指导的研究生，在政治上、专业上都取得了可喜的成绩。当然，我做得还很不够，但我决心今后要时时以"为人师表"自励！

（原载中国教育工会云南大学委员会编《工会情况》1986年10月5日第12期）

# 附录一　传略·年谱

# 李埏先生传略

林文勋

当我们站在世纪之交的交接点上回溯 20 世纪云南学术史的发展历程时，我们会发现有一位世纪老人，始终抱着对科学和真理执着追求的态度与精神，不计名利，孜孜耕耘，把毕生奉献给了云南的学术和文化教育事业。他不仅勤于著述，循循育人，为后人留下了大量的学术珍品，为社会培育了大批的栋梁之材，而且以他不懈的耕耘和开拓，使云南的经济史学科孕育而生并脱却襁褓跻身国内、国际领先行列，成为具有重要影响的名牌重点学科，在云南学术史上留下了永远不可抹去的历史痕迹，这位世纪老人是何许人？就是著名经济史学家，云南大学历史系教授、博士生导师李埏先生。

李埏先生字子沵，号幼舟。1914 年 11 月 21 日出生于云南省路南县一个传统书香家庭。先生从小就对学习有着特殊的兴趣和爱好。四岁入私塾发蒙读书，所读四书、五经、诸子书、古文辞……无不熟读成诵，并在作文、书法等方面受到严格的训练。到十四岁他随家旅居昆明入小学就读时，已积累了厚实的国学根底。

1928 年，先生入昆明市立第一小学高小二年级就读。面对从传统旧学向现代新学的跨世纪转变，尽管国文有着较好的基础，但算学却几乎是一片空白。这非但没有吓倒先生，反而激发了他更大的学习热情。每天除参加学校上午、下午的正常学习外，下午四点放学后还参加老师为部分成绩好的同学增开的课后国文提高班。在六点左右下课后，又前往万钟街青年会补习英语，常常持续到晚上九点甚至十点。当时，学习英语既非学校的规定，也非家长的要求，而是先生以自己积攒的压岁钱为学费背着老师和家长的一种自觉行为，先生学习的刻苦可想而知。正是凭着这种刻苦好学和锲而不舍的精神，先生在学习上不仅很快便奋起赶上，而且还跃居前茅。1929 年，全市小学毕业会考，先生获甲等第三名。同年 3 月，先生又以第二名的优异成绩考入省立第一中学，先后就读于初中部和高中部。中学的课业十分繁重，先生不惟不以为苦，而且反以为乐。除经常超额完成学习任务外，还广泛涉猎小说、诗词、戏剧、电影、体育等多方面知识和技能，最令人难忘的还是英语的学习。先生经常偷着翻越学校围墙外出到武成路的达文学校，利用晚餐后、晚自习前的一段时间学习英语，由此奠定了深厚的英语功底。勤奋的学习没有辜负这位好学不怠的学子。初中时，先生的作文《深秋的农人》（短篇小说）便收入学校编辑的《国文观摩录》石印发行。高中时，每学期都以"品学兼优"获云南省教育厅的甲等奖学金。三年级时还在上海中华书局主办的全国征文比赛中获奖。1935 年高中毕业，先生名列全省会考甲等第二名。

中学的学习不仅使先生学到了许多知识，而且使他增强了对学习重要性的认识。在高中时期发表的《以学愈愚说》[1]一文中，先生认为：人的成败不在于智愚而在于"学与不学"。"高明进之之方惟'学'之一字，为其不二之法门"。"虽有过人之智而无过人之学则智不足美"。抱着对知识的渴求，先生高中毕业时的最大愿望就是能够到北平求学。1935 年 7 月，先生在强手如林的竞争中，夺得云南省教育厅保送入北京师范大学公费生第一名，经北师大复试，入历史系学习。从遥远的西南边陲来到千年古都北平，神州的壮丽河山使先生深切感受到祖国的伟大，而日本浪人的横行又使先生为民族的前途和命运悲愤不已。入学未及半年，先生便不惧反动军警的镇压，勇敢地参加了震惊中外的"一二·九"运动。1936 年秋冬，北大著名教授钱穆先生受聘到北师大讲授"秦汉史"，先生得亲承教诲，从此定下了立志史学的决心。

正当先生为怀着救民族于危亡的愿望，立志苦读时，1937 年"卢沟桥事变"爆发,先生不得不离开北平。原想到上海、南京、武汉等地继续求学,但各地学校已开始纷纷搬迁,只好暂回滇中,借读于云南大学。在回滇的途中,先生巧遇吴晗教授,从此结下深厚的师生情谊。在云南大学借读两月后,先生到大理师范学校任教半年。1938 年 8 月,西南联大在昆明开学,先生立即回昆转学入西南联大历史系学习。西南联大是由北京大学、清华大学、南开大学联合组成的国内规模最大的大学。名师汇集,学术气氛浓厚,选课制度灵活。先生倍加珍惜这次难得的学习机会,除学好历史课程外,大量选习经济学、古文字学、英语、日语、地质学等课程。对于每门课程,均严格要求自己。举一个例子来说,先生为历史系学生,英语照例只需选修全校性公共课,但先生选的却是潘家洵先生为外语系学生开设的英语课。勤奋的学习奠定了先生深厚的学识和功力。

然而,这还不是先生学习的全部。另一方面的学习对他的成长还起到了更为重要的作用。那就是吴晗、钱穆、张荫麟诸位大师的言教身教,先生的勤奋好学深得三位大师嘉许。他们之间的师生高谊,在现代学术史上留下了一段段值得称道的佳话。在这一时期,吴晗先生的耳提面命带他迈入了治学的门径,钱穆先生的言传身教使他初步掌握了透视历史的宏观要旨,而张荫麟先生的苦心指导则引导他走上了研治经济史和宋史的道路。沐浴如此教泽,先生在短短时间内便撰写和发表了《北宋楮币起源考》《宋代四川交子兑界考》《宋代交子发展史》等一批重要论文,深得学术界好评。吴晗、张荫麟两位大师见先生才华横溢,勤学刻苦,遂介绍先生加入"中国史学研究会",成为该会仅有的两名学生会员之一。先生的学术研究基石即奠定于此时。

1940 年 7 月,先生毕业于西南联大,旋以优异成绩考入北京大学文科研究所,师事向达、姚从吾教授,潜心攻读研究生学业。1942 年夏张荫麟教授在浙江大学病重,召先生前往扶侍,先生不惜中断只有一年即将完成的研究生学业迅速赶往贵州遵义,任教于浙江大学史地系。当年 10 月下旬,张荫麟教授辞世。恩师的英年早逝使先生悲痛不已。但不幸中万幸的是,1943 年春，钱穆教授应浙江大学之聘前往遵义作短期讲学，先生没有想到在这偏僻的小城竟能与他日夜思念的另一位恩师再度重逢。在钱先生讲学的日子里，先生随侍左右，又得恩师悉心指点。遗憾的是钱先生讲学一月即返川。临别之际，钱先生手书杜工部《奉简高三十五使君》五律相赠，既寄托他对先生的厚望，也纪念他们之间的忘年之情。诗云："当代论才子，如公复几人。骅骝开道路，鹰隼出风尘。行色秋将晚，交情老更亲。天涯喜相见，披豁对吾真。"同年六月，先生突接慈母仙逝噩耗，即向校方告假回滇奔母丧。料理丧事毕，因老父伤感逾恒，不忍远游，遂应云南大学历史系主任徐嘉瑞之约，受聘为云南大学讲师，讲授"中国通史""宋史"等课程。1948 年晋升为副教授。其间，曾为校方选送法国留学，并为此从孔令忠神甫学习法语。但因法国沦陷，赴法留学遂成泡影。

受聘执教云南大学后，1945 年初，先生与大理名门之秀赵毓兰女士结缡，建立了小家庭。接着生男育女，家累日重。而此时正值国民党腐朽已极，社会动荡，物价飞涨。迫于生计，先生兼任中学英语教员，《民意日报》"文史副刊"编辑，碰上有生以来最为苦忙的时期。但即使如此，先生也没有忘记自己所钟爱的学术研究和倡明云南学术文化的责任。就是在此之时，先生先后撰写发表读史札记十数篇和《论高小和初中的历史教材》等文，并完成《路南县沿革大事系年要录》上下册。为振作西南联大北迁后云南学术文化的沉寂状态，1946 年，先生受五华学院和云南大学之托，敦请钱穆先生来昆讲学。在钱先生两度莅昆讲学期间，先生因钱先生胃疾加剧乃赁屋同住共爨，并随侍讲筵、做笔记，再次留下了感人至深的师弟高谊。据钱先生的回忆："余与李家同食"，"由李埏妻亲任烹调。同桌五人，余乃俨如其家之老人。然而从此余之一日三餐遂获妥善之解决，余之体力亦日健。"[2] 钱先生的到来，使昆明的学术文化出现了新的气象，但却使先生更加忙碌。面对终日忙碌而难以自保的社会现实，先生痛感国民党的腐朽反动，在进步人士和中共地下党员的帮助下，勇敢地投身于爱国民主运动，参加了中国共产党领导的"新民主主义者联盟"，积极为中共地下党的刊物《新云南》撰写稿件。1949 年 12 月，云南和平解放，先生被选为云南大学教授会第一任主席，兼任云南大学募捐委主委、云南大学工会筹委会主席、昆明市教育工会筹委会主委，积极组织教师游行示威，迎接中国人民解放大军进驻昆明。

新中国的建立，使中国社会发生了翻天覆地的巨大变化。历史上长期不能根治的赌博、卖淫嫖娼、吸食鸦片等丑恶现象随之一扫而光。先生目睹了这一切，于是发自内心地感到中国共产党不愧是最伟大的政党，并暗自思忖：我这一生一定要加入这样伟大的组织；现在我所做的工作离党的要求还很远，但我一定要努力工作，争取早日成为这个光荣组织的一员。正是怀着对党的事业的忠诚和热爱，先生倾心投入了新中国破旧创新的伟大事业之中。1950 年 5 月，先生奉命接管云南省图书馆，旋任馆长。1951 年 10 月，参加云南武定地区的土改工作，并任工作大队秘书、罗次北厂乡、武定乌龙乡等工作点点长。

基于对党的认识和对党的事业的亲身实践，先生确立起了对马克思主义理论的坚定信念。20 世纪 50 年代初那几年，他把过去所读的古籍全收起来，尽读马列之书及许多较早用马克思主义观点进行研究的中外史学家的著作。通过对马克思主义的潜心研究，先生的历史观和治史理论方法发生了根本性的转变，巨大地激发了他早已奠定的深厚学术功力。此后，先生曾多次"上山下乡"，进行劳动锻炼。这非但没有阻止先生深厚学术功力的迸发，反而使他的经济史研究与自己对农村社会的深刻认识有机地契合在一起，从而进一步丰富了他的历史哲学和治史方法，焕发出更加旺盛的学术生命力。1954 年，先生为了专心治史，在云大和省图二者不可得兼的情况下，力辞省图书馆馆长之职，只在云南大学执教。时隔仅一年有余，先生便在《历史研究》1956 年第 8 期发表了著名论文《论我国的"封建的土地国有制"》，引起学术界强烈反响，受到著名历史学家侯外庐先生的高度评价，中国科学院因此特聘先生兼任历史研究所副研究员。自此至 1964 年，先生又在《历史研究》和云大学报等刊物相继发表了《〈水浒传〉中所反映的庄园和矛盾》《龙崇拜的起源》《试论殷商奴隶制向西周封建制的过渡问题》《略论唐代的"钱帛兼行"》等长篇论著。这些论文，对土地所有制、古史分期、商品经济等重要问题作了深入的分析探讨，提出了重要的学术创见，先生被公认为是中国土地国有制和西周封建论的重要代表、中国古代商品经济史研究的开拓者。在教学上，先生始终把自己最新的研究成果及时贯穿到整个教学过程之中，教学内容新颖、丰富，启迪和培养了无数青年学子。先生长期讲授中国古代史，至20世纪60年代初，适应教学专门化的要求，第一次开出了"中国古代经济史"课，从此开始了创建云南大学中国经济史学科的历程。为配合这门课程的教学，先生编写了《中国封建经济史专题》《唐宋经济史》《宋代史稿》《唐宋社会的等级分析》等教材及讲义，推动了云南大学教材建设的发展。与此同时，1962年至1963年，先生应《云南日报》副刊《文化生活》版之约，撰写了《读书和灌园》《立志》《唐太宗的以人为镜》《善与人同》《漫谈创业与守成》等历史杂文十余篇。这些文章以生动的故事、明快简洁的文字，寓深刻哲理于古今漫谈之中，或教导年轻人立志、读书，或譬喻革命建设中的成败教训，充分反映了先生诲人不倦的无私奉献精神和古为今用的学术实践。

科学研究和教学的巨大创获将先生的学术事业推进到了一个辉煌的黄金时期。然而，不幸的是，接下来的却是一场史无前例的文化大浩劫。在"文化大革命"中，由于先生和吴晗教授的亲密关系，更由于先生对真理的追求和刚直不阿的品格，先生被视为吴晗在昆明的代言人，最早遭到揪斗，先是被打成云大"小三家村"的急先锋，后又被定为"四家店"的骨干，被剥夺了教学和科研的权利。其间，经侯外庐先生举荐，郭沫若先生曾致函商调先生入京协助编撰《中国史稿》，此事竟因某些人利用组织权力阻止未成行。但在这样的逆境中，先生也从未停止对真理和科学的不懈追求。在"文化大革命"尚未结束的1975年，先生即在《思想战线》上发表《试论历史局限性》一文，针对大有来头的"无限拔高"和"不应写历史局限性"的谬论发表不同意见。为此，先生虽然受到无情围攻，险遭不测，但他并没有放弃自己的论点，体现了先生敢为真理赴汤蹈火的大无畏精神。

党的十一届三中全会后，科学的春天到来，先生欢欣鼓舞，积极投身于教学与科学研究工作。1978 年，即撰写了《试论中国古代农村公社的延续和解体》一文。然而，此时先生已达 65 岁高龄。痛感岁月的流逝和十年浩劫的损失，先生的思想发生了很大的变化，他考虑得最多的已不是个人发展，而是想利用有生之年培育发展云南大学的经济史学科，促进祖国的学术文化繁荣。1982 年冬，先生创建了全国第一个封建经济史研究室。建室伊始，先生撰写了《我爱公孙树》的杂文，用肺腑之言表达了他"爷爷栽树，孙子吃果"的矢志不渝信念和要乘垂暮之年种下一小株公孙树苗的美好心愿，并坚信："在这样美好的时代，我们这株小小的公孙树苗一定会欣欣向荣，茁壮成长的。"[3] 先生的远大胸怀溢于言表。1983 年，先生与《历史研究》编辑部、南开大学等单位的学者共同发起在昆明召开了"中国封建地主阶级研究学术讨论会"，在史学界产生重要影响，至今仍被认为是一次空前的盛会。1986 年，先生联合云南大学研治经济史的同人，共同组建了云南大学中国经济史学科，旋即被批准为省级重点学科，经"七五"期间建设，迈入了国际国内先进行列。同年 12 月，先生前往河北廊坊市参加了中国经济史学会成立大会并被选为顾问。会上，先生作了热情洋溢的发言，起到了重要的鼓舞作用。回昆不久，先生便进一步联合省人民银行、省财政厅、省方志学会、云南民族学院、云南财贸学院等近三十个单位的经济史研究力量，于 1987 年 3 月 21 日在昆明成立了云南省经济史学会。会上，先生被选举为理事长，他号召全体会员共同努力，开创云南经济史研究的全新局面。1988 年和 1990 年，先生联合山东大学、贵州民族学院等单位，分别在山东烟台和云南昆明召开了两次中国土地国有制史学术讨论会。1996 年，在先生的努力下，又在昆明召开了中国宋史研究会第七届年会。

先生既是一位高瞻远瞩的史学家，又是一位身体力行的实践者。1985 年 2 月，先生以七十二岁高龄光荣加入中国共产党，这既是他对马克思主义和共产主义执着追求的人生归宿，又是新的人生鞭策。入党后，先生忘却了那令人伤感的"老"字，深切感受到："老之一字，共产党人之字典中无之"。

在不久学校举行的欢迎"两山"英雄座谈会上，先生朗诵了一位前辈学者"战士死于沙场，学者死于讲座"的警句与英雄互勉。1990 年，先生被选为云南大学优秀党员。同年，云大在《思想战线》上开辟"云大学者专栏"介绍先生，他手录"士不可以不弘毅，任重而道远"的千年古训以自勉。胸怀这样的思想境界，先生抛却了迟暮之感，全身心投入科研、教学及各种社会工作之中。20 世纪 80 年代至今，先后出版了《中国封建经济史论集》《中国封建经济史研究》《中国古代土地国有制史》《宋金楮币史系年》《滇云历年传点校》等具有重要影响的学术著作，发表学术论文数十篇，对唐宋经济史、中国土地制度史、中国商品经济史的研究作了系统的总结和升华，在学术史上留下了大批光照后人的学术珍品。

1980 年，先生招收培养研究生。1982 年，先生被批准为唐宋经济史硕士生导师，1986 年又被批准为博士生导师，为国内惟一的唐宋经济史研究生导师。对先生来说，教书育人，他一贯视为己任，乐此不疲。招收培养研究生以来，先生更感责任重大。他以惊人的毅力，承担起此项繁重的工作，工作量年年位居校系前列。目前，先生共培养博士生 15 名，硕士生 20 名，皆属一时之秀，为祖国人才的培养做出了卓越的贡献。曾被云南省教育当局授予"教书育人先进工作者"称号。

20 世纪 80 年代以来，先生先后担任云南大学学术委员会委员、副主任、校学位委员会委员、校文科教师专业技术职务评定委员会主任委员、云南大学学报编辑部顾问等职，兼任云南省政协委员、文史资料委员会副主任、中国经济史学会顾问、中国宋史研究会副会长、云南省经济史学会理事长、省钱币学会副会长以及陕西师范大学唐史研究所兼职研究员、贵州民族学院兼任教授、云南省社会科学院历史研究所名誉所长等职。同时多次应聘到复旦大学、厦门大学、暨南大学、贵州民族学院等高等院校讲学。1990 年，又远赴英伦，到剑桥大学、牛津大学、伦敦大学等世界著名学府作学术交流，访李约瑟博士。先生在振兴祖国学术文化和加强中外学术文化交流方面同样做出了重大的贡献。

　　回顾先生的人生历程，他以奋斗和开拓的一生在学术文化史上写下了重要的光辉篇章。1992 年，云南大学为先生举行从事学术活动五十周年纪念大会，中共云南省委宣传部在贺信中高度评价先生是学术研究的宗师，是献身教育事业的楷模。1996 年，云南电视台在"云南人"专栏节目中将先生列为"今朝风流人物"作专题报道。先生不愧为学术文化史上的宗师和楷模，不愧为学术文化史上的风流人物。

**注释：**

［1］刊《昆华校刊》第 5 期，1934 年 6 月 25 日出版。

［2］钱穆：《八十忆双亲·师友杂忆》，生活·读书·新知三联书店 2005 年版，第 229 页。

［3］李埏：《我爱公孙树》，刊《云南大学》校刊 1983 年 1 月 4 日。

# 李埏先生年谱

林文勋　田晓忠

**1914 年**

11 月 21 日，出生于云南省路南县（今石林县）一个知识分子的家庭，名埏，字子沴，号幼舟。

**1918 年，4 岁**

入读私塾，发蒙读书，并习作文、书法，历时十年。

**1928 年，14 岁**

秋，随家旅居昆明，入昆明第一小学，始接受新式教育，并初识英语、算术。

**1929 年，15 岁**

3 月，以全省第二名的优异成绩考入省立第一中学初中部。国文表现优异，作文收入学校编辑的《国文观摩录》石印发行。

又常利用课余时间到武成路达文学校补习英语，由此奠定了扎实的英语基础。

**1932 年，18 岁**

省立一中改名昆华中学，升入高中部学习。在校期间连续多次获甲等奖学金。三年级时参加上海中华书局主办的全国征文大赛，获优胜奖。

1934 年，20 岁

作《以学愈愚说》，刊于云南省立昆华中学《昆华校刊》第 5 期。

毕业会考时获全省甲等第二名。

1935 年，21 岁

7 月，以云南省第一名成绩选拔入读北京师范大学历史系。

12 月，参加"一二·九"运动。

是年，从哈尔定（英国驻昆明总领事）、蓝思德深造英文，英文精进。

1936 年，22 岁

秋，北京大学著名教授钱穆先生受聘到北师大讲授"秦汉史"，先生亲承教诲，立志史学。

1937 年，23 岁

7 月，"卢沟桥事变"爆发，北平名校纷纷南撤。先生被迫休学回滇，途中偶遇著名史学家吴晗先生，从此交往甚密。

1938 年，24 岁

1 月，借读于云南大学。

3 月，受大理师范学校之聘，到大理任教，初识赵毓兰女士。

8 月，西南联合大学在昆明开学，先生旋即回昆，转学就读于西南联合大学历史系，师从张荫麟、钱穆、吴晗等史学大师，交谊颇深，受益良多。

1938 年至 1941 年间，张荫麟、钱穆、吴晗诸大师均多次函示先生，畅谈学术及时事、人生，手泽至今保存完整。

1939 年，25 岁

撰《戴维斯对南诏的误解》一文，载《朝报》1939 年 8 月 4 日，笔名俚言。

为路南县教育局教师暑期讲习班讲授"乡土历史"。

经吴晗引介，加入"中国史学研究会"，成为"中国史学研究会"两名学生会员之一。

**1940 年，26 岁**

入西南联大后，经张荫麟先生苦心指导，逐渐走上研治经济史和宋史的道路。是年 4 月，撰《宋代四川交子兑界考》一文，刊于《中央日报》1940年 4 月 16 日，深得学术界好评。

7 月，毕业于西南联大，旋以优异成绩考入北京大学文科研究所，师从向达、姚从吾教授，并师事陈寅恪、汤用彤等大家。与先生同入研究所的有王永兴和王玉哲两先生。

11 月，翻译《种族问题与自然环境》，载《云南日报》1940 年 11 月 14日，署名幼舟。

**1942 年，28 岁**

夏，应恩师张荫麟先生之约，辍学赴贵州遵义，任浙江大学史地系讲师。时张荫麟先生身染重疾，先生前往扶侍。10 月下旬，张荫麟先生辞世，先生悲痛不已。

**1943 年，29 岁**

春，钱穆先生应浙江大学之聘前往遵义作短期讲学，再度与钱穆先生重逢，随侍左右一月之久。临别之际，钱穆先生手书杜工部《奉简高三十五使君》五律相赠："当代论才子，如公复几人。骅骝开道路，鹰隼出风尘。行色秋将晚，交情老更亲。天涯喜相见，披豁对吾真。"

6 月，接慈母仙逝噩耗，即回滇奔丧。料理丧事毕，因老父伤感逾恒，不忍远游，遂应云南大学历史系主任徐嘉瑞之约，受聘为云南大学讲师，讲授"中国通史""宋史"等课程。

8 月，撰《北宋楮币起源考》一文，载《浙江大学文学院集刊》第 4集，1943 年。

**1944 年，30 岁**

《民族英雄宗泽》完稿。

**1945 年，31 岁**

春，云大拟派两名青年教师到法国留学，和历史系青年教师缪鸾和一同膺选，准备赴法国里昂大学，遂在昆明从孔令忠神甫攻读法语。后因时局变化，留法之事未果。

4 月 2 日，与赵毓兰女士完婚。

翻译《云南梵文石刻初论》，后收入《新纂云南通志》卷 93。

**1946 年，32 岁**

春，时局势动荡，物价飞涨。迫于生计，兼任《民意日报》"文史副刊"主编，并兼昆华中学英语教员。

7 月，闻一多先生被国民党特务枪杀。闻一多先生在西南联大执教期闰，先生与之交往甚多，曾在闻一多先生最困难之时，介绍其到昆华中学兼国文教师。闻一多先生在作"最后一次讲演"前夕，赠先生血牙印章一枚，先生始终珍藏。

10 月，受五华书院于乃义先生、云南大学文学院院长方国瑜先生之托，函请钱穆先生来昆讲学，于是在昆明与钱穆先生再度相逢，并同住共爨，随侍讲筵。

**1947 年，33 岁**

撰《宋初秦陇竹木》一文，载《民意日报》1947 年 4 月 8 日。后改作后发表于《云南社会科学》1992 年第 4 期。

撰《钱宾四先生生平经略》一文，载《民意日报》1947 年 11 月 27 日。

冬，《路南县沿革大事系年》上、下册完稿。

**1948 年，34 岁**

任云南大学文史系副教授。

在《民意日报》"文史副刊"上发表读史札记若干篇，可查访篇目如次：《元昊和宋》，1948 年 3 月 30 日；《欧史徐注纠谬》，1948 年 4 月 13 日；《补〈廿二史札记·西南番盐〉条》，1948 年 6 月 15 日；《高平学案》，1948

年 12 月 21 日；《生熟户》等。

### 1949 年，35 岁

在云大任教期间，结识文史系青年教师马曜（中共地下党员），并成为挚友。受马曜影响，积极参加进步的社会活动，产生了进一步学习马克思主义理论的愿望。

解放临近，积极参与迎接解放、推翻国民党统治的斗争。加入了共产党的外围组织"新民主主义者联盟"（简称"新联"），应马曜之约，以"盘"为笔名，多次在地下党办的刊物《新云南》上撰稿。

《论高小和初中的历史教材》，载《教育与科学》1949 年 10 月第 2 卷第 8 期。

12 月，云南和平解放，积极组织云大教师迎接中国人民解放军进驻昆明，并先后担任云南大学教授会第一任主席、云南大学工会筹委会主委、昆明市教育工会筹委会主委等职。

### 1950 年，36 岁

5 月，奉命接管昆明各公立图书馆，后合并组建为昆明人民图书馆，旋改名为云南省图书馆，任馆长。

### 1951 年，37 岁

10 月，参加武定地区土改工作，并任工作大队秘书及罗茨北厂乡、武定乌龙乡等工作点点长。

### 1953 年，39 岁

7 月，力辞云南省图书馆长之职，返回云南大学执教，任中国史教研组组长。

《我们怎样摸索着绘制历史参考地图》，载《人民教育》1953 年第 10 期，署名"云南大学文史系中国史、世界史教研小组"。

### 1955 年，41 岁

《论"中国历史文选"的教学方法》，载《高等教育通讯》1955 年第

13 期。

### 1956 年，42 岁

6 月，完成《论我国的"封建的土地国有制"》一文，刊《历史研究》1956 年第 8 期。文章首次提出"土地国有制"的概念，在学界产生重要影响。

### 1957 年，43 岁

春，受聘为中国科学院历史研究所兼职副研究员。

1 月，写成"唐宋史专题"——《唐宋社会的等级分析》。

5 月，完成《〈水浒传〉中所反映的庄园和矛盾》初稿。

《滇越铁路半世纪》，载《云南日报》1957 年 4 月 12 日。

### 1958 年，44 岁

8 月，写成《从绢帛到楮币——唐宋货币史略论》书稿。

10 月，被下放宜良劳动锻炼。

《〈水浒传〉中所反映的庄园和矛盾》，载《云南大学学报（人文科学杂志）》1958 年第 1 期。

《译名质疑两则》，载《云南大学学报（人文科学杂志）》第 1 期。

《〈云南用贝作货币的时代及贝的来源〉一文中所表现的外因论观点》，载《云南大学学报（人文科学杂志）》1958 年第 3、4 期。

### 1959 年，45 岁

夏，从宜良返昆后，写成《扁担"销钉"给我的教育》一文，载《云南日报》1959 年 4 月 7 日。

是年，经侯外庐先生推荐，郭沫若先生拟调先生入京协助编撰《中国史稿》，后因阻未能成行。

《"良丁"与"丁牛"》，载《史学月刊》1959 年第 9 期。

### 1960 年，46 岁

参加云南大学历史系组织的调查组，到四川大凉山去做彝族社会调查，历时两月有余。

**1961 年，47 岁。**

完成《试论殷商奴隶制向西周封建制的过渡问题》一文，刊《历史研究》1961 年第 3 期。文章根据大量的民族调查材料，将凉山彝族奴隶制社会与殷周社会进行了比较，并据此对自己和学术界有关古史分期说的各种观点进行全面的检讨，遂由原来的战国封建说改宗西周封建说。

**1962 年，48 岁**

完成《略论唐代的"钱帛兼行"》初稿。

是年至翌年，先后撰写《唐宋经济史》《宋代史稿》等数种教材。其间应约为《云南日报》副刊《文化与生活》撰写杂文十余篇，署名"敖冷""李埏"，可查访篇目如次：《博和精》1962 年 4 月 19 日；《读书和灌园》，1962 年 4 月 26 日；《立志》，1962 年 5 月 17 日；《唐太宗的"以人为镜"》，1962 年 7 月 23 日；《善与人同》，1962 年 8 月 16 日；《文章的眼睛》，1962 年 11 月 29 日；《漫谈简化字》，1962 年 12 月 6 日。

《梅花、元宝和马——读〈武则天〉札记三则》，载《学术研究》（云南）1962 年第 5 期。

《汉宋间的云南冶金业》，载《学术研究》1962 年第 11 期，署名李述方。

**1963 年，49 岁**

《龙崇拜的起源》，载《学术研究》（云南）1963 年第 9 期。

在《云南日报》副刊《文化与生活》发表多篇杂文：《漫谈创业与守成》，1963 年 3 月 14 日；《读诸葛亮〈诫子书〉》，1963 年 3 月 21 日；《谈"满盈"》，1963 年 5 月 9 日。

**1964 年，50 岁**

《略论唐代的"钱帛兼行"》在《历史研究》1964 年第 1 期刊发出来，文中引《资本论》中译本原文"生产越是发展，货币财产就越是集中在商人手中，或表现为商人财产的特别形态"，先生据前后文意，认为第一句应为"生产越是不发展"才对，遂加"不"字并标注说明。郭沫若先生看后，当即于 3 月 19 日给《历史研究》去信，肯定先生的见解是正确的，并建议中央编译局加上这个重要的"不"字。

### 1966 年，52 岁

5 月，"文化大革命"爆发，因与吴晗先生的师生关系，先生以"吴晗在云大的代理人"遭到批斗。随后，又因 1962—1963 年在《云南日报》发表的系列杂文，与张德光、江应樑教授被打成"云大三家村"，后连同尤中教授被定为"云大四家店"。

### 1969 年，55 岁

被下放到弥勒"五七"干校，接受贫下中农再教育和劳动改造，为期两月余。

### 1973 年，59 岁

编成《中国古代史》隋至宋部分初稿，油印发给学生。

### 1975 年，61 岁

10 月，《北宋方腊起义》一书由云南人民出版社出版，署名延之、千里，此系先生与爱子伯重共同完成的通俗历史读本。

《开滇的庄蹻应即起义的庄蹻》，载《思想战线》1975 年第 5 期。

发表《试论历史局限性》一文，刊《思想战线》1975 年第 6 期，遭受围攻。

### 1977 年，63 岁

《论周公旦的历史地位》，载《光明日报》1977 年 12 月 1 日。

### 1978 年，64 岁

7 月，完成《中国古代史》隋唐五代宋辽金部分的完善与修订，油印共教学使用。

10 月，参加《历史研究》《社会科学战线》编辑部等在长春召开的"中国古代史分期问题学术讨论会"，并提交论文《试论中国古代农村公社的延续和解体》。

### 1979 年，65 岁

受聘兼任北京经济学院研究员。

云南大学成立文理科学术委员会，任文科学术委员会委员。

5 月，在全省经济科学规划会议上，作《重视云南经济史的研究》发言，引起反响。发言稿旋刊于《云南日报》1979 年 7 月 27 日。

《试论中国古代农村公社的延续和解体》，载《思想战线》1979 年第 3 期。

### 1980 年，66 岁

被评为教授，开始招收专门史（唐宋经济史）硕士研究生。

任《思想战线》编辑部顾问。

2 月，编成《唐宋经济史》教学大纲，油印供教学使用。

"中国宋史研究会"成立大会在上海召开，先生参会并当选为理事，提交论文《从钱帛兼行到钱楮并用》。

写成《评辛著〈禹贡新解〉》一文，后改作发表于《云南民族学院学报》1997 年第 3 期。

### 1981 年，67 岁

赴暨南大学讲学。

兼任陕西师范大学唐史研究所研究员。

撰《心丧忆辰伯师》，刊《思想战线》1981 年第 6 期，深切悼念恩师吴晗先生。此文后收入《吴晗纪念文集》，北京出版社 1984 年 9 月出版。

### 1982 年，68 岁

12 月，创建全国第一个"中国封建经济史研究室"。

《从钱帛兼行到钱楮并用》，载《宋史研究论文集》，上海古籍出版社

1982 年 1 月。

《缪鸾和同志及其遗著》，载《西南古籍研究》1982 年第 2 期。

《学习历史要重视图表》，载《云南电大通讯》（文科版）1982 年第 3 期。

### 1983 年，69 岁

《我爱公孙树》，载《云南大学校刊》1983 年 1 月 4 日。

3 月底，赴京参加中国史学会成立大会。会后应山东之邀，赴曲阜参加孔子讨论会。会间，往孟子故里邹县考察，县文管所领导邀数名全国知名学者作报告，先生就孟子经济思想发表一席谈话，得与会者高度评价。

5 月 8 日，北大著名哲学史专家张岱年先生从京致函先生，函中说："这次到曲阜开会，能得晤谈，非常高兴！这次我在山东的最大收获就是听到您在邹县的学术报告，内容十分精粹，希望写成论文，早日发表！"

《北宋楮币史述论》，载《思想战线》1983 年第 2、3 期。

《经济史研究中的商品经济问题》，载《经济问题探索》1983 年第 3 期。

10 月，发起"中国封建地主阶级研究学术讨论会"，会议由云南大学历史系、《历史研究》编辑部、南开大学历史系联合举办，于 10 月 14 日至 10 月 24 日在昆明召开。

### 1984 年，70 岁

《谈谈指导研究生的三个问题》，载《云南高教研究》1984 年第 2 期。

### 1985 年，71 岁

与《云南日报》理论部联合创办"经济史话"栏目，并在两三年内为该栏目撰稿多篇。

《中国最早的金属铸币》，载《云南日报》1985 年 1 月 25 日。

《千年田换八百主》，载《云南日报》1985 年 5 月 17 日。

夏至次年春，受云南老年大学之聘，为该校学员讲授"中国史话"课程。

10 月，为胡小石先生书赠的横幅《学书自序》作跋文以为纪念。

《为真正做到"为人师表"而奋斗》，刊于九三学社云南省委员会编《云南社讯》1985 年 10 月 21 日第 4 期。

### 1986 年，72 岁

春，云南大学经济史学科被批准为省级重点学科，担任学科负责人。

《龙的传人》，载《云南老年大学》1986 年 1 月 24 日第 1 期。

《我国历史上第一位女企业家》，载《云南日报》1986 年 2 月 7 日。

《预备期的回顾》，载《云南大学校刊》1986 年 5 月 4 日。

《忆张德光同志》，载《云南画报》1986 年第 4 期。

《"耕作半径"浅说》，载《云南日报》1986 年 8 月 15 日。

8 月，被国务院学位委员会批准为专门史（唐宋经济史）博士生导师。

9 月，被云南省教育局评为"教书育人先进个人"。

《教书育人，为人师表》，刊于云南大学工会编《工会情况》1986 年 10 月 5 日第 12 期。

10 月，为怀念恩师张荫麟先生而作《张荫麟先生传略》，载《史学论丛》第 2 辑，云南人民出版社 1986 年 12 月出版，后收入《中国史学家评传》续编。

12 月，赴河北廊坊参加中国经济史学会成立大会，并在闭幕式上发表讲话，提出经济史研究要"对外开放，对内搞活"。

写作完成《再论我国的封建的土地国有制》一文，载《史学论丛》第 2 辑，云南人民出版社 1986 年 12 月。

### 1987 年，73 岁

《日中为市》，载《云南日报》1987 年 1 月 12 日。

3 月，创建中国经济史学会云南分会，任理事长。

3 月 21 至 22 日，在先生的倡导和主持下，云南经济史学会在昆明召开"1253—1987：云南商品经济"学术讨论会。

6 月，先生主编的《中国封建经济史研究》由云南人民出版社出版。

7月，先生专著《中国封建经济史论集》由云南教育出版社出版。

秋，应邀讲学于贵州民族学院，被聘为该校兼任教授。

《"元"乎？"充"乎？"讫"乎？——吐鲁番出土的唐朝高昌县给田文书中六字作何解释的问题》，载《思想战线》1987年第6期。

### 1988年，74岁

春，完成《研究须有中心》一文的写作。

召集并组织"中国土地国有制度史学术讨论会"烟台会议。

《关于中国封建地主阶级的几个问题》，载《中国封建地主阶级研究》，中国社会科学出版社1988年3月。

《关于导师工作的几点意见》，载《中国高等教育》1988年第2期。

《记闻一多先生在昆华中学》，载《云南日报》1988年11月30日。

### 1989年，75岁

任云南大学学术委员会副主任、文科教师任职资格评定委员会主任委员。

任云南省钱币学会副会长。

被聘为云南省社会科学院历史所名誉所长。

《石林掌故二则》，载《史与志》1989年第3期。

《〈滇云历年传〉校点本前言》，载《云南社会科学》1989年第4期。

10月，写成《记吴晗先生的路南之游》一文手稿。

为汤国彦主编的《云南历史货币》作序，该书由云南人民出版社1989年11月出版。

### 1990年，76岁

云南大学在《思想战线》第3期开辟专栏介绍先生，先生手书"士不可以不弘毅，任重而道远"以自勉。

《建议与呼吁》，载《古籍整理研究》1990年第1期。

《至公堂怀古》，载《史与志》1990年第2期。

4月，为李珪著《云南地方官僚资本简史》作序，该书由云南民族出版社1991年10月出版。

5月，应邀赴英国伦敦大学、牛津大学、剑桥大学进行学术访问，并专程拜访李约瑟博士。

《马援安宁立铜柱辨》，载《思想战线》1990年第3期。

7月，组织并主持在昆明召开的"中国封建土地国有制史研讨会"。

8月，为武建国主编的《中国经济史研究》写作前言，该书由云南人民出版社1990年11月出版。

《见贤思齐，莫让前修专美——访李约瑟博士有感》，载《云南教育报》1990年8月2日。

10月，为黄学昌、彭先和著《张冲将军评传》作序，该书由云南人民出版社1991年5月出版。

11月，为云南大学《东陆学林》第1辑作序，该书由云南大学出版社1991年7月出版。

**1991年，77岁**

《孟子的井田说和分工论》，载《社会科学战线》1991年第1期。

4月，为怀念钱穆先生，作《昔年从游之乐，今日终天之痛——敬悼先师钱宾四先生》一文，刊于《社会科学战线》1991年第4期，后收入《钱穆纪念文集》，上海人民出版社1992年4月。

7月，作《熊迪之先生轶事》一文，刊于《云南文史丛刊》1991年第3期，后收入《熊庆来纪念集》，云南教育出版社1992年9月。

《薪尽火传 继长增高——书〈中国民族史〉后》，载《云南社会科学》1991年第4期。

**1992年，78岁**

《云南画报》第4期发表了《通古今之变 成一家之言——李埏从教50年》的专文。

《北宋西北少数民族地区的生熟户》，载《思想战线》1992年第2期。

5月，为王懿之著《云南历史文化新探》作序，该书由云南人民出版社1993年12月出版。

6月，先生积数年之功完成的《滇云历年传》校点本由云南大学出版社出版。

《宋初秦陇竹木》，载《云南社会科学》1992年第4期。

9月，云南大学在至公堂隆重举行纪念李埏教授从事学术活动五十周年大会，来自省内外的各界领导、专家、学者三百余人出席了会议。

**1993年，79岁**

《张荫麟先生传》，载《史学史研究》1993年第3期。

7月，作《教泽长存 哀思无限——悼念方国瑜先生》一文以为纪念，后刊于《云南文史丛刊》1999年第1期。

参与审定中国人民银行云南省分行金融研究所编撰的《中国历史银锭》。该书由云南人民出版社1993年8月出版。

为李英华著《秉烛集》作序，该书由云南大学出版社1993年10月出版。

**1994年，80岁**

《论南宋东南会子的起源》，载《思想战线》1994年第1期。

6月，赴成都参加中国宋史研究会第六届年会。

11月，在先生的倡导和主持下，"云南大学宋史研究丛书"由云南大学出版社出版发行。首批丛书包括吴晓亮、林文勋主编的《宋代经济史研究》、林文勋著《宋代四川商品经济史研究》、龙登高著《宋代东南市场研究》，全部为年轻人的著作。

**1995年，81岁**

1月，为李景煜著《志说》作序，该书由云南民族出版社1995年12月出版。

5月，写成《徐规教授从事教学科研工作五十周年纪念文集》序，该书由杭州大学出版社 1995 年 10 月出版。

《西南联大的选课制及其影响》，载《云南高教研究》1995 年第 4 期。

**1996 年，82 岁**

1 月，专著《宋金楮币史系年》（与林文勋合撰）由云南民族出版社出版。

《三论中国封建土地国有制》，载《思想战线》1996 年第 1 期。

《孟子的"井田说"与"恒产论"浅析》（与章峰合撰），载《云南学术探索》1996 年第 2 期。

9 月，中国宋史研究会第七届年会在昆明举行。会上，先生被推选为中国宋史研究会副会长。

11 月，为昂智灵译《美丽的彩虹》作序，该书由云南民族出版社 1997 年 6 月出版。

**1997 年，83 岁**

元旦，为龙登高著《中国传统市场发展史》作序，该书由人民出版社 1997 年 12 月出版。

1 月，先生与武建国共同主编的《中国古代土地国有制史》由云南人民出版社出版。

《评辛著〈禹贡新解〉》，载《云南民族学院学报》1997 年第 3 期。

10 月，为杨寿川编著的《贝币研究》作序，该书由云南大学出版社 1997 年 12 月出版。

与漆侠教授共同主编中国宋史研究会第七届年会论文集——《宋史研究论文集》，由云南民族出版社 1997 年 12 月出版。

《夏、商、周——中国古代的一个历史发展阶段》，载《思想战线》1997 年第 6 期。

**1998 年，84 岁**

《〈史记·货殖列传〉札记》，载《云南教育学院学报》1998 年第 1 期。

秋，撰《〈史记·货殖列传〉引〈老子〉疑义试析》一文。

年底，完成《〈史记·货殖列传〉时代略论》一文。

### 1999 年，85 岁

《〈史记·货殖列传〉时代略论》，载《思想战线》1999 年第 2 期。

7 月，完成《〈史〉〈汉〉论子贡货殖考异》初稿。

《〈史记·货殖列传〉引〈老子〉疑义试析》刊发于《历史研究》1999 年第 4 期，张岱年先生读到该文后，1999 年 11 月 10 日从北京致函说："您关于《史记·货殖列传》引老子语的大作，读后甚受启发，大作分析深切，结论正确，我完全同意。太史公引老子语，确系表示赞同。过去一些论者不能理解太史公深意，以致误解，今大作加以纠正，我表示赞同！"

12 月，为孙洪升著《唐宋茶业经济》作序，该书由社会科学文献出版社 2001 年 1 月出版。

### 2000 年，86 岁

《论中国古代商人阶级的兴起：读〈史记·货殖列传〉札记》，载《中国经济史研究》2000 年第 2 期。

《读〈史记·货殖列传〉札记三篇》，载《思想战线》2000 年第 2 期。

6 月，为吴晓亮的《中国七大古都名胜与文化》作序，该书由云南大学出版社 2000 年 9 月出版。

《石林县彝族（撒尼）传统文化的特征》（与昂智灵合撰），载何耀华主编《石林彝族传统文化与社会经济变迁》，云南教育出版社 2000 年 8 月。

### 2001 年，87 岁

11 月，先生文集《不自小斋文存》由云南人民出版社出版发行。该文集分九个门类，较为集中地反映了先生治学的观点和思考，是先生数十年来从事学术研究的重要著述合编。

### 2002 年，88 岁

《太史公论庶人之富——读〈史记·货殖列传〉札记》，载《思想战线》

2002 年第 1 期。

5 月，先生带领研究生共同完成的专著《〈史记·货殖列传〉研究》由云南大学出版社出版。

**2003 年，89 岁**

为吴小凤著《经济史论丛》作序，该书由广西人民出版社 2003 年 6 月出版。

云南大学两座新的教学与科研综合大楼相继落成并投入使用，10 月，先生受邀亲自题写楼名"文渊楼""文津楼"，随后先生墨宝被制作成鎏金大字镶嵌在大楼上。

11 月，《李埏教授九十华诞纪念文集》，由云南大学出版社出版。

11 月 21 日，云南大学庆祝先生从教六十周年暨九十华诞大会在科学馆举行，云南大学党政领导、省内外专家学者、先生的亲属和学生、人文学院一百余名师生参加了会议。

**2008 年，94 岁**

5 月 12 日，因病医治无效，在昆明医学院第一附属医院与世长辞，享年94 岁。

5 月 15 日，先生遗体告别仪式在昆明油管桥殡仪馆举行。

# 附录二　鳞爪集

赵毓兰　撰

# 《鳞爪集》记

　　余少时喜诗，每诵唐人之句，辄心驰神往，觉意兴无穷。后年事渐长，家务猬集，碌碌终日，故不复吟诵者久矣。六十年代之初，诸儿多出就外傅，略有余闲，乃重温旧业。常于晚间就枕前诵诗词一二章，兴味不减当年，而为诗之意亦油然生矣。兴至涂鸦，不计工拙；一鳞半爪，积而存之，名曰《鳞爪集》，所谓敝帚自珍也。

　　文化大革命既始，文字之狱大兴，断章取义，无限上纲，幼舟以此罹祸焉。余惧累及，乃将《鳞爪集》及日记种种，尽付之一炬。然"罪人"妻孥，欲求免祸，岂可得哉。六九年孟冬，被迫疏散故乡，与桐、杰两儿困居大关邑村，中心郁结，意气难平，乃复为诗。返昆之后，亦有时为之，仍为《鳞爪集》。

　　余陋质少文，碌碌庸庸，岂可以云诗乎？唯情不自已，姑自慰也。此记。

毓　兰<br>一九八一年春

# 昆关道上

## 一九六九年十一月二十七日

孟冬下旬，奉工宣队命，偕桐、杰两儿疏散返乡，途中雨雪风沙，颇不堪，以此志之。

寒风冷雪别昆明，抱疾登车西向行。

雨打窗蓬眠不得，飞沙走石到风城①。

# 回　乡

## （二首）

### 其一

不见苍山廿四年，旧游如梦事如烟。

椿萱已作西山土，棠棣鬓衰共惘然。

### 其二

生涯岂料承迁徙，挈幼将残鬓有丝。

今日流离莫复道，聊酬手足万千思。

---

① 下关风大，有"风城"之称。

# 村　居

## （二十三首）

十二月七日，奉命落户大关邑村，居之。

### 其一

门迎玉洱千秋水，人对银苍十九峰。

水色山光看不尽，栖身如在画图中。

### 其二

狂飙起天九，走石大如斗。

力撼万家楼，势摧多树柳。

疾沙惊喘牛，蔽日吠狂狗。

咆哮暮山呼，翻腾夜海吼。

此威如可借，定扫人间丑。

### 其三

春风浩荡遍天涯，二月江村见杏花。

忽忆故园春寂寞，桃芳李馥为谁华？

### 其四

昨宵客梦忽还家，桃李门前正著花。

花下清歌同笑语，梦回落月半窗纱。

## 其五

### （扫亲墓寻未见）

清明时节意悽悽，祭扫青山路转迷。

黄土抷抷何处是？蓼莪肠断夕阳西！

## 其六

### （夏种夏收）

高举轻扬金麦雨，低栽快插碧秧苗。

平生未识农家苦，今日始知累断腰。

## 其七

日暖风平柳若烟，金黄十里菜花天。

江村午静行人少，蜂蝶纷纷主大千。

## 其八

### （悯农家小女）

农家小女年方九，已是爷娘左右手，

弟妹相随去刈青，肩薪汲井炊数口。

## 其九

### （悯农家老妇）

农家妇女半边天，打稻插秧勤力田。

老媪今年七十一，朝朝暮暮未休肩。

## 其十

棠棣闲行步岸沙，绿阴丛里话故家。

离居两地情多少，今日联翩看野花。

## 其十一

### （生产队命为社员织衣）

满地浓荫夏日长，绿杨堤上织衣忙。

枝头好鸟亦朋友，共享清幽兰芷香。

## 其十二

### （久雨喜晴）

前庭雀鸟噪，原上明光照。

绿满小桥溪，榴花屋角笑。

## 其十三

小园盛放石榴花，观史不知日已斜。

邻媪来邀江岸去，盘餐今夕有鱼虾。

## 其十四

### （渔家）

露重星繁月色微，湖平苇涨鱼儿肥。

江心昨夜风波苦，赢得今朝满载归。

## 其十五

连朝风雨苦交加，病对残儿愁听蛙。

黍尽薪无泥路远，小儿负米未还家。

### 其十六

山光欲落炊烟绕，陇上人归鸡憩早。

小子添薪催黍熟，传呼夜演"阿庆嫂"。

### 其十七

### （重游锁水阁）

高阁雄踞海西头，物换星移几度秋。

三十年前游乐地，风流云散独登楼！

### 其十八

### （关榆道上）

银苍矗立轻云绕，玉洱平铺微波邈。

绿树人家陇亩香，风光如昔是人老。

### 其十九

### （偕昆侄赴榆访母校旧址）

《女教枢机》不复见，但闻轧轧弄机声。

童心已逐流华去，古木萧萧不忍听！

### 其二十

### （中秋）

一镜高悬秋水寒，水天无际夜漫漫。

寸心几处因风寄，独立滩头泪不干。

### 其二十一

### （送李兆真君返昆明）

与君同出五华山，君更西行我驻关。

远别经年又见面，羡君归去我难还。

## 其二十二

### （独坐）

独坐黄昏念远遐，竹稍轻动寂无涯。

忽然邻院笛声起，久已不闻落梅花！

## 其二十三

### （冬雪）

数九寒云冻不开，琼瑶碎玉下庭台。

寻梅踏雪非吾事，负米肩薪往复来。

# 遣 怀

## 一九七〇年春暮

　　客岁孟冬，奉命疏散。时余病胃既久，体力疲惫，然既蒙斥逐，敢不从命。朝令夕追，刻日就道。工宣队员刘某监送至关，安置于大关邑村居焉。遥望苍山，高峰屏列；近临洱水，清波浩渺；岸芷汀兰，晨晖暮霭；三春杨柳，五月榴花，盖胜境也，少时游之者屡矣。故地重来，风光依旧，唯览物之情，则迥乎异矣。今者骨肉四散，前途莫测；蒙辱承羞，辛酸满腹。故水色山光，未能解我重重烦恼；花香鸟语，只是增我种种忧伤，岂若昔年之揽物神飞，意气洋洋者哉！陆续作成小诗数首，用以抒怀。

### 其一

一为迁客别昆华，龙尾滩头是我家。

雨际苍茫一片水，风徐馥郁满原花。

澄波静影观秋月，落日余晖对晚霞。

此地风光无限好，忧思只是自咨嗟。

### 其二

骨肉分离西复东，生涯岂料散秋蓬。

老翁待罪千山外，少壮流离边寨中。

寂寞华年怜倩女，忧伤稚齿惜芳童。

欲归无计飞无翼，佳讯何时传好风？

### 其三

西风落日怅无边，金马龙关两地牵。

望眼欲穿无好讯，回肠难诉隐真言。

文章罗织今非始，妻孥株连古已然。

白发频添空自惜，鱼肉刀俎泣寒蝉。

### 其四

逐客匆匆归故里，人间不是少年时。

兵戈①扰攘争利禄，世事纷纭无是非。

菽水承欢追往昔，萼柎同运抚今兹。

悲怀难遣情难适，寂寥江天抱愤思。

---

① 指武斗。

## 其五

旧雨相逢动我思，豪情忽忆少年时。

激昂慷慨伤民苦，奔走号呼痛国危。

柳暗花明寻胜境，笔酣墨饱赋新诗。

浮生憔悴情为累，寂寞风城谢故知。

## 其六

云淡天高正菊秋，山川忽忆少年游。

搜奇岂为攀登止，寻胜未因跋涉休。

蝴蝶翻飞蝴蝶水，桃花盛放桃花丘。

韶华一去不复返，碧水青山使人愁！

## 其七

### （怀重儿）

英姿飒爽美年华，奉命辞亲赴远遐。

瑞丽江边多瘴疠，弄岛乡里少人家。

攀登科学变虚话，弃了诗书去种麻。

重叠青山遮望眼，夕阳流水听归鸦。

## 其八

寄迹农家值暮秋，缄情独上映江楼。

凭栏不禁悲王粲，俯首忽然伤楚囚。

冷雨凄凄衰柳岸，寒风寂寂残菱洲。

秋光惨淡世情恶，容结杜康学解忧。

## 其九

### （昨得约儿来书，云仍未得就业，伤之，作此）

日月疾如梭，弹指数载过，

侪辈皆就业，吾儿尚蹉跎。

缘儿命途舛，严亲在网罗，

遂致屡遭弃，徒唤奈如何。

时尚究"血统"，诸儿苦风波。

乔木高而仰，梓木低枝柯，

缘乔亦凌云，岂是俯平阿？

我心如攒箭，代哭无狂歌，

长夜兴不寐，唧唧秋声多！

## 其十

### （赠凤鸣好友）

少小两同窗，相亲手足行。

切磋复琢磨，优劣互补长。

同赏花前月，共攀垣下桑。

君歌我起舞，翩翩两女郎。

慈命君婚早，扬镳各一方。

一朝分晓露，卅载度秋霜。

今日臂重把，鬓发各已苍。

共忆少年事，唏嘘叹中肠。

去年①奇祸降，哀君处孤凰。

残病不能立，泪下沾衣裳。

我亦多坷坎，浮生半忧伤。

今日归故里，前途正茫茫。

---

① 武斗时凤鸣的丈夫以"右派分子"被造反派枪杀。

天地时运转，祸福应无常。

忧伤令人老，风物放眼量。

共勉加餐饭，管他甚炎凉。

留得青山在，还看世治康。

## 其十一
### （述怀）

少小不知愁，欢笑度春秋。

亲思深似海，手足情悠悠。

益友共砥砺，良师从严求。

闻鸡曾起舞，潜意少交游。

品学冠侪辈，赞誉自幼收。

欲求一技长，自立男儿侔。

清丽若倩草，邅迍多相逑。

大盗①时窃国，国势如沉舟。

外寇②日侵逼，残破碎金瓯。

志士共扼腕，救时无处投。

忽然堕情网，种种付东流！

欢乐苦其少，日月多烦忧。

长男生数月，残卧今不瘳。

余儿虽亦健，操劳似喘牛。

贫病时交迫，憔悴容不修。

束书常不读，浑噩一蜉蝣。

樊笼岂所羡，舐犊为情柔。

荏苒廿余载，风云眼底浮。

---

① 大盗，蒋介石也。

② 1937 年 7 月 7 日，日本侵略者大举进攻中国。

前年狂飚①起，儿父忽罪尤。

昨为堂上客，今为阶下囚。

凌辱若猪狗，践踏承垢羞。

罹"罪"连妻孥，践视亦等侪。

斥逐归故里，感慨多惆怅。

多少少年事，一一上心头。

情景宛如昨，岁月不复留。

老大一无成，愧与故人酬。

深居在村巷，寂寞杨家楼。

守儿残与幼，迁谪几时休。

骨肉四离散，人人无自由。

前途不可卜，听命无一谋。

手足同命运，相诉泪盈眸。

浮云蔽白日，天高视不周。

直道不复在，狐鼠竞封侯。

郁郁意何适，闲闲慕沙鸥。

彳亍洲渚上，悲愤无处邮。

苍山白皑皑，洱水碧幽幽！

---

① 1966 年，"文化大革命"开始。

# 别旧居

## 一九七一年五月

前月获准回昆明小住治疾，未几，忽命迁居。十年住此，情深意长，一朝离去，实不忍别，赋此。

十年一住意多宜，奉命今朝赋别离。

凌乱狼藉愁不举，一庭红紫只增悲。

犹记昔年此地来，种花植柳费安排。

耘锄瓮灌求新种，赢得如今锦满阶。

窗前种得数竿竹，风动竹梢伴夜读。

桃李花开蝴蝶飞，小休花下悦心目。

五月榴花照眼明，红杏枝头笑盈盈。

蔷薇篱下看歌舞，兰麝堂前论古今。

菊华盛放满庭芳，露湿胭脂秋海棠。

几净窗明课幼子，微风轻送桂花香。

高楼大厦岂吾欲，长寓此中吾愿足。

为报国家知遇恩，拙夫勤恳伏案牍。

孰知天地忽翻覆①，外子前年变"蠢猪"②。

欢笑自兹天外去，愁云惨雾笼吾庐。

---

① 1966 年"文化大革命"开始。

② "文化大革命"中"造反派"对知识分子的辱称。

忽然逐我出华都，朝命夕发何迫促？

挈幼负残我上途，寒风冷雪天如哭。

团圞融泄变凄伤，骨肉分离走四方。

直是有家归不得，相思明月照庭桑。

守残伴幼困江村，农事传呼须应门。

疾病忧伤无处告，不堪风雨度黄昏。

为求归聚苦奔走，转乞权门抬贵手。

下气低声但觉哀，虽遭白眼仍开口。

春风送我暂还家，小院芳菲几树花。

虽是阴霾还未扫，又瞻吾宇喜何加。

离魂未定又风波，遽命迁居无奈何。

何况新居如斗大，庭除逼秽触情多。

动乱频年迄未了，余生应教忧伤老。

前尘往事不堪追，乐业安居甚渺渺。

屈辱辛酸几时抛，不信世情常此嚣。

休叹命运多蹇舛，留将双眼看明朝！

# 吊韵长姊

## 一九七一年八月十九日

　　六月杪归自下关，月余，得悉韵姊以脑溢血疾不治辞世。吾姊温良恭俭，孝悌仁慈，为乡里交誉。惜天不假年，仅得年六十耳。手足深情，痛何如之，挽歌一章，岂能达哀伤于万一者哉！

恶耗传素笺，泪下如涌泉。

悲极疑是梦，夜夜不成眠。

岂意前月别，一别千万年。

音容自兹杳，相逢梦寐间。

人间弃亲爱，泉下侍椿萱。

忆昔少年时，家计多维艰。

赖姊辛勤助，衣食得周全。

温馨如慈母，抚爱意绵绵。

哺我稀米粥，襁褓在姊肩。

依依仰姊意，行行姊裾牵。

长成辞乡里，望风想丽娟。

五华数度聚，想思仍拳拳。

白发桑梓见，悲喜交集焉。

共忆少时乐，同伤时运煎。

烦忧互慰藉，疾病相惜怜。

苦中还作乐，出入影联翩。

梧桐风雨夕，杨柳杏花天。

世事如烛转，又复执归鞭。

临行珍重嘱，相期月再圆。

忧伤速人死，遗恨岂能填?!

青山埋玉骨，晨夕听杜鹃。

尘世自寂寞，肠断相思篇。

萧索自兹始，哀情茫无边！


# 感　时

## 一九七一年十一月至次年一月


"九一三"林彪叛逃，机毁人亡，因之感时。


巨奸①窃柄，划策布局。

党储铭于党章，副帅统领军牧。

排次一尊之下，生杀唯我所欲。

多行不义自毙，鼠窜死于异域②。

世事多变，世情转烛。

昨日"永远健康"③，今朝万死莫赎；

---

① 巨奸，林彪也。
② 林贼外逃，摔死于蒙古之温都尔汗。
③ 每集会时，必呼"林副主席永远健康"。

今日无限忠诚，明朝反动之属。

小民莫知，云翻雨覆！


"文攻武卫"①，用心何毒。

是非既定准绳，群雄竞起逐鹿。

皆唱"东方红"之歌，咸披"马列者"之服。

文攻不已，几尽南山之竹②；

武卫又兴，同室操戈杀戮。

皆云"誓死保卫……"，血染神州大陆。

"派性"重于泰山，纵死亦云瞑目。

革命唯我独左，芸芸众生追逐。

挟众邀功，高官厚禄！


知识有罪，施虐何酷。

无知③既贵且高，斯文自应入狱。

斗批横扫，"阴阳头"颁④。

朝夕请罪，弯腰匍匐。

大倡血统反动，株连儿女亲族。

百年才能树人，斩伐一似草木。

五千余年文明，一朝毁弃何速?！

昌明已矣，蛮荒再复！


百事不举，百业萧缩。

---

① 江青倡导派系"文攻武卫"。

② 指铺天盖地之"大字报"，互相攻击。

③ "文化大革命"时很多人认为："知识越多越蠢，越反动。"

④ "文化大革命"初期，谁被定为反革命，就会被剃去其一半头发，头颅黑白分明，谓之"阴阳头"。

小民但求定安，斗争年年继续。

革命高唱入云，民生凋敝不足。

食无肉，长夜清肠辘辘。

忆苦饭，藜藿掺于粗粟。

买煤难，暮立鹄待朝旭①。

营生处处皆"票"，无票孰与果腹？

先烈抛掷头颅，为求全民幸福；

如若泉下有知，当应太息痛哭。

纵有桃源可寻，安敢避入山谷？

晦夜如磐，几时日出？

为后生忧，徘徊踯躅。

悲愤岂敢高呼，潜行抒此一曲！

# 批　孔

## 一九七三年

### （打油两首）

#### 其一

今日闻批老二孔，陪批尚有仲舒董。

王皇帝后是法家，"划线站队"古今通。

---

① 煤炭供应紧张，须排队购买，有时要从暮到朝地排队。

### 其二

批古批今批不休，大张旗鼓呈风流。

斗批若有息休日，世上黄泉两叩头。

# 敬挽周恩来总理

## 一九七六年一月十五日

哀音忽送泪如丝，砥柱神州与世辞。

风雪长街举国痛，唁文寰宇五洲悲。

全心全德千秋业，无畏无私百代师。

骨洒江河垂遗爱，高山仰止颂清辉。

# 粉碎"四人帮"感赋

## 一九七七年春

### 其一

世事今朝究若何？"四凶"就网快人多！

庞然大物今何在？万户千家唱颂歌！

### 其二

妄举亡灵论废兴，密锣紧鼓欲君临。
王侯帝后交相颂，鬼影幢幢舞当今！

### 其三

斯文墨面没蒿莱，"老九"遭殃为有才。
愚昧无知称典范，黄钟毁弃实堪哀！

### 其四

霹雳千均扫浊霾，魑魅魍魉安在哉？
千疮百孔从头治，深揭狠批除乱阶。

### 其五

秋风落叶下纷纷，社鼠城狐哭断魂；
自是光天和霁日，花明柳暗又芳春！

# 读《攻关》

## （勉诸儿）

立志攻关岂怕难？"揽月""捉鳖"等闲看；
当今多少英雄汉，刻苦攀登竞启端。

# 科学大会颂

一九七八年三月十八日，国家召开科学大会。闻之，不胜欢忭，以歌颂之。

盛乎哉，科学大会！

时际阳春，燕舞莺歌；

群妖既荡，胸臆欢畅。

举民族之菁华，

集宇内之俊彦；

有揽月捉鳖之人，

有攻关攀登之士。

各怀锦图，共献瑰宝；

既呈隋氏之珠，

不乏荆山之玉。

果虽千枚，心实一德；

拯落后端赖科学，

救贫弱亟须民主。

郁郁乎如百花之怒放。

致国家之昌盛兮，群力以策；

跻民族于先进兮，数年以待。

噫，吾虽病，吾情不已也！

# 春 游

一九七八年春日

## 其一

### （校园）

春风唤我出门来，信步寻芳到瑶台。

杨柳青青翠帘下，海棠灼灼锦屏开。

嫣红姹紫谁家染，百态千姿何处裁。

春色满园关不住，春城无处不蓬莱！

## 其二

### （游圆通山）

几番风雨，送娇花细柳，艳阳天气。雅兴观花，呼伴侣，恰又风轻日丽。联袂登临，漫山红遍，似锦铺霞砌。芬芳如雾，憩花阴里堪醉。

如此烟景阳春，名园芳草，召游客如蚁。多少年，群魔乱舞，久失却观花趣。纵目今朝，临风意喜，春色来天地。心情舒矣，老当益壮须励！

# 送　别

一九七八年十月四日

送重儿赴厦门大学、约儿赴北京师范大学就学，兼示已在北京大学学习之杰儿。

挥手自兹去，鹏程万里征。
凌云游子意，望月堂上情。
南国观沧海，燕山览帝京。
《攻关》志莫懈，兄弟共攀登！

# 喜杰儿北大毕业

一九八二年二月

负笈燕京游，行行四年秋。
学成称俊秀，小子亦风流！

# 壬戌春正月初二日花甲生辰

碌碌人生路，拳拳儿女情。

辛劳岂可卸，憔悴还力征。

华日忽西照，青松遇晚晴。

诸儿皆有就，以此慰吾生！

# 彭德怀元帅赞

一九八二年八月六日

看电视《彭德怀同志光辉业绩》后作。

元帅彭公，坦荡忠诚，

一生戎马，北战南征；

伐内攘外，国之干城，

功高望重，节亮风清！

民生国计，务实求真，

直言述意，去职囚身；
"文化革命"，铸成"罪人"，
摧残凌辱，惨不忍闻！

不见天日，暗室孤灯，
幽囚数载，呼吁谁听？
心欲之死，岂能获生？
孤魂无吊，正义吞声！

天旋日转，大地回春，
坚冰消泄，万象更新；
沉冤廿载，今日昭伸，
疾风劲草，板荡诚臣！

贤人横折，悼古伤今，
恢恢天网，终快人心；
音容虽逝，正气仰钦，
今名千载，山高海深！

# 彭德怀元帅千古

## 一九八二年八月二十六日

慷慨陈辞不顾身，忠于马列爱吾民。
是非论定非权势，留得丹心照后人！

# 读陈毅元帅《梅岭三章》

## 一九八二年九月

元帅雄风世几人？指挥谈笑自超尘。
艰难梅岭斗争日，悲壮三章泣鬼神！

# 敬挽宋庆龄国家副主席

一九八二年九月

佼佼女中英，殷殷救世情。

红颜爱至理，耄耋享殊荣。

正义威群丑，光明贯一生。

慈容将永驻，赤子沐温馨！

# 庆党的十二大召开

一九八二年九月

继承七大好精神，实事求真不尚形。

喜见新人绍大业，欣闻老将续长征。

"三中"善政增财富，"五四"① 优风尚文明。

十亿神州衷一是，物化日日见荣兴！

---

① 指"五讲四美"。

# 蝶恋花·寄杰儿

### 一九八三年三月十八日

一别六年欣暂聚,乘兴出游,又风和日丽。草色烟光春无际,喜看孙儿酣嬉戏。

想当年诸儿绕膝,虽苦还乐,人生多情趣。叹而今西山岁晚,谁人能会倚闾意!?

# 重游石子河

### 一九八三年八月二十三日

四十年代之初,余与亡姊穆兰曾就读昆华女子中学高中。时值日寇滥炸昆明,学校迁往呈贡县之海晏镇(旧名石子河)石龙寺,余姊妹亦随校往焉。今年夏与幼舟、杰儿及然孙重游之,忽忽四十余年矣,岂胜今昔之慨哉。

壮丽滇池畔,风光不胜收。
烟波浩淼淼,云岭亘悠悠。

女教育才地，门生负笈投。
吾曾此就学，姊亦同研修。
晨诵晓风岸，夕歌夜月洲。
柳林消盛夏，桂圃度清秋。
烂漫桃园璨，清新山径幽。
盘桓共吾姊，快游偕幼舟。
砥砺多欢畅，攻书不识愁。
春风沐化雨，桃李遍神州。
岁月匆匆去，物华冉冉休。
朱颜犹在日，白发忽盈头！
老媪寻鸿迹，青春伴我游。
山河仍旧貌，人世非昔畴。
吾姊乘鹤去，侣朋散风流。
柳林空荡荡，花径作荒陬。
名刹历灰烬，飞烟水月楼。
青灯何处寻，古佛不复留。
细雨山中树，青烟水上鸥。
迷离增惆怅，归载一肩愁！

# 甲子新春试笔

## 一九八四年二月大年初二

爆竹声中旧岁除，晴天净日送春初。

浮生忧患无他愿，但祈安康小自如！

# 自 嘲

## 一九八四年四月廿四日夜不寐作

碌碌人间数十秋，布衣蔬食不他求。

世人只道多儿好，齿落发枯老黄牛！

# 喜与同学诸君时聚

一九八五年

### （一）

荏苒流光五十年，芸窗共读事犹鲜。
岂知暮岁还时聚，共举华杯谊绵绵。

### （二）

偷闲聚首众心同，总是熙熙笑语中。
困苦艰难都过去，人间盛世晚年逢。

# 小院即景

一九八五年

### （一）

清贫自守少浮华，晚岁偷闲学种花。
芳草有情终不负，盎然生意在吾家。

### （二）

蜂蝶逐香纷沓来，碧桃未竟紫藤开。

闲花小草皆情趣，利禄于我何有哉！

### （三）

小鸟高鸣柏树巅，绿肥红瘦日中天。

浓荫满架暑炎少，坐读名篇不忍眠。

### （四）

#### （庭桂初放）

移种数秋今始花，清芬满院透窗纱。

谢君感我殷殷意，为报诸君常此家。

### （五）

小院明光满，红稀绿正肥。

庭前人独坐，静看蝶儿飞。

### （六）

#### （偕约儿翠湖访菊）

秋风凉意晓昏侵，为赏霜花结伴寻。

万树千枝何烂漫，终怜小寓几丛金。

### （七）

佳节重阳过，群芳次第收。

闲庭未寂寞，犹有数枝秋。

# 长相思

一九八五年秋，杰儿偕新婚儿媳同返昆省亲，共游白鱼口。

雾茫茫，水茫茫，水天迷濛掩朝阳，船在水中央。
见时难，别时难，海角天涯各一方，难得此时光。

# 游抚仙湖

一九八五年中秋，敬儿单位游澄江抚仙湖，余与然孙亦被邀及往焉，归而记之。

久闻澄江水，今泛抚仙湖。
青嶂连无际，碧波入太虚。
晴沙滩鹭聚，烟树岛猴孤。
广宇胸怀廓，轻帆意气舒。
水清洗俗虑，脍美飨凡夫。
云岭数池水，抚仙一斟珠。

晚霞细浪染，秋月众星疏。

渔火两三处，江枫四五株。

鸣虫声互应，兰芷香若无。

唉饼众欢笑，索浆幼趋壶。

夜阑兴亦尽，人静上归途。

车急千峰转，松啸万壑呼。

今宵清趣甚，明岁复何如？


# 惜　别

## 一九八七年八月
### （赠杰儿）


一年一度一相逢，总是匆匆西复东。
记取流光三百六，相期又见桂庭中。


# 喜见蕙仙老同学

## 一九八八年夏


一别容光数十年，不知音讯意长牵。
忽然往燕云中降，把臂嘘唏到暮天。

# 赠龚正凤老同学

一九八八年秋

四十余年不见君，思君常向梦中寻。
今朝乍见又言别，祝君平安惠好音。

# 送别毓英

一九八九年春

不见参商四十年，同窗共砚犹眼前。
方温旧梦又言别，翘首依依怅粤天！

# 贺幼舟执教五十周年

一九九二年教师节

五十春秋乐舌耕，安贫乐道不思更。
培桃植李多佳士，琢玉传薪伴此生。
史论缜密效宾四，文章风采似饮冰。
夕阳向晚殊堪慰，雏凤清于老凤声！

# 幼舟从教五十周年有感

一九九二年教师节

风雨同舟五十年，依稀种种仍眼前。
余生已觉无他愿，岂料殊荣在暮天！

# 贺维商与幼舟两君相交半纪并同登寿域（八旬）

## 一九九四年十二月

半纪相交老更亲，教鞭同执共清贫。
神州俊秀趋门下，海外才人望君庭。
史论文章动当代，薪传桃李出风尘。
云天万里喜俱健，一炷心香祝百龄！

# 惜别故居

## 一九九四年暮

### （一）

再度移家别故居，风寒雨冷意凄凄。
群葩斤斧摧残甚，狼藉相看泪沾衣！

### （二）

苦意经营岁月流，芳园筑就暮年秋。
只求长伴相厮守，此愿人间竟不酬！

## （三）

新居虽比旧居好，心系旧居情不了。

秋月春风树树花，朝朝枕上听啼鸟。

## （四）

一朝当政一朝春，旧议虽成新意更。

衮衮诸公三两语，愁煞青鬓白头人！

# 惜别故园

一九九五年元月

（靖姝寄赠）

## （一）

故寓清幽招彩凤，家门总为故人开。

清茶待客情谊厚，论史谈今乐育才。

## （二）

人去屋空景物非，芳园欲访梦难追。

幽兰桂树香犹在，倩影双双月照扉！

# 秋　情

## 一九九五年秋

### （一）

昨宵幽梦忽还乡，杨柳青青苇满塘。

棠棣相依浣衣去，落花啼鸟水流香！

### （二）

不尽忧思日夕生，秋风吹动故园情。

何时更奋少年足，再作苍山千里行。

### （三）

少年壮志岂猖狂，满目疮痍待扶匡。

苦旅人生无所就，青丝已染一头霜！

### （四）

清秋秀菊可餐英，采撷案头供玉瓶。

伴我读书南牖下，余生也得此闲情！

# 寄赠靖姝

一九九六年冬

匆匆岁月送前尘，晨夕天涯常忆君。
慧质灵心非我逮，激情斗志有谁伦？
昨日息肩亲翰墨，今朝林下尽芳春。
应是夕阳无限好，晚霞属我白头人！

# 冬　寒

一九九六年冬日

## （一）

老牛老马过冬难，终日蛰居犹畏寒。
已觉人间乐事少，那堪冷雨夜阑珊！

## （二）

一年好景只春秋，夏日清和亦所求。
最是寒冬无意趣，萧条气象使人愁！

# 香港回归志庆

## （一）

珠还合浦，金瓯缺补。①

何以有今，邓公神武。

百年耻雪，载歌载舞。

陆港同心，如龙如虎！

## （二）

老去原知万事空，惟伤未见九州同。

明珠今日已还抱，欢庆声中怀邓公！

## （三）

### 满江红

虎门百年，珠江水，潮生潮落。卫疆土，贤臣去职，良将殉国。臣庸主懦斥清廷，俯首岂和甘宰割。洒多少，英雄血与泪，伤日昨！

百年耻，今何若？已涌洗，尽欢跃！看山河依旧，气象壮阔！盼到回归庆祝日，引吭高歌尽情乐！愿余生，还有香江游，不虚活！

（一九九七年六月，香港回归前夕）

---

① 指台湾、香港、澳门还未回归，统一大业尚未完成。

# 送重儿归北京

一九九七年十月十日

仿李白金乡送韦八之京，用其辞义及韵而作，因情意相一致也。

儿自京城来，还归京城去。
秋风吹我心，遥望幽燕树。
此情不可道，此别何时遇？
归家不见儿，泪眼如烟雾。

附：李白原作

君自长安来，还归长安去。
狂风吹我心，西挂咸阳树。
此情不可道，此别何时遇？
望望不见君，连山起烟雾。

# 冬　日

*一九九七年十二月岁末*

时届大寒却不寒，今年冬暖教人欢。
负暄喜有瞳瞳日，已觉春光不日看。

# 故乡恋

*一九九七年十二月*

客自故乡来，为我言故乡：
山河依旧是，人间换新装。
种种皆非昔，建设何辉煌！
高楼鳞栉比，小路亦康庄。
天堑彩虹架，两岸往来忙。
陆行高架路，云中亦可航。
旅游多胜景，苍洱好风光。
辖区日拓展，百业日荣昌。
远方游子至，难觅家何方。

闻此心实慰，但不访故乡：

不见旧时人，中心多感伤，

不闻旧时语，岂不增凄惶？

不谙旧时景，彳亍独傍徨。

古朴风已杳，所闻多浮光。

繁华眼底过，旧情实难忘。

儿时故乡貌，憶中永珍藏！


# 悼同学张君厚焴

## 一九九八年三月二十八日


恶耗传电波，悲自肺腑出。

同学五十人，相亲似手足。

忆昔分袂后，人间各碌碌。

各在天一涯，未能通款曲。

世事如烛转，友情暮年续。

相会滇池滨，月月聚轴辘。

引吭或高歌，方城或逐鹿。

烹调多高手，佳肴美口福。

幽默多风趣，妙语捧人腹。

语言能共解，往事珠一斛。

老来乐事稀，情谊更弥笃。

皆愿同康寿，举杯常相祝。

而今君忽去，思君能不哭?!
座间少一人，泉下亦孤独!
此别成千古，相见梦中瞩。
人生百岁少，君亦登寿域。
愿君永安息，长伴青山绿!


# 大 雪


一九九九年二月十一日，大雪，为近二十年所未曾有，记之。

三九寒云冻难裁，漫天大雪下尘埃。
江山天地皆一色，素裹银装何壮哉!
童稚欢呼雀跃喜，老衰瑟缩寒亦灾。
无情最是停煤电，拄杖艰辛觅食来。
一烛荧荧枯对坐，重绵不暖炬成灰。
人生百味已多试，以苦为甘意自开。
何况双双白发在，相扶相将不须哀。
人云瑞雪丰年兆，且喜民生上九垓!

# 编后记

2018 年 5 月 12 日是云南大学中国经济史学科开创者、著名历史学家、教育家李埏先生逝世十周年纪念日。值此之际，我们整理出版先生的文集，以表达对先生的怀念之情。先生于 1940 年发表第一篇学术论文《宋代四川交子兑界考》，1942 年到浙江大学任教，在史学研究和教学领域辛勤耕耘了六十多年。我们将先生六十多年的研究和教学成果汇编为五卷，书名"李埏文集"四字集自先生的墨宝。正如虞云国教授所说，李先生这一代人，由于时代的原因，留下的论著只是他们学问的冰山一角。加之年久散佚，文集的搜集和编辑已难巨细靡遗，部分论著已残缺不全，如先生给研究生讲课的重要讲义《唐宋经济史》，本为 8 章，现只存 3 章。因编辑时间紧迫，文稿搜求不全，如先生的书信就未遑搜集。若新有所获，日后再做修订。

师母赵毓兰女士自 1945 年与先生结为伉俪，相濡以沫，甘苦与共六十余年。先生生前曾说，他的成绩也有师母的功劳。先生、师母琴瑟和鸣，伉俪情深，终生相守。师母小先生八岁，于先生辞世八年后（2016 年）的 11 月 21 日，即先生冥寿日，驾鹤西去，与先生团聚于上天，似为天意。师母工于诗词，所作诗词深受马曜先生等名家激赏。《鳞爪集》本是师母自 20 世纪 60 年代初所作诗的自编小集，"文化大革命"中，为免祸，师母不得不将已编就的诗集付之一炬。1969 年冬，师母被强令疏散到大理乡下，一家人星散分离，天各一方，师母复作诗以解心中牵挂郁结，此后时有所作，积而为集，仍称《鳞爪集》，收录了师母 1969 年至 1999 年三十年间的诗作 103 首，既记录了先生一家的悲欢离合，也折射出时代的历史。今将《鳞爪集》附于先生文集第五卷之末，以明先生、师母心意相连之意。

文集的编辑得到先生的子女伯敬老师、伯重老师、伯约老师和伯杰老师的大力支持。陈衍德教授提供了当年在厦门大学听先生讲课的笔记。云南大学档案馆李怀宇馆长、图书馆年四国老师都曾帮助查找先生的遗稿。云南大学出版社蔡红华副社长高度重视先生文集的出版，亲自落实出版的各项工作。出版社殷永林总编也非常关心文集的出版，刘雨、张建丽、周元晖、严永欢、皮晓易等老师在文集的封面设计、文字编辑上精益求精。中国经济史研究所田晓忠老师带领研究生胡燕、项露林、肖来、武婷婷、孙朋朋、余猛、苏倩雯、陈娅娜、柴玲玲、乔义然、王清清等校对全部文稿。感谢以上各位的支持和付出。

在文集的编辑过程中，我们对先生原稿及已出版本中的明显错误做了修改，对部分目录体例做了调整，此外均保持原貌（包括著作和论文写作时期符合当时规范的标点等），未做改动。

先生自 1943 年从浙江大学返滇，即留云南大学任教，在云大工作六十余年，开创了云大中国经济史学科，并将其建设成为云南省重学科和国家重点学科（专门史），为云南大学历史学学科发展和人才培养做出了卓越贡献。文集的出版既是我们对先生的怀念，也是为了让后学回顾云大历史学发展艰难而光辉的历程，思其所自，不忘使命。

《李埏文集》编委会

2018 年 3 月 10 日